ALISIO
L'éditeur des voix qui inspirent

Suivez notre actualité sur **www.alisio.fr**
et sur les réseaux sociaux LinkedIn,
Instagram, Facebook et Twitter !

Alisio s'engage pour une fabrication éco-responsable !
Notre mission : vous inspirer. Et comment le faire sans participer à la construction du meilleur des futurs possible ? C'est pourquoi nos ouvrages sont imprimés sur du papier issu de forêts gérées durablement.

Avec la collaboration d'Alix Lefief-Delcourt

Suivi éditorial : Florence Le Grand
Relecture-correction : Agnès Duhamel
Conception et réalisation graphique : Sébastienne Ocampo
Design de couverture : François Lamidon

une marque des éditions Leduc
10, place des Cinq-Martyrs-du-Lycée-Buffon
75015 Paris – France
ISBN : 978-2-37935-234-8

PIERRE DRON

Préface
d'**Anne-Sophie Pic**
Postface
de **Grégory Pouy**

REMARQUABLE

RÉUSSIR

EN CRÉANT **UNE MARQUE**
UNIQUE, DURABLE ET **RENTABLE**

ALISIO

SOMMAIRE

PRÉFACE

ANNE-
SOPHIE
PIC

Je me souviens de notre première rencontre, c'était en 2013. Pierre me parlait du *street marketing* au service d'une gastronomie plus accessible. De notre côté, nous développions le nouveau concept Daily Pic avec cette même vision : manger sainement pour un prix abordable, mais aussi tenter de dépasser les *a priori* liés à la haute gastronomie à laquelle notre histoire est attachée depuis quatre générations. C'est avec un réel plaisir que j'ai accepté son invitation à signer la préface de ce « remarquable » livre !

Au-delà de notre attachement pour Valence, un autre point commun nous rapproche alors que nous exerçons des métiers bien différents. Nous sommes artisans. L'artisan aime le travail bien fait, il prend plaisir à entreprendre et découvrir de nouveaux horizons. Nous refusons de subir la morosité et nous exerçons nos métiers avec passion et liberté. C'est sans doute cette soif de liberté qui pousse notre curiosité, source de créativité.

Avec David, mon époux, nous avons construit tout un univers autour du simple, mais lourd héritage gastronomique de la famille Pic pour en faire une marque « remarquable ». À la table 3 étoiles, nous avons souhaité, dès 1996, lui adosser un bistrot, qui a déjà connu trois vies. Le bistrot André m'a permis de remettre à l'honneur les classiques de toutes les générations Pic qui se sont succédé au fourneau de Valence.

Cette volonté de transmission nous a ensuite conduits à ouvrir l'école de cuisine Scook à Valence et à rédiger cinq ouvrages sous cette même marque. Lorsque nous avons eu l'immense bonheur de raccrocher les 3 étoiles en 2007, nous avons amorcé notre développement avec l'ouverture d'une table gastronomique au sein du Beau-Rivage Palace à Lausanne, très vite auréolée de 2 étoiles.

Convaincus que nous devions établir une résonance entre Valence et Paris, nous avons imaginé un concept permettant une expérience culinaire signée Pic mais dans un environnement que je qualifierais dans l'air du temps. C'est ainsi qu'est née La Dame de Pic Paris. La réussite de ce modèle sera un accélérateur de notre amplitude internationale. Londres, Singapour, Megève et prochainement Dubai viendront compléter cette collection de restaurants dont nous sommes très fiers car très exclusifs, tant dans le cadre que dans l'offre culinaire très marquée par le terroir qui nous accueille. Un volet de diversification manquait alors à notre groupe : le concept de restauration rapide proposant les associations de saveurs qui me sont chères, très accessible, orienté sur les circuits courts. Daily Pic venait de naître dans les cuisines de Valence.

Comme Pierre, je reste persuadée qu'il n'y a pas de recette miracle pour réussir ou pour créer une bonne marque, si ce n'est travailler avec le cœur et faire confiance à son instinct.

Les artisans que nous sommes sont avant tout des passeurs d'émotions et d'histoires.

Qu'il s'agisse de créer une marque ou de créer un plat, la simplicité est le fil qui nous guide. J'ai toujours eu à cœur de rendre la gastronomie accessible. J'aime utiliser ces matières premières simples mais complexes à la fois, les associer pour les sublimer. C'est de cette alchimie entre ces ingrédients et la personnalité du chef que naît la magie d'un plat.

De la même façon, et c'est ce que Pierre nous démontre dans son livre, chaque entrepreneur a en lui les ingrédients pour réussir.

À lui de les sublimer pour créer une expérience qui fera toute la différence. À lui aussi de bien s'entourer, de trouver sa brigade pour garder la confiance nécessaire à la magie créative de nos entreprises.

Ma mission n'est pas de vendre un produit ou un service, mais bien de susciter une curiosité, de créer des rencontres, des échanges, des discussions, des partages ou des expériences… Faire en sorte qu'une bonne marque s'ancre un peu plus dans le quotidien de notre public et pourquoi pas, tenter de laisser un impact positif sur la société et sur le monde.

Comme en cuisine, le succès d'un service repose sur une bonne mise en place… Je souhaite que cette lecture *Remarquable* vous encourage à mener vos prochains challenges avec succès.

Anne-Sophie Pic
Femme cheffe la plus étoilée au monde

INTRODUCTION

« **Pierre, arrête de te faire remarquer !** » C'est sans doute la phrase que j'ai le plus entendue durant mon adolescence... Très curieux, je n'arrêtais pas de poser des questions. Je voulais faire les choses à ma façon, ne pas suivre le mouvement. Et puis, je suis entré sur le marché du travail. Et j'ai tenté, comme tout le monde, de me fondre dans la masse. Mais force est de constater que ça ne m'a rien apporté de bon ! Aujourd'hui, j'ose me faire remarquer (c'est même cela qui me permet de danser sous la pluie). C'est aussi ce que je t'invite à faire dans ce livre : devenir **REMARQUABLE**.

Pourquoi ?
Parce que le monde change (vite). Et les crises à venir ne sont pas seulement économiques et écologiques. Ce sont aussi des crises de sens et de reconnaissance. On doit tous se réinventer, et je suis persuadé que les marques influencent ce changement avec beaucoup de force. Elles sont les repères d'une population qui en manque. Dans un monde en constante évolution, où nous sommes sollicités de toutes parts, et en permanence, les marques se doivent d'être uniques, différentes.

Entreprendre est selon moi un super moyen de s'épanouir. Mais c'est aussi une tâche complexe. Dans la jungle du business, l'entrepreneur doit savoir tout faire pour survivre. Mais il n'y a aucune règle ni aucune véritable formation pour devenir entrepreneur. Certes, il existe mille et une solutions et outils pour développer son entreprise. Mais paradoxalement, tout cela nous éloigne du succès. Pourquoi ? Parce que ce sont des modèles préétablis qui ne fonctionnent pas pour tout le monde, parce que tu as déjà en toi toutes les réponses à tes questions, et parce que rien de tel que l'action !

Traverser les tempêtes avec enthousiasme, c'est possible. Et j'en suis la preuve. Après un master en droit des affaires, j'ai trouvé un poste de juriste, mais je sentais bien que d'aller bosser la boule au ventre n'était pas la solution. Pire, ce n'était pas ce que j'avais envie de faire. Ma rencontre avec ma femme m'a permis de voir autre chose : j'ai commencé à fréquenter des artistes, à travailler dans la production de films, puis comme manager d'artistes, j'ai aussi lancé un collectif, monté un espace de coworking... C'est alors que j'ai eu le déclic : il fallait que je lance ma propre boîte, ce que tout le monde me conseillait de faire d'ailleurs. Mais le vrai déclic a été le décès de mon meilleur ami dans un accident de voiture (on se connaissait depuis toujours). C'était en 2010, l'année de nos 30 ans. Le monde s'écroulait, nous n'étions pas simplement jeunes, nous étions des mortels. Je me suis alors posé beaucoup de questions... Et c'est devenu clair : il fallait que je fasse vraiment ce que j'avais envie de faire. Je me suis lancé et j'ai créé Citron Bien.

En 2015, quatre ans après la création de ma société, j'avais une équipe de neuf personnes et un chiffre d'affaires qui ne cessait de croître, j'avais acheté une maison de rêve, des bureaux magnifiques dans un pôle d'excellence... Et pourtant, j'étais au bord de la faillite. J'étais épuisé, je n'avais plus la force d'avancer. C'est alors que j'ai découvert le développement personnel et que j'ai décidé de TOUT changer, à commencer par moi : ma vision du métier, mon process, ma stratégie, mes clients, mes collaborateurs, ma communication. Je me suis recentré sur la seule chose qu'il me restait : MA MARQUE. Elle est devenue mon fil d'Ariane. Elle me ramène sur le bon chemin quand je suis perdu. Et aujourd'hui, je me définis comme un éleveur de marques TROP BIEN, je coache des entrepreneurs qui veulent changer le monde.

La question de la réussite m'accompagne depuis toujours : Qu'est-ce que la réussite ? Qu'est-ce qui fait qu'on réussit ou pas ? À partir de quelle somme d'argent tu te sens libre ? Aujourd'hui, grâce à Internet, aux réseaux sociaux, nous avons tous et toutes la capacité d'agir, de créer une société, de tester de nouvelles idées, etc. La question n'est plus : « Suis-je capable de le faire ? » mais plutôt « Vais-je choisir de le faire ? » et surtout « Comment vais-je choisir de le faire ? » Dans ce livre, je te propose de prendre le pouvoir. Ce livre est aussi pour moi un moyen de prendre le pouvoir. Dans notre domaine, beaucoup de choses sont rendues complexes, pour vendre du savoir, que chacun possède… en prenant un peu de recul et en faisant preuve d'un peu de bon sens. **Moi, je veux rendre tout cela accessible et simplifier les choses.**

Mon objectif est de partir de toi, de ton idée, de ton projet, de tes aspirations, de ta vision du monde pour t'aider à créer une marque REMARQUABLE, DURABLE et RENTABLE qui va changer le monde. Comment ? Avec une stratégie efficace, des méthodes simples et des astuces concrètes et accessibles. Je veux t'aider à comprendre ce qu'est la marque, et à te réconcilier avec ce concept. Mais surtout te permettre de transformer durablement ton entreprise en créant ou en remodelant ta marque. Pour cela, je t'inciterai à te poser plein de questions :

- Qu'est-ce qu'une marque et pourquoi en ai-je besoin ?
- Comment trouver la marque qui me correspond réellement ?
- Comment la faire évoluer ?
- Comment se faire connaître ?
- Comment générer, non pas plus de business, mais un *meilleur* business ?
- Comment trouver un équilibre entre son produit, ses clients et son projet ?
- Comment, enfin, être bien avec soi et son entreprise ?

Mes clients sont mes champions. C'est ainsi que je les appelle parce que chacun a une vraie personnalité, et il va obtenir des résultats grâce à son travail. Dans ce livre, comme dans mon quotidien, c'est d'ailleurs cette posture de coach que j'adopte.

Je t'aide à trouver des solutions à tes problèmes, je fais en sorte de t'accompagner vers la solution, de te montrer le chemin, et non de faire les choses à ta place ou te proposer des solutions toutes faites. Je te propose non pas de travailler plus dur mais de travailler plus efficacement. J'assume cette posture de coach depuis que je considère ce métier sous l'angle sportif : le coach ne fait pas la compétition à la place de son champion, il le prépare, l'aide à performer, à être prêt pour le jour J. Moi, je suis au bord du terrain pour encourager les entrepreneurs à donner le maximum et à être satisfaits du résultat. Et finalement, c'est aussi cette relation que je veux créer dans ce livre.

Si j'appelle mes clients des champions, c'est aussi parce que **les grands sportifs sont pour moi des exemples parfaits de marques fortes, remarquables et durables**. Ils ont une identité affirmée, qui rejaillit sur leur quotidien. **Ils ne cherchent pas à être quelqu'un, ils ne jouent pas, ils sont, ils font, tout simplement.** Et c'est la raison pour laquelle ils performent aussi bien. C'est leur personnalité profonde qui leur permet d'atteindre de tels résultats.

Dans ce livre, j'apporte mon regard sur ce monde des entrepreneurs, **je transmets des expériences et des outils, je partage des histoires, des succès et des échecs**, je te parle aussi de moi, de mon parcours, de mon travail quotidien auprès de ces marques.

Ce livre s'adresse aux entrepreneurs qui savent qu'un truc cloche dans le développement de leur entreprise, mais ne savent pas trop quoi, aux entrepreneurs qui aiment faire les choses bien (mais n'ont pas forcément les moyens de faire appel à une agence de renommée internationale pour créer une marque qui cartonne), aux entrepreneurs qui aiment comprendre, aux communicants qui rêvent de donner un nouveau souffle à leur business, à tous les curieux intéressés par les nouvelles idées, et à tous ceux qui veulent changer le monde et croient qu'une entreprise, qu'une marque, sont capables de faire bouger les lignes.

Tu te demandes peut-être : Et si je suis un free-lance ou un solopreneur, est-ce que ce livre est fait pour moi ? Oui ! Quels que soient la taille de ton entreprise, ton ambition ou tes moyens, **ce livre te donne la possibilité de te développer à titre personnel avant de développer ton entreprise**. C'est si et seulement si tu es bien dans ta tête que tu pourras faire évoluer ton entreprise dans le bon sens (si tel est ton souhait).

Bien sûr, changer, ça peut faire peur. Jusqu'à aujourd'hui, les choses ont finalement assez peu évolué dans le monde de l'entreprise. Mais nous venons de traverser une pandémie mondiale qui a tout bousculé. Avant cette crise, par exemple, j'avais un autre projet de livre que celui-là. Pendant la pandémie, son angle a évolué, car il n'était plus possible de passer « à travers »[1] ce que nous étions en train de vivre.

Que tu sois un entrepreneur aguerri, un solopreneur, un free-lance ou un entrepreneur en devenir, je te propose le même exercice pour démarrer ce livre. **Imagine qu'en frottant ce livre, je t'apparaisse comme un génie, et que je te donne la possibilité de faire n'importe quel job, le job de tes rêves. Tout est possible ! Quel job choisirais-tu ?** Une fois que tu as répondu à cette question, j'aimerais que tu prépares ta réponse et que tu la notes sur l'espace prévu à la page suivante, car nous allons toi et moi essayer de rendre ce rêve concret et accessible.

Pour que ton expérience de lecture se passe bien, je te propose aussi une manière de lire ce livre, et d'intégrer les différents éléments qui s'y trouvent. Le plus souvent, quand on lit un livre, on le traverse, et on l'oublie. Je voudrais que celui-ci soit pour toi

1. Une référence au titre du roman graphique de Tom Haugomat, *À travers*, publié aux éditions Thierry Magnier en 2018. J'en ai d'ailleurs fait un article de blog : https://citronbien.com/a-travers/

remarquable. Pour cela, prends un crayon et un joli carnet (ton carnet *Remarquable*), qui te donnent envie d'écrire, et conserve-les toujours près de toi pendant la lecture pour y noter tes idées, tes réflexions, y faire les exercices… Pour construire une expérience de lecture plus riche, je t'invite aussi à offrir ce livre à des amis, et à le lire à plusieurs, afin de challenger tes idées, de discuter de ton ressenti au fil des chapitres. Cela va te permettre de voir de quelle manière tu interprètes les choses et de quelle manière tu peux les implémenter immédiatement, automatiquement dans ton entreprise. **Tu peux, si tu le souhaites, te rapprocher du groupe Remarquable.** Car tu l'auras compris, ce que je souhaite valoriser dans ce guide, ce ne sont pas les outils, mais les relations humaines. Alors qu'en 2021, 53 % de la population mondiale utilise les médias sociaux (et non plus les réseaux sociaux), je t'invite à créer des relations à travers ce livre. C'est ainsi que tu pourras en tirer toute la quintessence, au-delà de l'expérience de lecture et des apprentissages que tu feras.

Tu le vois, dans ce livre, je m'adresse à toi, lecteur, en te tutoyant. Pourquoi ? Parce que c'est comme ça que je m'adresse à mes clients, et de manière plus générale à toutes les personnes avec lesquelles je discute, que ce soit sur les réseaux sociaux ou dans la vie réelle. Je ne prétends pas être un expert, je suis un entrepreneur comme toi et je te parle de mon expérience, je partage avec toi les exercices que j'utilise au quotidien… Bref, je te parle comme à un ami. Ce livre, c'est un peu comme si j'avais écrit à mon meilleur ami. Je te parle comme j'aurais voulu lui parler, s'il m'avait demandé de l'aide pour développer son entreprise. Je te souhaite maintenant une très bonne lecture !

Es-tu prêt à devenir REMARQUABLE ?

Tu viens de frotter le livre, le génie est apparu…
Quel job choisirais-tu ?

……………………………………………………………………………………………

……………………………………………………………………………………………

……………………………………………………………………………………………

> **“ Lire un livre, c'est Bien, apprendre des trucs Bien, c'est mieux. ”**

Merci de ta confiance !
Si comme moi, tu es curieux et que tu aimes les surprises, tu vas être servi.

J'ai imaginé ce livre comme une expérience partagée et enrichie. C'est la raison pour laquelle j'ai conçu des bonus pour :

- compléter certains de mes propos ;
- mettre à jour certaines infos ;
- présenter d'autres exemples ;
- transmettre mes méthodes ;
- partager mes ressources et mes secrets ;
- te donner des clés supplémentaires pour avancer ;
- te soumettre de nouvelles expériences ;
- et répondre à tes questions.

Je te propose de les recevoir dans ta boîte e-mail en t'inscrivant à cette adresse :

www.pierredron.com/bonus-remarquable

PARTIE 1

L'IDENTITÉ DE TA MARQUE, **TA PERSONNALITÉ** PROFONDE

On a tous envie d'une vie meilleure. Certains l'ont bien compris : ce sont les « vendeurs de rêves », qui te vendent la possibilité de changer de vie, d'être plus riche, de rouler dans des belles voitures… Même si cette image du succès, largement relayée par la société, semble nous montrer le chemin à suivre, nous sommes en manque de repères. Essentiellement parce que les changements sont de plus en plus rapides. C'est aussi pour cette raison que, selon moi, les marques ont vocation à être les leaders de notre société. Ce sont elles qui ont les moyens de changer les choses.

Mais qu'est-ce qu'une marque ? Contrairement à ce que tu pourrais peut-être penser, **une marque, c'est un peu plus qu'une identité. C'est une personnalité profonde.** La bonne nouvelle, c'est que cette personnalité est déjà en toi. Tu n'as pas besoin de dépenser des millions d'euros, ou une énergie folle pour la trouver : toutes les réponses sont déjà en toi. Richard Branson, le créateur de Virgin Group, disait d'ailleurs : « Trop d'entreprises veulent que leurs marques reflètent une image idéalisée et parfaite d'elles-mêmes. Et donc, leurs marques manquent de texture, de caractère et de confiance du public. » Tu éprouves peut-être le même manque de confiance vis-à-vis du mot *branding*. Je n'emploierais d'ailleurs pas ce mot dans ce livre, car beaucoup de professionnels l'utilisent un peu à tort et à travers, en partie à cause de sa définition même. Selon Wikipédia, le *branding*, que l'on pourrait traduire par « marquage », « consiste à gérer les marques commerciales et en particulier l'image de marque des entreprises qui exploitent les marques ». Il s'agit finalement d'une stratégie qui permet de travailler et de promouvoir l'image d'une entreprise. Sauf qu'**une marque est plus qu'une image.**

Dans cette partie, je te propose de prendre un peu de hauteur et de voir comment tu crées ton identité ou plutôt comment tu vis cette identité, comment tu fais ressortir avec créativité cette identité qui est déjà au fond de toi-même.

Car selon moi, **l'une des clés évidentes de la réussite est la créativité**. C'est elle qui va te permettre de développer des idées. La créativité est **la solution face à un monde qui bouge, la solution pour créer un monde meilleur**. Pour t'en convaincre, je citerais cette phrase de Leo Burnett, un grand publicitaire : « La curiosité en ce qui concerne la vie sous toutes ses formes est, je pense, le secret de tous les grands créatifs. » J'ajouterais même : être créatif, c'est ne pas faire les choses comme tout le monde. Le premier exercice que je te propose donc de faire ici est d'oser l'audace. Comme le dit l'adage, la chance sourit aux audacieux.

Personnellement, j'ai découvert mon identité au moment où je n'avais presque plus rien, lorsque j'étais au bord de la faillite. C'est cela qui m'a poussé à me demander qui j'étais vraiment et ce dont j'avais réellement envie. **Je t'invite toi aussi à le faire, à réfléchir à l'empreinte que tu as envie de laisser sur le monde.** C'est ainsi que tu comprendras qui tu es vraiment, et que tu feras en sorte que ta marque soit un peu plus qu'une simple identité. Grâce à cette approche globale, tu pourras percevoir que la marque n'est pas tangible, c'est un résultat, quelque chose de plus grand, et qui te dépasse.

Quelle « marque » as-tu envie de laisser sur le monde ?

....

....

....

CHAPITRE 1

SORS DE TA BULLE ET OUVRE GRAND LES YEUX SUR LE MONDE

Pour commencer ce tout premier chapitre, j'ai choisi de te parler d'un exemple… d'échec. Celui de Kodak. Cette marque a révolutionné la photographie du XXe siècle en la rendant accessible. C'était le leader de son marché : elle vendait aussi bien aux professionnels qu'aux particuliers les appareils Kodak, les pellicules Kodak, le papier Kodak et les émulsions Kodak. « Vous appuyez sur le bouton, on se charge du reste. » En 1973, la société invente même l'appareil photo numérique. « Un appareil de prise de vues totalement électronique, qui ne nécessitait pas de pellicule, pas de papier, ni aucun autre consommable pour capturer et afficher les images[2]. » Mais l'entreprise n'y croit pas : « Personne ne voudra jamais regarder des images sur un écran de téléviseur. » Cela fait 100 ans que la photo existe uniquement sur papier, et personne ne s'en est jamais plaint. L'argument défendu par l'équipe marketing se comprend : toute la chaîne de production d'une image rapporte à l'entreprise. Alors pourquoi prendre le risque de changer ?

Peu importe que le monde évolue, la marque est restée campée sur ses acquis. Erreur car, en refusant de voir le monde évoluer et de s'adapter à la réalité, la société a accéléré sa faillite. Si, au

2. « Kodak's First Digital Moment », James Estrin, *The New York Times*, 12 août 2015.

lieu de fermer les yeux face à la réalité du monde, Kodak les avait ouverts en grand, elle serait toujours le leader de son marché. Mais elle a raté le virage du numérique. Et rater un virage, c'est fatal.

À l'instar de Kodak, nombreuses sont les marques qui ont disparu car elles ont refusé de voir le monde changer. D'autant plus qu'aujourd'hui, le monde évolue très (très) vite. Il y a quelques années encore, le métier de community manager n'existait pas. Et si on remonte encore un peu plus, autrefois, un téléphone servait juste à téléphoner. La première clé pour réussir, c'est donc l'observation permanente. Il faut observer le monde pour s'y adapter ou proposer des choses nouvelles. Cela a été l'une des clés de la réussite de McDonald's. En 1953, quand Ray Kroc rencontre les frères Richard et Maurice McDonald, il découvre le restaurant atypique et drôlement efficace qu'ils ont créé. En observant le monde de la restauration et les attentes de leurs clients, et en imaginant l'évolution de ce joli monde, ils ont lancé un empire que tout le monde connaît aujourd'hui, quel que soit l'endroit où tu te trouves sur la planète : la vente de burgers faits dans la minute, à manger sur place ou à emporter. Cette histoire est racontée dans un film passionnant, *Le Fondateur*, avec Michael Keaton. Ce film m'a permis de comprendre un peu mieux comment cette entreprise est devenue une multinationale à succès, et de découvrir quelques techniques pour faire évoluer mon entreprise. Je t'en reparlerai plusieurs fois dans la suite de ce livre.

TOI AUSSI, FAIS L'ÉPONGE...

Avant de vouloir agir sur le monde, il faut savoir l'observer et absorber ce qu'il s'y passe. **Capter la tendance, imaginer l'évolution de nos marchés, voir comment les clients consommeront demain...** C'est ce sens de l'observation qui permet de développer des entreprises durables. Observer le monde, ok, mais en pratique, comment fait-on ?

Quand je sors avec ma femme, au restaurant ou pour faire du shopping, j'ai le don de l'agacer. Elle doit très (très) souvent m'attendre quand nous sommes en balade parce que je suis sans cesse en train d'observer ce qui m'entoure, qu'il s'agisse d'un lieu nouveau ou d'un endroit que je connais, que je tente d'observer avec un regard neuf. Je discute avec les commerçants, je les challenge sur certains points, je donne mon avis sur la façon dont on pourrait améliorer les choses… J'observe comment fonctionne le lieu, l'enseigne, l'entreprise et j'imagine devoir l'améliorer. Que pourrais-je proposer ? Qu'est-ce que j'ai envie de changer (non pas en tant qu'expert, mais en tant qu'usager) ? Je ne peux pas m'en empêcher. **Je capture tout ce que je vois. C'est ce que j'appelle la « technique de l'éponge ».** Car à l'instar de l'éponge, qu'il s'agisse de ces animaux marins ou de ces objets qui permettent de nettoyer, j'absorbe tout.

Ce don d'observation se travaille (même s'il te faut bien sûr rester discret pour ne pas irriter ton entourage). Ne jette pas l'éponge de suite, je t'explique comment en devenir une, toi aussi, pour améliorer ta marque. Car, que tu te lances ou que tu sois déjà un professionnel aguerri, tu cherches – comme chacun d'entre nous – à réussir ce que tu entreprends.

Capter l'information que tu trouves intéressante, créative, pertinente est assez facile. Je vois une pub intéressante dans la rue, une communication différente dans un restaurant, une façon de m'accueillir dans un magasin, ou une stratégie percutante sur Internet… j'enregistre, je photographie, je prends des notes. Car **observer le monde, c'est bien ; maintenir tes idées au chaud, c'est mieux.** Pour ma part, j'utilise une technique et un outil pour m'y retrouver et ne rien perdre de mes précieuses observations.

- **LA TECHNIQUE** : partager ce que tu viens d'apprendre, pour mieux l'intégrer.
  Personnellement, partager le fruit de mes trouvailles dans une vidéo, un article de blog ou un post sur les réseaux sociaux me permet d'organiser et de structurer ma pensée, de la digérer et de vérifier si elle est bien intégrée. Par exemple, juste après

avoir vu le film *Le Fondateur*, sur l'histoire des frères McDonald, j'ai réalisé un vlog[3]. Tu te constitues ainsi une bibliothèque de contenus qui te permet d'être visible, de montrer ton expertise, ton savoir-faire, tes compétences d'analyse sur ton marché, et de garder tes ressources sous la main.

- **L'OUTIL** : un grand tableau pour épingler mes idées.
J'atteins vite les limites du post-it et des murs de mon bureau. Pour garder des informations plus complexes ou des images lourdes, j'ai donc adopté un outil en ligne : Pinterest[4]. Il te permet, littéralement, d'épingler (*to pin*, en anglais) tes idées intéressantes (*interest*, en anglais) sur des tableaux partagés (ou privés) en ligne. Accrocher tes images t'oblige à visualiser tes idées et les concepts que tu observes, en les gardant en tête. Cette technique s'appuie sur l'adage bien connu : une image vaut mille mots. J'utilise aussi Pinterest pour m'inspirer, chercher des idées, et découvrir les épingles selon mes critères de recherche. En réalité, il s'agit d'un moteur de recherche d'idées (essentiellement visuelles) : le design d'une page web de vente, les couleurs d'un logo, les campagnes de pub réussies… et même la recette d'un mug-cake ! Au quotidien, quand je dois trouver des idées pour mes champions, que je veux améliorer un truc qui cloche dans mon entreprise, je viens piocher dans ces tableaux en ligne, qui rassemblent mes idées comme un second cerveau !
C'est une ressource infinie. Cela peut aussi être un outil intéressant pour préparer ton prochain e-mailing, pour choisir une couleur ou des éléments de déco pour ton magasin ou ton bureau, pour dénicher des idées de mise en page pour tes prochains posts sur les réseaux sociaux, des outils en ligne pour améliorer ta communication, t'inspirer de publicités qui fonctionnent… Bref, il existe une quantité de ressources sur Pinterest.

3. À voir à cette adresse : https://citronbien.com/le-business-mcdonalds/
4. Je t'invite à consulter ma pinboard à cette adresse : https://www.pinterest.fr/pierredron/

TA PAIRE DE JUMELLES : LES RÉSEAUX SOCIAUX

Si on regarde les réseaux sociaux d'un peu plus près, il ne s'agit pas seulement d'un outil de communication, mais d'une belle paire de jumelles pour observer le monde, installé confortablement dans ton canapé ! Les réseaux sociaux ont fait émerger une communication nouvelle. Elle n'est plus ascendante ou descendante (les marques crient leurs messages d'en haut aux consommateurs situés en bas), elle est désormais collatérale. Aujourd'hui, quand un client n'est pas satisfait d'un restaurant, il peut le lui dire sur sa page Facebook ou sur Tripadvisor. S'il n'est pas content du produit et qu'il veut proposer une amélioration, il peut se plaindre sur Twitter ou sur la page Google de la marque. Si le service n'est pas à la hauteur, il peut le faire savoir sur des sites comme Trustpilot ou Avis Vérifiés. Cette relation permanente avec ton environnement te donne un avantage non négligeable pour observer le monde, les consommateurs et développer ta marque : tu sais à l'avance ce que tes clients veulent, ce que tu peux proposer, et surtout comment ton marché va évoluer. Tu peux aussi observer tes concurrents, ton marché...
L'enseigne Leroy Merlin s'est taillé une belle réputation en écoutant le monde... enfin, surtout ses clients. Tous les courriers, e-mails et appels téléphoniques des clients, ainsi que les commentaires laissés sur les bornes en magasin, sont traités informatiquement. Soit près de 350 000 messages chaque année. La marque estime ainsi contacter 97 % de ses clients insatisfaits dans les 48 heures. Il existe de nombreux autres exemples de marques qui échangent en direct avec leur communauté. Decathlon ou Burger King sont d'autres modèles d'efficacité en la matière.
L'idée à retenir de tout cela ? Porte une attention accrue aux avis de tes clients... et surtout anticipe les avis négatifs en créant une communauté avec laquelle tu peux échanger (j'y reviendrai dans la partie 4). Pour l'instant, note que l'évolution du monde change les pratiques de ta marque. Et qu'en observant le monde et tes clients, tu peux faire évoluer ton offre, tes services, voire la totalité de ton entreprise.

ADAPTE-TOI, DISRUPTE… OU MEURS

Maintenant que tu sais observer, il te faut passer à l'action. Mais comment utiliser le fruit de tes observations ?

Tu as trois options :

1. t'adapter ;
2. proposer quelque chose de nouveau (tu peux aussi dire « disrupter ») ;
3. ne rien faire.

La troisième option annonçant une mort certaine de ton entreprise, je te propose de te concentrer sur les deux premières.

CHOIX 1 : T'ADAPTER

En 2015, alors que tout allait bien pour moi, j'ai pris une claque. À l'époque, je dirigeais Citron Bien, une agence de communication globale. On s'occupait de la communication 360 degrés de nos clients. On faisait tout : identité visuelle, site web, vidéo, photo, réseaux sociaux… – sauf le café ! Et puis, un samedi, je venais de passer la journée sur le stand d'un client, lors d'un salon important pour sa visibilité. J'étais assez fier de l'identité visuelle que nous lui avions livrée. J'avais fait de belles photos pour valoriser sa marque (et notre travail). Je rentrais chez moi, avec la satisfaction du travail bien fait. Et j'ai lancé Facebook pour partager fièrement nos réalisations. Là, coup du destin, telle une lumière divine qui n'arrive pas du ciel mais de l'écran de mon smartphone : Facebook me propose de faire, en trois clics, un film avec les photos que je venais de prendre. Il me suggère un montage, une musique, et me laisse choisir la typo que je souhaite pour les titres.

Je me souviens alors du sourire que j'esquisse, en me disant : « T'es gentil Mark Zuckerberg, mais ne me fais pas croire que tu vas faire une vidéo gratuite en trois clics, alors que je vends ça plusieurs milliers d'euros, que j'utilise du matériel de pointe et que j'emploie plusieurs personnes qualifiées pour faire ce job… »

Je clique sur « Résultat », et je suis bluffé. C'est super pro. Propre. Carré. Une grosse claque. Et accessoirement, je viens de perdre une partie de mon activité. Deux options s'offrent alors à moi :

1. J'éteins mon téléphone. Je fais comme si je n'avais rien vu. Avec un peu de chance, mes clients non plus.
2. Je prends cette « menace » très au sérieux. Je m'adapte. Je dois clairement changer les choses.

J'ai opté pour la seconde solution. Et je n'ai plus jamais vu mon métier comme avant. Certains appellent ça l'ubérisation. D'autres, l'évolution du monde. Tu l'appelles comme tu veux. Mais, en tant qu'entrepreneurs, nous ne pouvons pas laisser ces observations à ceux qui commentent… Nous devons nous en saisir pour adapter notre quotidien et celui de nos clients.

Mieux, **nous pouvons imprimer sur le monde une autre vision**.

Bien d'autres outils sont venus ensuite disrupter mes anciens métiers : Canva, qui permet de créer ses visuels, Squarespace, de faire son site… Ils ont véritablement permis de renouveler ma société, ma façon de voir et d'exercer mon métier. Aujourd'hui, je recommande à mes clients ces outils gratuits (ou presque), alors qu'avant je vendais ces prestations plusieurs milliers d'euros… car, finalement, la plus-value que je propose n'est pas dans l'outil mais dans l'accompagnement (humain) vers la solution.

BONUS

Ma sélection d'outils indispensables pour entreprendre de façon remarquable et autonome.

La Covid-19 est un autre événement fort dans la vie d'un entrepreneur, qui demande un sens de l'anticipation important pour éviter la crise ou la faillite. Savoir s'adapter devient alors – plus que jamais – une capacité que tu dois développer. Stephen Hawking dit d'ailleurs : « L'intelligence, c'est la capacité de s'adapter au changement. » Si on y regarde de plus près, l'accélération des services en ligne est inévitable : les marques qui n'y sont pas présentes vont disparaître. Par exemple, pendant le confinement, seuls les restaurants ayant un service en ligne ont pu minimiser les dégâts, en proposant la commande, le paiement et la livraison de façon dématérialisée.

CHOIX N° 2 : DISRUPTER

Si la plupart des entreprises qui existent toujours aujourd'hui sont celles qui ont su s'adapter, celles qui ont réussi sont celles qui ont su proposer quelque chose de différent, de nouveau, d'innovant. Les Gafam (Apple, Google, Amazon, Facebook, Microsoft) en sont de beaux exemples. Leurs fondateurs ont observé le monde et lancé une idée qui répondait à un besoin, une envie.

- Steve Jobs désirait créer un ordinateur facile à utiliser. Il a lancé Apple.
- Larry Page et Sergey Brin voulaient organiser l'information sur le Net grâce à un moteur de recherche. Ils ont donné naissance à Google.
- Jeff Bezos voulait créer la plus grande librairie sur Terre. Il a fondé Amazon.

- Mark Zuckerberg a imaginé un trombinoscope en ligne des étudiants de son université. Il a créé Facebook.
- Bill Gates et Paul Allen voulaient créer un langage informatique et démocratiser la vente de micro-ordinateurs. Ils ont conçu Microsoft.

Proposer de nouvelles choses ne veut pas dire réussir à tous les coups. Car échouer fait aussi partie du jeu. Mais c'est en apprenant de ses erreurs qu'on peut devenir un géant (et donc réussir). Ces marques – comme toi et moi – ont elles aussi échoué… C'est sans doute en adaptant leurs échecs qu'elles réussissent aujourd'hui. En 1996, Apple, par exemple, a foiré le lancement de sa console Pipp!n. En 2019, la marque a lancé Apple Arcade, le premier service de jeux par abonnement pour appareils mobiles, ordinateurs et téléviseurs. Google aussi a eu son lot d'échecs : le réseau social Google+ fermé en 2019, les Google Glass suspendues en 2015 avant d'être remises en vente uniquement pour les professionnels en 2019. Les échecs de ces géants ont aussi servi à d'autres entreprises.

Tout le monde connaît les Gafam que je viens de citer, et, plus récemment, les Natu (Netflix, Airbnb, Tesla, Uber). Depuis leur émergence, le monde a pris un autre virage en proposant des modèles économiques « disruptifs » (du latin *dirumpere* qui signifie « briser en morceaux », « faire éclater ») qui ont bouleversé certains pans de l'économie. Airbnb est devenu le leader de l'hébergement sans posséder un seul hôtel, Uber est devenu le leader du transport sans posséder un seul véhicule, Netflix du divertissement sans produire de contenus (ce qu'il a fait dans un second temps)… Uber a même donné le verbe « ubériser » : qui transforme, menace ou fait disparaître un modèle économique ancien ou traditionnel en utilisant les nouvelles technologies. En France, BlaBlaCar ubérise la SNCF, LeBonCoin ubérise les annonces entre particuliers…

Comment ces marques se sont-elles imposées ? En observant les leaders de leurs marchés, en se positionnant à contre-courant de ces derniers, et en offrant des modèles économiques plus

flexibles. Elles proposent ainsi une plateforme réunissant une foule, une communauté (*crowd* en anglais), et développent une économie qui se veut ainsi « collaborative », en se positionnant en tant qu'intermédiaires. Le partage ou l'échange entre particuliers, de biens, de services ou de connaissances, avec ou sans échange monétaire, a vu le jour. Suite à la crise économique et financière de 2008, les particuliers sont à la recherche d'économies, de revenus complémentaires ou tout simplement de pouvoir d'achat. **L'usage des biens est favorisé plutôt que leur possession.**

Ce phénomène de l'économie collaborative ne risque pas de s'éteindre – certains le positionnent même comme le troisième pilier de notre économie après les marchés et l'État. Il doit son succès à un sens aigu de l'observation du monde, et au placement du client au cœur du processus d'innovation. Bonne nouvelle donc, pour nous les free-lances, TPE et PME : l'idée et le client sont au cœur de la réussite de nos marques !

PROPOSER... OUI, MAIS QUOI ?

« Ne crée jamais une entreprise juste pour "faire de l'argent", lance ton entreprise pour faire une différence. »
Marie Forleo, entrepreneure américaine, auteure des best-sellers *Everything is figeroutable* et *Make every man want you.*

Le monde est frustration. Pourquoi n'a-t-on pas encore inventé la machine à se télétransporter ? La médecine du futur ? Les chaussures qui se lacent toutes seules (Nike l'a fait avec plus ou moins de succès) ? C'est **le déclencheur principal** des personnes qui se lancent **pour devenir entrepreneurs : répondre à un besoin, à une frustration.** Changer un truc. Apporter une vraie plus-value. Améliorer le monde ! Comme Marie Forleo, que je cite au début de ce chapitre, je crois au pouvoir de changer le monde en faisant la différence.

Le risque est grand d'écouter ce que les autres demandent. Henry Ford disait : « Si j'avais demandé aux gens ce qu'ils voulaient, ils auraient répondu des chevaux plus rapides. »
Tes clients ne savent rien de la façon dont le monde va évoluer, ils veulent simplement que tu répondes à leur problème immédiat. **Pour construire une marque viable et durable, fais un pas de côté,** réfléchis et teste tes nouvelles hypothèses. Steve Jobs, lui, disait : « Ce n'est pas le boulot des consommateurs de savoir ce qu'ils veulent. »

Même si le point de départ de beaucoup d'entreprises à succès est une frustration du marché, il faut savoir l'écouter et tenter d'anticiper ses prochains mouvements. En 2007, Brian Chesky et Joe Gebbia sont colocataires à San Francisco. Ils sont au chômage lorsque leur propriétaire décide d'augmenter le loyer. Une situation frustrante qu'on a tous pu rencontrer. Pour garder leur logement, ils cherchent une solution… qui leur tombe du ciel lorsqu'ils découvrent que les hôtels de la ville sont tous complets pour accueillir une convention sur le design dans leur ville.
En 48 heures, ils lancent Airbedandbreakfast.com et proposent à des inconnus de squatter une chambre de leur appartement simplement équipée d'un matelas gonflable, petit déjeuner inclus… Ils récoltent 1 000 €. L'histoire de Airbnb était lancée.

Si le marketing s'attache à analyser les besoins des consommateurs pour adapter les produits ou les services, il lui manque, selon moi, un élément de taille, pour gagner du temps et se maintenir dans le temps : l'analyse des tendances. Bien trop souvent associé à des concepts complexes ou barbares, le marketing limite son champ aux clients et à l'entreprise.
Or, pour qu'une marque soit efficace, elle doit intégrer l'émergence des tendances (qui font évoluer les attentes des clients).

En effet, nous sommes passés du marketing online et de la publicité digitale qui œuvrent pour faire en sorte que le public souhaite des choses qu'on vend, à un **nouveau paradigme** beaucoup plus intéressant **où l'on fabrique des choses que le public veut**. En d'autres termes, on s'attache davantage aujourd'hui au design de produits ou services.

Comment je m'y prends ? J'adopte une posture qui consiste à faire comme si je n'avais plus rien... Par exemple, j'imagine créer ou développer mon activité sans mon smartphone, ou en étant coincé chez moi, sans argent, ou le faire seul en seulement 4 heures par semaine[5]... Cela me permet de me concentrer vraiment sur l'essentiel de ce qu'est mon service.

Sous l'effet de la Covid-19, l'entreprise de demain arrive plus vite que prévu. Le changement impose de nouvelles idées, de nouveaux systèmes pour permettre à ton entreprise d'exister encore d'ici quelques années. Il faut donc t'interroger sur les nouveaux modèles, les nouveaux espaces de création de valeurs et imaginer des expériences pour tes clients. En d'autres termes, comment peux-tu changer tes méthodes de travail pour être plus efficace, plus productif et plus proche des besoins de tes clients ? **Le processus créatif ici consiste à se poser la simple question : quel problème j'essaie de résoudre ?**

LE BENCHMARK EST-IL LE SEUL ÉLÉMENT DE RÉPONSE ?

Dans les écoles de marketing, on apprend à réaliser une analyse concurrentielle. En d'autres termes, à observer les concurrents de son marché. Personnellement, je ne m'y intéresse pas. En s'intéressant à son marché, on risque de trouver des recettes déjà éprouvées, des solutions connues. **Comment s'en démarquer si on fait pareil que ses concurrents ?** Je préfère le terme d'« analyse de l'écosystème » qui s'intéresse davantage à l'évaluation des

5. Principe qui s'inspire du livre de Timothy Ferriss, *La Semaine de 4 heures*, Pearson France, 2010.

propositions, des méthodes et des process mis en place par les leaders de leurs marchés. J'élargis aussi cette recherche à ceux qui révolutionnent certains marchés, ou qui les illuminent.

Je t'ai déjà parlé des géants du Net qui bouleversent nos usages et conditionnent notre consommation. Plus localement, tu peux vérifier ce qui se passe sur ton marché, qui est sans doute en constante évolution. Être au courant de ces pratiques, et analyser ce qui se passe autour de toi t'apportera une véritable longueur d'avance, pour réussir ! Par exemple, je travaille avec des sociétés qui repensent la livraison, alors qu'elle est en plein essor durant les derniers confinements…

Résumons. Ton rôle désormais – en tant qu'entrepreneur – est de résoudre des problèmes et créer des innovations qui changent le monde. Ton benchmark doit donc être permanent. Comment faire ?

1. CHOISIS

Choisis les entreprises qui t'inspirent, te motivent ou, selon toi, réussissent. Et sélectionne les champs que tu souhaites améliorer pour ta boîte. Par exemple, sélectionne la stratégie des pubs Facebook ou, la politique de prix d'une marque qui t'inspire, si tu souhaites faire de la pub ou mieux organiser tes tarifs.

2. OBSERVE

À partir de là, observe comment ces marques fonctionnent et demande-toi : Comment ont-elles débuté ? Quels produits ou services vendent-elles ? Comment sont-elles organisées ? Comment vendent-elles et à qui ? Quelle est la politique de prix ? Même si la presse, ou les sites comme Societe.com ou Linkedin sont des super outils pour les observer, tu peux aussi acheter leurs produits. En devenant client, tu peux étudier de plus près chaque point de contact et ainsi analyser leurs solutions (comment ils gèrent la prise de contact, ton inscription, l'achat, les relances…) afin d'appréhender l'expérience que proposent les marques que tu admires. Les avis clients de tes marques référentes sont aussi des bons indicateurs de ce qui fonctionne bien (ou moins bien). Je reviendrai sur ces différents points dans la suite de ce livre.

3. ANALYSE

Une fois toutes les informations pertinentes collectées, traduis ce que ça signifie pour toi, et comment tu vas les implémenter dans ta stratégie. Note que ton benchmark peut aussi bien se faire sur des outils, une politique de prix, un service après-vente, de la publicité, une analyse de mots-clés pour ton référencement… Le champ est large.

Souviens-toi, selon Sun Tzu… « Le temps consacré à la connaissance est rarement du temps perdu. »

Après la lecture de ce premier chapitre, tu es maintenant prêt à observer, t'adapter, te transformer… Tous ces éléments qui sont entrés dans ton esprit ont fait émerger une envie de changer le monde et/ou ta marque. Quoi qu'il arrive, n'oublie pas cette vision, qui est sans doute l'élément déclencheur de ton business. C'est un élément essentiel que de nombreux entrepreneurs oublient une fois lancés. Pour bien faire, pour réussir, tu auras besoin de cette vision. La garder en tête t'évitera bien des problèmes et t'assurera une forme de durabilité.

CHAPITRE 2

TA MARQUE REFLÈTE QUI TU ES VRAIMENT

Qui peut se targuer aujourd'hui d'avoir disrupté les marchés de l'automobile, de l'aéronautique et de l'énergie ? Réponse : Elon Musk. Le patron de Tesla, SpaceX et Solar City a même servi de modèle pour le film *Iron Man*... C'est dire ! Cette célébrité, il la doit à **sa raison d'être** : « Changer le monde et l'humanité ». Elle **lui a permis de construire un empire !** En effet, tous ses projets, aussi fous soient-ils, répondent à une problématique simple : résoudre le problème qui affectera le futur de l'humanité, à savoir le transport durable. Les panneaux solaires de Solar City alimentent les batteries des voitures Tesla, qui permettent d'alimenter le financement et la R&D de SpaceX qui envoie des fusées dans l'espace. Tous les choix d'Elon Musk visent une économie qui se veut durable afin de permettre à terme d'envoyer l'humanité sur Mars (car il est convaincu que la Terre ne sera plus vivable dans quelques années). Guidé par sa raison d'être, Elon Musk a embarqué avec lui les meilleurs ingénieurs et les meilleurs designers capables de révolutionner en très peu de temps ces trois marchés (l'automobile, l'aéronautique et l'énergie). Sa raison d'être le pousse même à lancer, fin 2020, la Tesla Tequila. Quelques heures à peine après sa mise en ligne, le produit (vendu 250 dollars la bouteille !) était déjà en rupture de stock...

Autres exemples : ceux de **McDonald's et de Burger King** (je précise que je n'ai pas mis un pied dans ces fast-foods depuis dix ans, mais ce sont des marques fortes dont je me sers régulièrement et c'est la raison pour laquelle je les citerai à plusieurs reprises dans ce livre). Toutes deux sont concurrentes et pourtant, elles **ont parfaitement réussi à se démarquer**. On pourrait aussi citer Apple et Samsung, qui ont chacune une identité propre. Tu l'auras compris : la raison d'être de ces marques leur a permis de développer une communauté qui aujourd'hui défend la culture de la marque. Certains vont même jusqu'à se tatouer le nom ou le logo de la marque ! La question est : Comment ont-elles réussi à développer des communautés de fans incapables de mettre les pieds dans l'enseigne concurrente ? Réponse : une identité forte et une raison d'être qui embarque leurs clients, lesquels ont l'impression d'appartenir à un clan.

Si leurs clients savent faire la différence, en énonçant une raison d'être claire, tes clients aussi sauront faire la différence entre ta marque et tes concurrents. Et même si ces marques nous donnent quelques indices pour se démarquer de leurs principaux concurrents, **c'est bien ta raison d'être qui te permettra, par affinité, de recruter tes clients.**

La raison d'être, ok... Mais comment la définir et surtout comment ne pas tout faire foirer ? Je te donne ici toutes les clés.

TU LA CONNAIS, TA RAISON D'ÊTRE ?

La raison d'être est généralement définie comme une ambition d'intérêt général qu'entendent poursuivre les dirigeants.

Dans cette définition, il y a plusieurs éléments :

1. le dirigeant (toi) ;
2. l'ambition ;
3. la poursuite d'un but ;
4. et l'intérêt général.

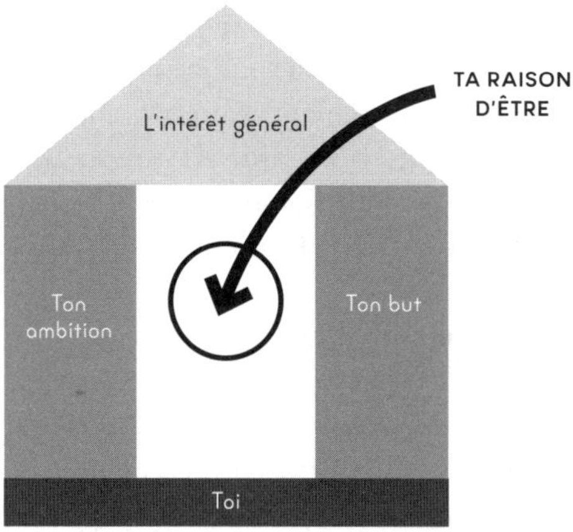

1. TU ES LE DIRIGEANT !

L'être humain est un être social. Il existe par rapport aux autres. Il a besoin d'exister, il a besoin de reconnaissance. Pour que cela fonctionne, il a besoin de se sentir utile. Autrement dit : il a besoin d'une raison d'exister – sinon, la vie n'a pas beaucoup de sens ou de saveurs…

2. QUELLE EST TON AMBITION ?

Prenons cette analogie : ton entreprise est une voiture… Ton ambition est l'étincelle qui te permet de lancer ta marque et faire tourner le moteur qui te permet de rouler (longtemps). Nous verrons dans la partie 4 ceux qui représentent ton carburant.

3. QUEL EST LE BUT QUE TU POURSUIS ?

L'époque où la seule recherche du profit compte pour une entreprise est révolue. Ton but n'est pas seulement de faire plus de profit, il est de répondre à un besoin de tes clients, de ton marché, ou du monde : que vas-tu leur apporter ? Ton but devient alors le gouvernail de ton entreprise dans les temps difficiles.

C'est lui qui va donner à ta marque du poids, de la valeur, de la force. C'est aussi un outil ou une réflexion qui va te permettre de prendre les bonnes décisions en cas de doutes.

4. QUEL EST L'INTÉRÊT GÉNÉRAL QUE TU DÉFENDS ?

Les consommateurs sont devenus des acteurs du changement (des consomm'acteurs). L'entreprise qui ne cherche qu'à faire du profit est mise en danger, car elle ne répond plus aux attentes du marché. Les consomm'acteurs veulent savoir ce qu'ils consomment, d'où ça vient, qui le fabrique, si c'est sain… En somme, **les marques doivent désormais montrer patte blanche** devant l'envie (ou la nécessité) de vouloir consommer de façon bio, local, éthique, vegan…

À toi de jouer maintenant : en une ligne, utilise ces éléments pour définir ta raison d'être. Si tu ne parviens pas à faire cet exercice en une seule ligne, ou si ça te met trop la pression, écris-en plusieurs, puis retire ce qui est inutile. Tu peux t'inspirer des exemples donnés dans l'encadré ci-après.

……………………………………………………………………………………

……………………………………………………………………………………

……………………………………………………………………………………

LA RAISON D'ÊTRE RECONNUE PAR LA LOI !

En France, depuis la loi Pacte (plan d'action pour la croissance et la transformation des entreprises) de mai 2019, les entrepreneurs qui le souhaitent peuvent modifier les statuts de leur entreprise pour inscrire une raison d'être, « constituée des principes dont la société se dote et pour le respect desquels elle entend affecter des moyens dans la réalisation de son activité. » Avec cette « raison d'être », le législateur a voulu créer un nouveau cadre juridique renforçant et définissant la mission qui régit l'entreprise : celui de « société à mission ». La loi invite à répondre à la question profonde de la mission sociétale des entreprises : **À quoi sert ton entreprise ?** Elle dispose que l'entreprise doit désormais être gérée dans son

intérêt social, en prenant en considération les enjeux sociaux et environnementaux de son activité.
Même si la mission a toujours fait partie des ingrédients des marques fortes et durables pour se développer, la bonne nouvelle, c'est que la loi lui donne de la visibilité et de la légitimité. Et même si la loi ne couronne pas encore la RSE (responsabilité sociétale des entreprises) comme une norme, les entreprises qui l'intégreront auront une belle longueur d'avance sur leurs concurrents, et de quoi séduire des clients de plus en plus en demande de changement et d'engagement.
Quelques exemples d'entreprises à mission :

- Atos (première entreprise du CAC40 à publier sa raison d'être) : « Contribuer à façonner de l'espace informationnel[6]. »
- Carrefour : « Être leader de la transition alimentaire pour tous[7]. »
- SNCF : « Apporter à chacun la liberté de se déplacer facilement en préservant la planète[8]. »
- Le Slip Français : « Réinventer avec panache l'industrie textile française dans ses codes et ses valeurs[9]. »

ET SI TU CONSOLIDAIS TA RAISON D'ÊTRE ?

Ta raison d'être te permet de savoir où tu vas, et de ne pas te poser un tas de questions inutiles, même en pleine période de crise comme celle que nous avons vécue avec la pandémie de Covid-19 (et pendant laquelle j'ai écrit ce livre). Dès les premiers jours de confinement, j'ai vu poindre quelques dissonances chez

6. Source : Rapport intégré 2019.
7. Source : Rapport d'activité 2019.
8. Source : www.sncf.com/fr/engagements/developpement-durable/raison-etre-de-notre-groupe
9. Source : www.leslipfrancais.fr/la-raison-du-slip

les entrepreneurs : Dois-je travailler ou pas ? Dois-je protéger mon entreprise ou mes proches ? Dois-je communiquer ou pas ? Dois-je faire comme d'habitude ou adopter une attitude différente ?

Pour ma part, cette période particulière a fait apparaître, plus que jamais, l'importance de la marque. **Ta marque est le reflet de qui tu es à l'intérieur.** Elle est constituée de plusieurs éléments, que je décris dans ce livre, mais sa principale mission est de t'aider à être aligné avec ton projet. En bref, d'être plus fort, et donc, durable.

- Certains vont communiquer comme d'habitude ; d'autres vont trouver cela déplacé.

- Certains vont tout mettre en stand-by, le temps de réfléchir, de se poser et de se laisser le temps de s'adapter ; d'autres vont foncer tête baissée.

- Certains vont prendre des nouvelles de leurs clients, comme on prendrait des nouvelles de ses proches ; d'autres vont les ignorer, de peur de les perdre…

- Bref, chacun va agir et réagir en fonction de qui il est.

Comme des milliards de personnes dans le monde, tu as toi aussi vécu cette période. Ce moment de repli sur toi, en cherchant la bonne attitude, le bon discours, la bonne stratégie. Non, pas la « bonne » attitude à avoir. Mais celle qui te conviendrait, celle qui te semblait (à l'époque) la meilleure qui soit. D'ailleurs, au fil du temps, cette position adoptée lors des premiers jours n'a pas été la même les jours suivants (ou l'inverse !). C'est à nouveau une preuve que tu évolues. Pour ta marque, c'est pareil.

Maintenant, et plus que jamais, face aux défis qui nous attendent, nous allons nous projeter dans l'avenir. C'est d'ailleurs un bon moyen de contourner la morosité ambiante ou la peur de l'instant présent.

EXERCICE : LA RÈGLE DES 3M

La projection dans l'avenir est un exercice hyper-intéressant. Un exercice qu'on fait trop rarement (par manque de temps !). Puisque tu me lis, c'est que tu t'intéresses à ta marque, ton projet, que tu as envie de bien faire et que tu veux progresser.

Pour cela, je te propose d'appliquer ce que j'appelle la règle des 3M :

1. **M**oi/ma **M**arque ;
2. mon **M**arché ;
3. le **M**onde.

LA RÈGLE DES 3 M

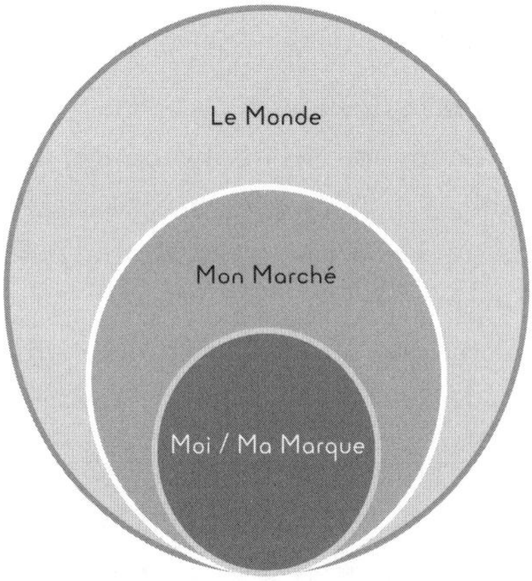

Il s'agit d'une grille de lecture qui t'aide à structurer ta pensée, tes idées, tes contenus même… en fonction de trois niveaux sur lesquels tu vas agir.

Faisons un exercice de projection, en répondant à ces trois questions :

- À quoi va ressembler ton entreprise dans quelques semaines ?
- Qui seront tes clients dans quelques mois ?
- À quoi ressemblera le monde dans quelques années ?

Maintenant que tu as posé les éléments dans le temps, tu peux structurer tes envies en reprenant le même schéma, mais en répondant à ces trois questions :

1. Pour ta marque : Comment souhaites-tu travailler, et avec qui ?
2. Sur ton marché : Quelle valeur apportes-tu à tes clients ? Quelle différence fais-tu sur ton marché ?
3. Dans le monde : Ton projet, produit ou service sont-ils compatibles avec le monde dans lequel tu évolues ? Est-ce toujours en pertinence avec son évolution (que tu as observée au chapitre 1) ?

En répondant à ces questions, tu vas consolider ta raison d'être, qui sera en béton armé !

Ainsi, ta raison d'être devient :

1. le moteur de tes actions quotidiennes, ton guide, ta boussole ;
2. la banane (ou l'énergie) qui te donne envie d'aller bosser chaque matin ;
3. la motivation que tes clients ont à te suivre (ou l'aimant qui attire à toi les meilleurs partenaires et collaborateurs).

POURQUOI TA RAISON D'ÊTRE EST IMPORTANTE

TA RAISON D'ÊTRE : TA VISION À LONG TERME

Bâtir une marque, c'est comme construire une maison. Personne n'imagine acheter un canapé alors qu'il ne possède même pas un toit, ou construire une maison sans plan. Et, même si tu es attiré par la quantité de suggestions ou de propositions pour te faire gagner quelques euros de chiffre d'affaires ou augmenter ton nombre de followers, ces petites tactiques ne fonctionnent pas sur le long terme ! Tu as besoin d'avoir des idées claires pour mener ta barque au bon endroit. **Pour ta marque, comme pour ta maison, tu as donc besoin de fondations solides.** Ta raison d'être est le plan de ta maison, ta vision à long terme. Une fois que tu as posé les choses, tu deviens INVINCIBLE.

On le sait, en tant qu'entrepreneur, il nous arrive mille choses par jour qui nous bousculent. Des événements internationaux comme une pandémie, un accident de la vie ou une simple remarque peuvent nous faire douter ou bouleverser notre point de vue : Suis-je à ma place ? Ai-je choisi la bonne option ? Est-ce que ça va marcher ? Face à ces doutes et à ces peurs, tu as besoin d'un fil d'Ariane – en d'autres termes, une ligne qui te guide malgré les doutes et les tempêtes. Ce fil d'Ariane, c'est ta raison d'être.

TA RAISON D'ÊTRE EST TON RÉVEILLE-MATIN

En coaching, je reçois souvent cette demande : « J'ai besoin d'un nom pour ma marque, car, ce que je fais ne fonctionne pas... »

Je me souviens très bien de Frédérique, consultante en webmarketing et maman solo, qui souhaitait absolument trouver un nom pour vendre rapidement ses prestations de SEO[10]. Au bout de quelques minutes, je lui ai indiqué que je ne l'aiderai pas à trouver un nom, mais plutôt à revoir son offre. Je sentais bien qu'elle proposait du référencement naturel par opportunité de marché, et pas parce que cela la faisait vibrer. J'ai dû ramer pendant une heure avant qu'elle avoue : « Le SEO ne me parle pas, je n'y trouve aucun intérêt. » Bref, nous avons revu totalement son projet.

10. Optimisation pour les moteurs de recherche, ou référencement naturel. Ensemble des techniques utilisées pour améliorer la position d'un site sur les pages de résultats des moteurs de recherche.

Pourquoi vouloir vendre un produit ou un service auquel tu ne crois pas ? **Ne penses-tu pas qu'en apportant au monde quelque chose qui te fait vibrer, tu le ferais plus efficacement ?** Partir de ses envies pour ensuite construire une offre est tellement plus simple et intuitif.

Ta raison d'être devient alors ton réveille-matin. Après notre atelier, Frédérique a retrouvé l'envie d'appeler ses clients, de proposer des missions en phase avec qui elle est, d'écrire sur son blog, de relancer sa newsletter... Le lendemain, elle se rendait sur un salon, où elle décrochait plusieurs rendez-vous dont l'un lui apportait un client, avec qui elle travaille toujours. Bref, elle n'a plus aucun doute.

Si, comme Frédérique, tu veux retrouver le goût pour ton travail, pose-toi une seule question : **Qu'est-ce qui me donne la banane chaque matin ?** Autrement dit : Pourquoi est-ce que je me lève chaque matin ? Comme le disait Confucius : « Choisissez un travail que vous aimez et vous n'aurez pas à travailler un seul jour de votre vie. » Personnellement, je me lève chaque matin pour aider des entrepreneurs à changer le monde. Car le rôle d'un coach n'est pas d'apporter des solutions mais de permettre à son champion de trouver SA solution. (Et je me lève sans réveil.)

COMMENT BIEN FOIRER TA RAISON D'ÊTRE

Maintenant que tu connais toute l'importance de ta raison d'être, et la façon de l'affiner pour devenir plus fort, voyons ensemble comment, au contraire, tu peux tout saborder en beauté. Te voilà prévenu.

EN PROCRASTINANT

Réfléchir à l'impact et à la valeur de ta marque est une tâche que tu ne pourras pas remettre à plus tard indéfiniment. Le faire au plus tôt te permet d'être aligné, d'être clair et de savoir où tu veux aller. Mener une entreprise sans plan pour la guider, c'est signer son arrêt de mort. La bonne nouvelle, c'est que tu as ce livre entre les mains !

EN REFUSANT DE PRENDRE TES RESPONSABILITÉS

C'est à toi, et à toi seul, de définir ta raison d'être, de prendre la responsabilité de ton entreprise et de mettre tes équipes au diapason. À plusieurs reprises, j'ai croisé des entrepreneurs qui lançaient leur start-up, souvent dans le domaine de la tech, et qui se laissaient déborder par les différents intervenants avec lesquels ils travaillaient parce que, justement, ils n'avaient pas défini leur raison d'être. Chaque fois, cela s'est mal terminé.

Quand tu lances ton projet, ta raison d'être est l'aimant qui va attirer à toi les bons partenaires, et les bons clients. Tu dois donc la mettre en place et l'assumer dès le démarrage. Ne laisse pas les autres décider à ta place, ne délègue pas cette responsabilité. Prends les choses en main, même si ce n'est pas fait de façon parfaite dès le début.

EN CRÉANT DE LA DÉCEPTION

Greenwashing, covidwashing, frenchwashing... sont autant de termes qui rappellent que certaines entreprises utilisent mal (ou pire à mauvais escient) la raison d'être. Aujourd'hui, l'information circule tellement vite que tes clients en savent parfois plus sur toi que la plupart de tes partenaires, et qu'ils peuvent à tout moment vérifier ce que tu fais ou ce que tu dis. En cachant la vérité, tu peux créer de la déception, ou pire, transformer tes clients en pires ennemis. Ce qui sonnera le glas de ton entreprise.

Au moment où j'écris ces lignes, la marque Lou.Yetu, qui vend des bijoux en ligne depuis 2015, fait les frais de ce décalage entre son discours affiché et la réalité. Alors qu'elle s'affichait comme *made in France*, les matières premières nécessaires à la conception des bijoux ne seraient pas toutes françaises et certains bijoux seraient même fabriqués en Asie. Par ailleurs, des dizaines d'anciens salariés et stagiaires ont évoqué, sur le compte Instagram anonyme Balance ta start-up[11], un climat délétère au sein de l'entreprise, parlant même de harcèlement moral. On est bien loin des valeurs du *made in France*, et de l'éthique prônées par la marque. Moins de 10 jours après la première publication de ces témoignages, la marque avait déjà perdu 67 000 abonnés sur Instagram (qui est pour Lou.Yetu le premier vecteur de communication). Ce compte n'a pas donné signe de vie pendant plus d'un mois. La créatrice, elle, a supprimé son compte, et la boutique parisienne est « fermée actuellement », indiquait encore le site fin juillet.

EN COPIANT-COLLANT UNE MÉTHODE

Simon Sinek a érigé le *why*[12] en parole d'évangile. Pour ce spécialiste du management et de la motivation, le fait de placer cette question fondamentale du « pourquoi » au cœur de sa stratégie est le secret des grands leaders comme Steve Jobs. Aujourd'hui, quand je croise un porteur de projet, il est plus stressé par la recherche de son *why* que par celle de ses clients. Alors, oui, ton *why* va t'aider à trouver des clients... mais, ça ne suffit pas. Pour ma part, j'ai été beaucoup influencé par la tendance *hygge* (prononcez « heu-gueu ») et le livre *Heureux comme*

11. Compte Instagram qui, à l'image de #MeeToo, vise à dénoncer des pratiques condamnables et leurs auteurs.
12. Sa conférence TED, qui cumule plus de 53 millions de vues (!), est disponible à l'adresse suivante : https://www.ted.com/talks/simon_sinek_how_great_leaders_inspire_action?language=fr

un Danois, qui explique notamment comment, dans le travail, allier convivialité et productivité. D'autres entrepreneurs, eux, ne me parlent que de l'ikigai (une méthode japonaise, dont le nom signifie littéralement « raison d'être »). Cette méthode est intéressante car elle permet de t'interroger sur ces quatre questions fondamentales :

- Qu'aimes-tu faire dans la vie ?
- Dans quel domaine es-tu doué/performant ?
- Quelles activités peuvent générer argent et reconnaissance ?
- Que peux-tu apporter de positif au monde ?

Mais comme le *why*, c'est aussi une méthode parfois un peu nébuleuse qui complexifie le processus. Comme le disait Philippe Pollet-Villard, « dans un voyage, ce n'est pas la destination qui compte mais toujours le chemin parcouru, et les détours surtout ». **L'idée n'est pas de bloquer sur telle ou telle méthode, mais de chercher au fond de toi ta raison d'être, pour mieux te l'approprier.** En fait, je te propose ici non pas de copier-coller une méthode, mais de créer la tienne en t'inspirant de tout ce qui existe déjà. Ce que je veux dire par là, c'est que tu dois te faire confiance, demander de l'aide si besoin et considérer qu'il s'agit d'un travail en perpétuelle évolution. Nul n'est parfait, dit l'adage. Je te confirme que nul n'est parfaitement à l'aise avec le *why* !

C'est la raison pour laquelle j'ai créé ma propre méthode, que j'appelle la raison fondamentale, inspirée de la méthode des 5 *why* ou des 5 pourquoi. Car comme le dit Mark Twain, « Les deux jours les plus importants de votre vie sont le jour où vous êtes né et le jour où vous découvrez pourquoi. » Je la partage avec toi ci-dessous et, tu l'auras compris, je t'invite non pas à la copier-coller mais à t'en inspirer à ton tour…

EXERCICE : LA MÉTHODE DES 5 *WHY*

Il s'agit de te demander 5 fois « pourquoi » afin de trouver la source profonde, la raison fondamentale de ton projet. L'idéal est de faire cet exercice avec quelqu'un de confiance, si tu peines à le faire tout seul.

J'ai, par exemple, utilisé cette méthode avec un consultant très reconnu dans la stratégie de contenus, qui avait une forte visibilité. Malgré les lectures, les vidéos, les formations sur le *why*, il sentait qu'un truc clochait. En le faisant creuser ces 5 pourquoi pendant 20 minutes, il est allé plus loin qu'en plusieurs années d'investigation.

Cette méthode fonctionne aussi dans d'autres domaines. Je l'ai utilisée avec un étudiant qui s'était endormi à l'un de mes cours… Au premier pourquoi, il m'a répondu : « Je suis sorti hier soir »… pour finalement arriver à la conclusion qu'il ne se sentait pas assez mature. Il savait désormais sur quoi il devait travailler. Et le résultat fut spectaculaire, car il fut l'un des plus brillants aux examens de fin d'année.

Tu l'as compris : ta raison d'être est non seulement un guide pour développer la stratégie de ton entreprise, mais c'est aussi ce qui conduit tes clients vers toi. Tout comme un autre élément que je vais développer dans le chapitre suivant : ton nom.

CHAPITRE 3

FAIS-TOI UN NOM !

« **Hey, Pierre Dron, tu viens ?** »
Comme toi, j'ai un prénom et un nom. Les gens m'appellent et m'interpellent par mon prénom et mon nom. Même si je ne suis pas le seul à porter ce nom, je me suis construit en étant le seul (autour de moi) à le porter. Il fait partie de mon identité, il m'aide à me différencier des autres, et me permet de communiquer avec eux. Et même si mes valeurs, mes principes, mon histoire me différencient de mes semblables, mon nom est l'un des premiers marqueurs de différence visible.

Pour ta marque, c'est pareil. Ton nom – celui de tes produits et services – et ton slogan vont t'aider à mieux communiquer, te différencier... En bref : ton nom va faire de toi et de ton entreprise une entité unique. Comme le dit Claude C. Hopkins, l'un des pionniers de la publicité moderne, « **un bon nom est une publicité en soi** ». C'est sans doute pour cette raison que choisir un nom n'est pas une mince affaire. Beaucoup sous-estiment le pouvoir d'un nom, quand d'autres le surestiment. Pour les premiers, un jeu de mots hasardeux, un acronyme suffit ; les seconds, eux, restent bloqués pendant des semaines sur cette étape, au lieu de se lancer !

Dans ce chapitre, je vais essayer de lui donner sa juste place : celle d'un nom qui t'identifie auprès de tes clients, de tes concurrents... Car tu l'as compris : **c'est l'ensemble des éléments détaillés dans ce livre qui détermine ta marque, et pas seulement un nom !**

Il existe une multitude de références en ligne ou en librairie pour t'aider à créer ton nom. Ici, je préfère t'aider et te sensibiliser à trouver un nom remarquable… En d'autres termes : comment se faire un nom ou un prénom (plutôt que de seulement en trouver un !).

En pratique :

- Si tu es à la recherche d'un nom pour ta marque, je t'invite à lire ce livre en entier, puis à revenir à ce chapitre. En effet, ce sont toutes les composantes d'une marque qui t'aideront à constituer et créer ton nom, pas juste les infos que je te donne dans ce chapitre.

- Si tu as déjà ton nom : parfait ! Tu peux lire ce chapitre pour t'aider à nommer certains de tes produits ou services avec un nom remarquable (ou pour changer le tien, si tu estimes qu'il n'est plus celui qui caractérise le mieux ta marque aujourd'hui !). Car tu le verras, changer de nom est aussi possible.

Dans ce chapitre, je te propose une méthode en trois étapes pour te créer un nom de façon créative et remarquable (la création proprement dite, la vérification et l'acceptation). J'aborderai aussi la question du changement de nom (c'est possible !) et le cas particulier du free-lance, du startuper ou du solopreneur.

ÉTAPE 1 : LA CRÉATION

On parle de *naming* quand il s'agit de créer le nom d'une marque d'un produit ou d'un service. Le *naming* – abréviation de l'anglais *product naming* – signifie selon moi : imaginer (1) et trouver (2) les appellations qui conviennent le mieux à sa marque (3).

1. LAISSE PLACE À L'IMAGINATION (LA PRÉPA MENTALE)

Créer une marque, comme trouver un nom, nécessite avant tout une bonne préparation mentale. Puisqu'il te faut trouver des idées nouvelles, tu as besoin de 3 ingrédients pour être prêt :

1. de la créativité ;
2. de l'empathie ;
3. et de l'ouverture d'esprit.

● COMMENT JE DÉVELOPPE MA CRÉATIVITÉ ?

La créativité est devenue une compétence clé. Elle se définit comme l'aptitude à se plonger dans l'inconnu pour créer quelque chose de nouveau. Selon moi, **la créativité, c'est entreprendre une action nouvelle, adaptée aux problématiques actuelles.** Comme le disait Albert Einstein, « la créativité, c'est l'intelligence qui s'amuse ». En d'autres termes, la créativité t'ouvre l'esprit et t'aide à résoudre des problèmes complexes avec facilité.

Pour développer ma créativité, je m'applique ce principe : lutter contre toute forme de *statu quo*, de code établi… Observer le monde avec un regard nouveau (voir le chapitre 1) m'aide beaucoup à le faire.

Si tu perçois la créativité comme une source de stress, pas d'inquiétude ! C'est difficile de l'imaginer autrement, puisqu'on nous assène une multitude de connaissances à l'école, alors qu'on devrait nous aider à développer notre capacité à nous adapter. Mais la bonne nouvelle, c'est que chacun d'entre nous possède cette capacité !

<u>**Pour t'entraîner, je te propose de :**</u>

1. te répéter que tu es créatif, pour l'ancrer en toi de façon positive (l'écrire et l'afficher – par exemple sur le miroir de la salle de bains – si tu es visuel ou le dire si tu es auditif) ;
2. faire le constat de ce que tu as déjà réalisé, pour (re) découvrir en toi le potentiel créatif existant.

Le constater et le dire, c'est déjà une bonne partie du chemin… pour continuer à le faire.

La créativité doit s'exercer tous les jours. C'est comme un muscle : ça se travaille. John Steinbeck disait d'ailleurs : « Les idées sont comme des lapins. Il vous suffit d'en avoir quelques-uns et de savoir comment vous en occuper, et très vite vous en avez une douzaine. »

● COMMENT L'EMPATHIE M'AIDE À TROUVER DE (BONNES) IDÉES ?

Lorsque je suis coincé (ou qu'un client l'est) dans une séance de créativité destinée à trouver le nom parfait, je pense « empathie ». L'empathie, c'est la capacité de t'identifier à autrui dans ce qu'il ressent. En d'autres termes, demande-toi : À quoi pense mon interlocuteur ? Que veut-il ?
En te mettant à sa place, tes idées se clarifient et deviennent plus justes, car elles répondent à un besoin. Tu n'es alors plus le seul à te demander si c'est bien ou pas, puisque tu observes ton questionnement sous un autre angle : celui du destinataire de ton message, de ton slogan ou de ton nom. (Certains d'ailleurs interpellent leur communauté pour tester les différentes options.)
Dans ce livre, je te parlerai beaucoup de l'empathie, car c'est, je crois, une valeur forte et surtout, un outil très utile pour t'aider à développer ton activité.

● COMMENT JE M'OUVRE L'ESPRIT (ET JE SUIS RÉCEPTIF AUX OPPORTUNITÉS) ?

Sais-tu ce que font les grands sportifs avant une grande compétition ? Une mise au vert.
En d'autres termes, ils vont prendre l'air pour mieux se concentrer, et être prêts le jour J. N'hésite pas à faire de même. Dans le processus créatif qui t'attend pour trouver un nom, fais en sorte de créer autour de toi un environnement propice aux idées. L'essentiel ici est d'accueillir toutes les idées sans limiter tes choix et de proposer tout ce qui te passe par la tête.

Pour ma part, je situe un environnement propice sur trois niveaux :

- **LE LIEU** : préfères-tu travailler dans ton bureau au calme, dans un café ou un coworking bruyant, dans un lieu inspirant avec des murs blancs ou colorés ?

- **L'ESPACE** : personnellement, j'aime que mon bureau soit dégagé et rangé pour avoir les idées claires et me focaliser sur mon sujet – quand d'autres, eux, se sentent rassurés, voire inspirés, s'ils ont un maximum de livres et d'objets à portée de main (même si à mon sens, ce que l'on pourrait appeler le « bordel » est plutôt contre-productif[13]).

- **LES OUTILS** : je choisis toujours des objets qui me plaisent et qui développent ma créativité : des feutres de couleurs, un joli carnet, des feuilles blanches et mon tableau blanc.

Ce processus est différent en fonction des personnes que j'accompagne… et il est important de porter une attention particulière à la façon dont naissent tes (bonnes) idées.

2. APPUIE-TOI SUR LES TECHNIQUES QUI MARCHENT (LA PRÉPA TECHNIQUE)

Maintenant que tu es en condition, il te suffit d'adopter quelques techniques éprouvées pour réussir la création de ton nom. Je te propose ci-après un exercice à faire pour t'aider à le (re)trouver. Tu peux les réaliser tout seul chez toi, ou tu peux convoquer les personnes qui vont te challenger ! Attention : choisis bien des personnes qui ont le bon état d'esprit (sinon, fais-leur lire la première partie de ce chapitre !).

---

13. J'ai d'ailleurs fait une vidéo sur l'intérêt de ranger son bureau : https://citronbien.com/range-ton-bureau.

EXERCICE : LES ÉLÉMENTS DE LANGAGE

Si tu es seul, je te propose de prendre une feuille blanche et de répondre à ces questions avec le maximum d'éléments. Sinon, demande à quelqu'un de te les poser et de t'enregistrer (ou de noter) pour dégager TOUS tes éléments de langage ou tous les mots que ces questions évoquent pour toi…

- Qu'est-ce qui te file la banane chaque matin ?
- De quoi es-tu le plus fier en lançant ton entreprise ?
- Qu'est-ce qui t'amuse le plus dans ton quotidien ?
- Qu'est-ce qui te rend heureux ?
- Quels sont tes engagements ?
- À quoi pense ton client en utilisant ton service ?

Je t'invite à utiliser un grand tableau blanc ou de grandes feuilles de papier (à punaiser sur un mur, c'est idéal !). En répondant aux questions, tu laisses ton imaginaire sortir des mots, des syllabes, des sons, des couleurs, des idées… Tu tentes des associations d'idées, tu agrandis ta liste en utilisant des termes du même champ lexical. Bref : tu gribouilles sur ton grand mur tout ce qui peut enrichir tes réponses. Et n'oublie pas : note tout ! Ton objectif est de sortir de ton esprit tout ce qui s'y trouve.

Une fois que tu as tout posé sur le papier, regroupe tes idées par listes. Essaie de voir si des idées ou des mots peuvent se regrouper par blocs ou grands ensembles. C'est le moment d'utiliser tes feutres de couleurs, tes post-it, de faire des cercles, des flèches… Bref : tu regroupes tes idées.

● QUELQUES PISTES À SUIVRE (OU PAS...)

Lorsque tu es en plein processus créatif et que tu cherches des mots, tu peux t'aider d'exemples de marques qui ont fait de belles choses (ou pas !). Tu peux aussi t'inspirer de marques que tu admires.

1. **LES NÉOLOGISMES** : tu crées un nouveau mot en ajoutant quelques lettres ou une syllabe. À une époque, doubler les lettres était tendance dans la Silicon Valley (Google, Yahoo...), et cela a été repris en France (Wanadoo, Kelkoo, Spartoo ou, plus récemment, Deliveroo). À la fin des années 1990, on comptait 29 000 noms de domaines se terminant par oo.
2. **LES HÉROS MODERNES OU DE LA MYTHOLOGIE** : tu peux t'inspirer de certains héros, comme Nike l'a fait (Niké est le nom de la déesse de la victoire dans la mythologie grecque).
3. **LES MOTS-CLÉS** : tu peux choisir d'associer à ton nom un nom générique qui identifie le secteur dans lequel tu opères. Comme : Airbnb (qui rappelle le airbed et le bed and breakfast), Zenchef (un système de réservation pour les restaurants), ou Netflix (dont le nom évoque Internet et les films, « flix » en argot)... Ici, je t'en prie, fais-le avec créativité : on n'en peut plus des déclinaisons du mot « com' » chez les communicants ou des mots « coupe » et « tif » chez les coiffeurs !
4. **LES ANAGRAMMES**, si l'exemple de la SNCF ou de la RATP te fait grimper au rideau... à cause de jeux de mots douteux. Certains noms s'en sortent bien, comme H&M (diminutif de Hennes & Mauritz), ou la WWF que j'aime beaucoup.
5. **LES CHIFFRES** : tu peux t'inspirer de l'école 42 de Xavier Niel, de la banque N26, de la 1664, du célèbre N° 5 de Chanel ou du 501 de Levi's pour donner une identification unique à ta marque ou ton produit.
6. Enfin, alors que certains essaient de se faire un nom, il suffit parfois de simplement se faire **UN PRÉNOM**, et ça fonctionne toujours très bien. La preuve avec Agnès b, Michel & Augustin, Ben & Jerry, Alfred, Colette, Shanty Biscuits...

3. CE QUI CONVIENT LE MIEUX À TA MARQUE EST DÉJÀ ÉCRIT (ZÉRO PRÉPA !)

Puisque tu t'es bien préparé mentalement, et que tu as utilisé les méthodes qui te convenaient le mieux, maintenant, fais-toi confiance. Tu trouveras la bonne réponse. Ton nom se trouve très certainement dans ce processus créatif ou dans ces listes.

Personnellement, quand je fais l'exercice précédent avec mes clients, le fameux déclic s'opère à un moment ou à un autre. Le nom apparaît alors par magie. Et là, il devient indéboulonnable.

LE NOM QUI FAIT TILT !

Jérôme a lancé une nouvelle app de sport, mais le nom qu'il a trouvé ne plaît pas à ses partenaires. Il doit changer, et vient me voir pour une session de créativité intense (nous avons 3 heures !). Des noms des personnes qui lui ont inspiré ce projet, des numéros fétiches, des lettres qui symbolisent son app et son projet, des listes de couleurs... On a tout fait ! Nous avons noirci des pages et des pages, mais aucun nom n'a fait tilt. Car on sait quand un nom est bon : il fait tilt et on ne le lâche plus. Souviens-toi : quand il y a un doute, y'a pas de doutes... Autrement dit, ton nom ne doit souffrir d'aucun doute pour qu'il fonctionne !
Bref, on tournait en rond. C'est alors que le responsable du lieu où nous nous trouvons nous indique qu'il ferme dans 20 minutes. Pas de panique, je dégaine ma dernière carte. Je demande à Jérôme : « En un mot, à quoi sert ton application ? » Il me répond : « Supporter ». Et là, c'est évident. Le nom sera un cri : celui d'un supporter. Cette marque, c'est OohAah ! Tel le cri des supporters de Manchester chantant l'hymne dédié à Éric Cantona... En moins de 5 minutes, le nom était trouvé ! L'urgence ? La méthode ? L'ultime question ? C'est aussi ça un processus créatif qui fonctionne. Aujourd'hui, Jérôme est très fier de son nom, qui symbolise à merveille son application de supporter !

LA PETITE *FRENCH TOUCH* QUI CHANGE TOUT !

Parfois, il manque un petit rien pour tout changer. Comme lorsque Cindy me sollicite pour sa marque de vêtements techniques pour les femmes qui font du sport. Elle a son nom - Woman Touch - mais elle sent bien qu'il manque un petit truc pour que ce soit « sa » marque, qu'elle se l'approprie et que ses clientes s'y sentent à l'aise. Installée en Belgique, elle a choisi ce nom anglais car elle s'adresse à une communauté internationale. Son nom de famille commençant par LA, et pour lui donner une note française de bon goût, je lui suggère d'ajouter le pronom personnel « la » pour signifier qu'il s'agit de « sa » marque, de ses produits, de sa touche... et pas seulement des produits techniques. En définitive, sa marque devient LA Woman Touch !
C'est le coup de cœur absolu pour elle et ses clientes.

En résumé, **un bon brainstorming, c'est : aucune barrière ; aucune limite dans les idées.** Note que si tu es en panne d'idées, il existe des générateurs de mots en ligne (ce que je te déconseille car trop convenu), mais si tu veux aller vite et que tu penses que ton nom n'a pas d'importance, fais un tour sur celui de Shopify[14], sur le français TrouverUnNom[15], ou sur le drôle Hipster Business Name[16].

ÉTAPE 2 : LA VÉRIFICATION

Le plus dur est fait. Tu as ta short-list de noms ou mieux encore, tu sais déjà lequel tu vas garder. Parfait. Et même si tu as trouvé LE nom, l'évidence, il faut faire quelques vérifications d'usage... Je vais

14. https://www.shopify.fr/outils/generateur-de-nom-d-entreprise
15. http://www.trouverunnom.com/
16. http://www.hipsterbusiness.name/

t'aider à le crash-tester. En d'autres termes, le passer à la moulinette et répondre aux questions suivantes : Est-il compréhensible ? remarquable ? identifiable ? disponible ? protégeable ?

Alors que la phase 1 du *naming* est très personnelle et très subjective, on entre ici dans une phase technique, beaucoup plus objective. En couplant ces deux étapes, tu donnes plus de solidité à ton nom qui t'aide à mieux le présenter et donc à l'accepter (étape 3).

Pour vérifier ton nom, il existe de nombreux filtres… dont je préfère limiter la liste à six.

1. LE FILTRE ÉMOTIONNEL : TON NOM FAIT-IL VIBRER ?

Traduis les émotions ou les valeurs que tu veux transmettre à ta marque, puis vérifie que ton nom l'évoque : avec ton nom, souhaites-tu montrer que tu es créatif ? Innovant ? Joyeux ? Positif ? Ou doit-il évoquer l'efficacité ? Être sécurisant ? Inclusif ? Qu'est-ce qu'il t'évoque quand tu le prononces ?

2. LE FILTRE TEMPOREL : TON NOM VA-T-IL DURER DANS LE TEMPS ?

L'objectif est de vérifier si ton nom va traverser les années. Car, même si je t'explique un peu plus loin que tu peux aisément changer de nom, l'idéal est de te projeter dans le temps. Par exemple, tu peux te demander si un tel nom peut devenir populaire auprès des différentes tranches d'âge de ton public ou grandir avec ta cible ?
On peut citer quelques marques qui durent, comme Bonduelle, qui existe depuis 1853, ou Nintendo, qui accompagne des générations de gamers depuis… 1889 !

Le contre-exemple parfait : celui du magazine en ligne *MadmoiZelle*, qui a immanquablement vu grandir son audience. Et qui a alors été obligée de créer une toute nouvelle marque, en se justifiant ainsi : « Si tu as grandi avec MadmoiZelle, et que tu affrontes désormais la vraie vie des adultes, alors Rockie devrait te plaire. »

3. LE FILTRE LINGUISTIQUE : TON NOM EST-IL COMPRÉHENSIBLE, FACILE À PRONONCER ET À ÉCRIRE ?

Demande-toi d'abord si ton nom est facile à prononcer… Oser choisir un nom comme Krisprolls, Hoegaarden ou Häagen-Dazs est un vrai pari aujourd'hui. Pour t'aider à comprendre, imagine l'écrire plusieurs fois par jour, l'épeler au téléphone ou le dicter en rendez-vous… pour qu'il soit immédiatement identifiable et mémorisable ! Si tu as des ambitions internationales, veille à choisir un nom qui soit prononçable partout facilement. Par exemple, Nike, ça sonne beaucoup mieux que Blue Ribbon Sports ; Pepsi Cola que Brad's Drink ; et Sony que Tokyo Tsushin Kogyo, n'est-ce pas ? (Pour info, ce sont les premiers noms de ces marques). Demande-toi, en fonction de tes ambitions – locales ou internationales – s'il te faut un nom français (Chauffeur Privé) ou anglophone (Kapten ou Drivy).

Demande-toi aussi si ton nom n'évoque pas quelque chose de péjoratif dans une autre langue. Pour prendre le problème à l'envers, il existe quelques noms de marques étrangères qui ne pourront jamais s'implanter en France : Mr Piss, Herpes pizza…

Veille à ce que ton nom soit immédiatement compréhensible. Certaines marques poussent en effet le jeu de mots un peu trop loin. Tu as sûrement déjà entendu parler de ces coiffeurs dont la créativité flirte avec le mauvais goût : La Raie-Création, Facekoop Homme…

Évite les connotations racistes ou sexistes, comme les biscuits Bamboula, renommés Sablé de Retz par le groupe Saint-Michel après la plainte de SOS Racisme en 1994. Plus récemment, Uncle Ben's a dû se rebaptiser Ben's Original pour se prémunir d'accusations de racisme suite au mouvement Black Lives Matter. Oublie aussi les noms qui peuvent tromper les consommateurs sur le produit, comme le yaourt Bio de Danone devenu Activia en 2005.

Et avec un peu de chance, le nom de ton produit deviendra peut-être une norme, comme l'escalator, le scotch, le sopalin ou le frigidaire !

4. LE FILTRE MARKETING : TON NOM EST-IL REMARQUABLE ? APPORTE-T-IL DE LA VALEUR À TON PROJET ?

Je ne m'attarde pas trop sur ce filtre, car ce livre va t'aider à l'affiner. Ici, demande-toi si ton nom correspond à tes critères de développement (tes objectifs, ton public, tes valeurs…) et s'il s'intègre bien dans ta stratégie à dix ans. Par exemple : si tu souhaites développer ton activité de tee-shirts homme sur d'autres segments (femmes et enfants) ou sur d'autres produits (chaussettes et pulls), tu ne vas pas choisir un nom comme Tee-Shirt X, n'est-ce pas ?

Évite aussi le nom trop générique, que des milliers d'autres entrepreneurs ont déjà choisi : Immo quelque chose dans l'immobilier ou TrucMuch' Com' pour les métiers de la com'. C'est déjà vu et revu, et rien dans ce type de nom ne te différencie de tes concurrents ! Au contraire, il envoie un message contradictoire à ton audience : celui de copier-coller les recettes des autres. Tout l'inverse de ton envie de devenir remarquable !

5. LE FILTRE JURIDIQUE : TON NOM EST-IL DISTINCT ET DISPONIBLE ?

Renseigne-toi pour savoir si ton nom n'est pas déjà utilisé (ou déposé) en faisant une recherche sur le Net dans un premier temps, et auprès de l'INPI dans un second temps. En fonction de ton activité, de ton ambition et des résultats de ta recherche, je t'invite à te rapprocher d'un avocat spécialiste en dépôt de marques. Il pourra t'accompagner dans le dépôt, et saura t'aider au cas où une marque t'attaque pour l'utilisation de sa marque. Par exemple, Alexandre Dana (directeur général de LiveMentor[17]) a d'abord appelé son entreprise de formation LearningShelter (trop complexe) qu'il abandonne pour HelloMentor, qu'il change à nouveau (attaqué par une société qui le possède) pour finalement devenir LiveMentor.

Ensuite, tu dois vérifier que ta marque soit distinctive pour être valablement enregistrée. En d'autres termes, ta marque doit permettre à tes clients de ne pas confondre tes produits ou services proposés par des entreprises concurrentes. Par exemple, les termes descriptifs comme Verre ou Table ne sont pas des marques distinctives, puisqu'ils renvoient aux fonctions ou à la nature du produit. Rent a car, non plus, n'est pas une marque distinctive. L'astuce : tu peux combiner des signes qui ne sont pas distinctifs entre eux. Par exemple : Le Slip Français ou La vache qui rit. Sur le plan juridique, le nom de ces deux marques est faible ; mais d'un point de vue business, il est créatif, fort et mémorable. Moralité ? **Combine ces cinq filtres et ne te laisse pas embarquer par l'un ou l'autre…** Le juridique n'est pas plus fort que ton entreprise marketing ou inversement !

17. Et auteur du livre *La Méthode LiveMentor*, Alisio, 2020.

6. LE FILTRE INTERNET : TON NOM EST-IL FACILEMENT IDENTIFIABLE ?

Tes clients peuvent-ils facilement identifier ton nom ? Et surtout : peut-on le taper facilement dans une barre de recherche sans faire de faute de frappe ?

Pour vérifier la disponibilité de ton nom sur les différentes plateformes web, je t'invite à utiliser https://www.namecheckr.com/ ! Ce site vérifie la disponibilité des noms de domaine et des urls et des noms de la plupart des réseaux sociaux existants.

Astuce : avant de communiquer sur ton nom (ce que tu feras à l'étape 3), réserve ton nom de domaine (ça ne coûte qu'une dizaine d'euros chez OVH…) et tu le sécurises au cas où une personne aurait l'idée de le réserver à ta place. À une époque, certains étaient les spécialistes de la réservation de domaines, ils les revendaient ensuite pour des millions. Facebook a, par exemple, déboursé 8,5 millions de dollars pour racheter fb.com ; Business.com a été cédé pour 345 millions de dollars (soit 47 fois sa valeur initiale… Belle plus-value, n'est-ce pas ?). Autres exemples : celui de LasVegas.com (90 millions de dollars), de Carinsurance.com (49,7 millions de dollars), d'Insurance.com (35,6 millions de dollars)…

Note que ça n'arrive pas qu'aux autres. Un ami a, par exemple, zappé cette recommandation et hasard ou pas, son nom de domaine disponible était réservé quelques jours après son test.

ÉTAPE 3 : L'ACCEPTATION

La troisième étape de ton processus consiste à intégrer ton nom, à l'accepter pour qu'il fasse corps avec ton projet, et que tu puisses avancer sereinement. Cela peut se faire de deux manières, selon que tu fonctionnes davantage avec ton « cerveau gauche » (qui décompose les problèmes et les analyse) ou avec ton « cerveau droit » (qui s'intéresse à tout et aime innover).

Pour les uns, le processus est mécanique. Les deux premières parties du chapitre t'ont aidé, et tu devrais passer sans encombre la dernière étape qui est celle de l'acceptation. Pour les autres, le nom est le symbole de ton projet ; il revêt donc une importance primordiale : tu n'as pas le droit de te foirer ! Pour les uns, le défi est d'obtenir une identité, mais pas que… car il existe une quantité d'autres éléments qui constituent ta marque (et ce livre te le confirme !).
Pour les autres, le défi est de trouver un nom qui a du sens, qui reprend les valeurs, la promesse, tes objectifs, ta raison d'être… et tout cela doit rentrer en un seul nom, un seul mot parfois. Ça fait beaucoup, je te l'accorde.

Je vais donc partager avec toi une astuce pour faciliter ta décision (soit parce que tu ne la lâcheras pas, soit parce que tu as besoin d'une validation !).

L'astuce, c'est le *crowdsourcing*, ou comment faire décider les autres à ta place.

Tu as validé ta marque avec les filtres que j'ai détaillés ci-dessus. Il en existe un autre, qui est très important : ce sont tes clients ! J'ai bien dit clients, pas proches, car tu n'as aucun intérêt à demander leur avis à tes proches, ni à un groupe de personnes qui ne connaît pas ton projet. C'est ta communauté qui va t'aider à valider ton idée et à tester ton nom sur un panel de clients restreints, qui deviendront tes ambassadeurs. Il s'agit donc de tester ton nom auprès de tes clients les plus fidèles, de tes fans, les premiers à t'avoir fait confiance… ou de ceux qui seront attirés par ton discours, et qui deviendront alors tes premiers clients et sans doute tes ambassadeurs. Ce levier est plus complexe à appréhender, mais il est très puissant !
Pour bien faire, il faut que les personnes que tu sollicites sachent qui tu es, quel est ton projet, quelles sont tes envies (leur donner des éléments de contexte)… Et c'est seulement à partir de là que

tu peux leur soumettre ton nom pour vérifier qu'il correspond aux critères que tu leur as auparavant indiqués. Le chouette feedback que tu auras va te permettre de valider tes idées ou de les améliorer. N'hésite pas à le faire publiquement, à montrer que ta marque est ouverte et propose à ta communauté d'y réfléchir avec toi !

Attention cependant : la décision finale te revient. Il arrive parfois que ce processus puissant ne donne rien de bon à l'arrivée. J'ai déjà vu des entrepreneurs déboussolés qui n'osaient pas dire non à ce que proposait leur communauté. Or n'oublie pas : quoi qu'il arrive, c'est toi qui prends les décisions, personne d'autre. Il te faut donc, dans ce cas, être ferme et reprendre la main. Pour éviter ces écueils, je t'invite à bien cadrer les échanges, voire à proposer à dix personnes de ta communauté d'échanger en face-à-face pour recueillir leurs feedbacks en direct et t'assurer ainsi qu'il s'agit bien des vœux de tes clients, non d'un effet d'emballement ou d'un effet de groupe qui s'oriente dans la mauvaise direction.

CHANGER DE NOM : TU PEUX LE FAIRE (ET C'EST PAS GRAAAVE !)

Le monde évolue, tu crées de nouvelles choses, tu as d'autres envies... Pour ton entreprise, c'est pareil ! Tu t'adaptes, tu changes : pourquoi ta marque et son nom ne le feraient pas aussi ?

Changer de nom est une bonne idée – et même une idée bénéfique – si...

- tu décides de changer de cible, de marché, ou de gamme de prix, et que tu souhaites davantage aligner tes valeurs avec ton projet et ton identité (comme Brocante Lab devenu Selency) ;

- tu veux rassurer tes investisseurs avant une levée de fonds (comme 1001 Menus devenu ZenChef) ;

- tu veux te développer à l'international (comme Prêt d'Union devenu Younited), ou si tu veux mieux t'exporter et faire comprendre ton nom n'importe où (comme Photonomie devenu Fov) ;

- ta structure change de dirigeant suite à un rachat ou une fusion, et tu veux impliquer davantage tes équipes dans la nouvelle structure ;

- tes équipes grandissent tellement vite que tu as besoin de créer une nouvelle dynamique interne chez tes salariés, comme France Telecom devenu Orange ;

- tu veux te repositionner sur un marché (comme Payname devenu Morning, PPR devenu Kerning, ERDF devenu Enedis, SFR devenu Altice...).

Tu as une multitude de raisons de justifier ton changement de nom, et ce n'est sans doute pas la pire décision que tu vas prendre (au contraire).

Maintenant, tu te dis : oui, mais c'est long et ça va me coûter un bras. Mais aussi que tes clients te connaissent sous cette appellation et que tu ne veux pas les perdre... J'ai travaillé en tant qu'agent d'artistes dans l'industrie du disque, et je dois dire que les groupes se font et se défont très vite, que le nom initial peut ne plus correspondre à ce que le groupe devient avec le temps et l'expérience, ou qu'il n'est plus en phase avec l'évolution de la couleur musicale... J'avais coutume de répéter : « Même Madonna peut changer de nom, si elle veut ! » Ce que je veux dire, c'est que tu n'es pas Madonna, ta notoriété n'est pas si folle que tu vas perdre tes clients en changeant de nom. Et quand bien même : tu as entre les mains un livre qui va t'aider à construire une relation solide qui te permet ce changement de cap.

Alors comment le faire bien ? Si tu dois ou si tu veux changer de nom, fais les choses dans l'ordre :

1. Fais-le pour les bonnes raisons (voir l'encadré ci-dessous).
2. Explique-le avec une bonne histoire.
3. Prépare le terrain en la partageant avec tes clients et partenaires.
4. Communique, rassure, et peut-être même que tu en feras une fête et une belle opportunité de gagner des parts de marché.

Bref, **en un mot : sois rassurant et explique-le !** En partageant tes choix, ils deviennent plus forts, ils sont compris et tu les acceptes. Tu vois ? Ce n'est pas si difficile…

ON NE CHANGE PAS DE NOM SANS UNE BONNE RAISON !

En matière de changement de nom, les échecs sont nombreux. Je pourrais te citer celui de la poste britannique (Royal Mail) qui, au début des années 2000, s'est rebaptisée Consignia à l'occasion d'une privatisation partielle. Ce qui a provoqué des réactions virulentes des Britanniques, obligeant la marque à abandonner son nouveau nom et à reprendre l'ancien au bout de deux années. Aujourd'hui, la poste britannique porte toujours ce nom, alors même qu'elle a été totalement privatisée. Autre exemple : celui de la compagnie United Airlines qui, à la fin des années 1980, a voulu se faire appeler Allegis, rapidement détourné en « allergies » par les consommateurs (et les réseaux sociaux n'existaient même pas à l'époque !). Résultat : deux mois après, la compagnie a repris son nom d'origine. Tout ça pour te dire qu'il ne sert à rien de vouloir modifier ton nom si cela ne répond pas à une vraie nécessité. Car, dans ce cas, le risque que les clients se moquent de toi, et se détournent de ta marque, est bien réel !

TU ES FREE-LANCE, SOLOPRENEUR OU TU TE LANCES TOUT SEUL ?

Mon expérience de la marque, ou comment j'ai compris que Citron Bien (ma marque !), c'était Pierre Dron (moi !).

Si tu es free-lance, consultant, solopreneur… la plupart du temps, la marque, c'est TOI. Si tu es un entrepreneur avec plusieurs années d'expérience, des salariés, et des milliers d'euros de chiffre d'affaires, tu sais quoi ? La marque (aussi), c'est toi ! C'est ce que tu lui donnes (tu peux donc lire ce qui suit !).

Mais en te disant ça, je sais que tu as peur ! Peur de t'exposer, de te mettre en avant ou de te présenter tout seul face aux autres. Alors, tu uses de certains subterfuges inutiles qui consistent à dire que tu es le directeur de la boîte XYZ… (Ça claque grave !) Mais, le risque pour toi, c'est de te cacher derrière une marque, au lieu d'être toi-même. Et crois-moi : tes clients te veulent TOI ! Pour la singularité que tu représentes. Ils veulent tes idées, aiment ton identité, tes valeurs… tout cela à la fois ! Donc, si tu utilises ton nom et ton prénom, au début, c'est très très BIEN !

D'ailleurs, si tu as lu le début de ce chapitre, tu sais que tu peux être remarquable avec ton nom et/ou ton prénom ! Donc, fais en sorte d'être toi-même. Ce qui facilitera les choses. Et puis, en prenant cette décision, tu avances plus vite en t'occupant de ce qui compte vraiment : trouver tes premiers clients ! En essayant de chercher un nom, tu risques de perdre trop de temps… Alors que le tien suffit dans un premier temps pour tester ton idée.

Et, si personne ne te l'a encore jamais dit (je me lance !) : quand tu crées ta boîte, au démarrage, ta marque, c'est TOI ! Si je t'en parle avec autant d'aplomb, c'est que j'ai mis plusieurs années à m'en convaincre.

J'ai lancé Citron Bien il y a dix ans… Et, j'imaginais une société qui puisse grandir et accueillir d'autres associés, d'autres activités. En dix ans, mes envies et mes intentions ont bien changé. J'ai finalement constaté qu'on venait chercher non pas un collectif de créatifs ou une agence de communication, mais une personnalité : la mienne. (Rassure-toi : je n'ai pas encore pris la grosse tête.) Ce que je veux te dire ici, c'est que tous mes clients ont identifié que j'étais capable de répondre à leur problématique, sans vraiment savoir si je réaliserai ce pour quoi ils étaient venus me voir en premier lieu. En effet, comme je l'explique en introduction, j'ai fait pivoter ma société à plusieurs reprises pour m'adapter aux marchés, au monde qui m'entoure et surtout à mes envies (que j'ai mis du temps à accepter !). Et sans communiquer, sans annoncer que j'opérais ces pivots. Les clients travaillaient avec moi pour ce que je dégageais, sans doute aussi pour mes idées et la confiance qu'ils m'accordaient. Par exemple, je vends du coaching depuis trois ans, et j'ai réalisé une page de vente qui l'explique depuis moins de six mois. Tout ça pour te dire que mes clients ne cherchaient pas de coach en me sollicitant, mais qu'ils repartaient avec une prestation de coaching. D'autres me sollicitaient pour la création du nom de leur marque et repartaient avec l'idée d'utiliser leur prénom, une offre de services plus claire en béton armé et une stratégie pour la vendre.

L'EXEMPLE DE ZOÉ BASSETTO

Zoé est une blogueuse mode, beauté et lifestyle reconnue depuis 2007. En 2012, elle quitte son job pour s'y consacrer entièrement. Quand elle démarre, elle choisit d'appeler son blog Zoé Macaron. « Le jour où j'ai choisi ce "pseudo", je n'ai pas vraiment réfléchi et je n'imaginais surtout pas l'importance qu'il prendrait des années plus tard, écrit-elle sur son blog. Le plus drôle dans tout ça c'est que les macarons ne sont pas vraiment ma tasse de thé et je n'aime que les Pierre Hermé. Je suis plus salé que sucré, j'aurais peut-être dû choisir "Zoé Saucisson" finalement, hahaha. Plus sérieusement, j'ai l'impression que ce nom m'enferme dans un univers *girly* qui ne me correspond plus, j'ai grandi, mes goûts ont évolué... » En 2015, elle saute le pas, et décide d'utiliser son nom de famille, Bassetto. « Quand j'ai commencé à penser à un possible changement, je me suis demandé quel nouveau nom je pourrais donner à mon blog. J'ai pensé à "Zoé" tout court, puis à "Zoé" suivi de l'initial de mon nom de famille, sans grande conviction. Est venu ensuite le fameux déclic. Quoi de mieux pour me définir que mon prénom et mon nom de famille au final ? Au début, j'ai eu peur que ce choix puisse sembler prétentieux, mais finalement, c'était évident. »

En conclusion, tu dois retenir que ton nom doit faire la différence. Si tel est le cas, c'est très bien. Sinon, tu sais ce qu'il te reste à faire... Et maintenant que ta marque a un nom remarquable, voyons ensemble comment lui construire une identité, elle aussi remarquable. Les marques qui réussissent sont celles qui ont créé des entreprises uniques, à la personnalité propre, qui se différencient de leurs concurrentes. Mais contrairement à l'idée communément admise, la différence ne se fait pas que dans le logo ou dans le slogan. Il existe une multitude de possibilités pour se différencier, et pour exister.

CHAPITRE 4

SIGNE ET PERSISTE,

PROUVE QUE TU EXISTES !

Avant de rentrer dans le détail de ce qui fait l'identité d'une marque, je souhaite faire un petit aparté sur l'articulation entre vie pro et vie perso. Car l'identité de ta marque, c'est aussi un peu la tienne. Le soir, quand tu es chez toi en famille, tu penses (un peu[18]) à ton entreprise ; et le jour au bureau, tu penses (un peu) à tes proches. **Ton identité perso infuse donc un peu dans ton identité pro et vice versa.**

Beaucoup d'entrepreneurs que je croise (qu'ils débutent ou qu'ils se soient lancés depuis un bon moment) se posent souvent cette question : « Comment séparer ma vie pro et ma vie perso ? » Moi, je pars du principe que tu as choisi d'être entrepreneur. Que tu as voulu cette situation et qu'elle t'épanouit pleinement ! (Sinon, ce livre va – je l'espère – te redonner quelques envies !) En partant de ce postulat, ton travail est un des moyens de te sentir BIEN, d'être BIEN, de faire des choses BIEN. Il n'y a donc aucune raison que l'incursion de ton travail dans ta vie de famille et/ou amicale soit mal vécue. En d'autres termes, tu dois réussir à expliquer que ton travail est ta passion et que tu adooooores en parler. Ce qui signifie que tes proches vont aussi en profiter, comme ils profiteraient de tes exploits lors du dernier marathon que tu as bouclé en moins de 4 h 20 ou du dernier plat végétarien que tu as cuisiné avec amour.

18. ou beaucoup !

Ce que je veux te dire ici est simple : **la frontière entre ta marque et toi n'existe pas.** Tu ne peux pas tracer une ligne entre ton travail et ton chez-toi… Tu ne peux pas stopper ton cerveau, arrêter de penser à tel ou tel projet ou cet e-mail que tu as reçu dans la journée et qui t'ennuie, sous prétexte que tu es invité chez des amis. Non, cela fait partie de toi ! Dès l'instant où tu auras pris conscience que tu es entier, tu accepteras cette situation. Ta famille et tes amis le comprendront ! Dès lors, tu le vivras totalement et donc sereinement. Mieux, tu arriveras à t'en détacher.

L'IDENTITÉ NE FAIT PAS LA MARQUE (MAIS ELLE Y CONTRIBUE)

D'entrée de jeu, j'affirme que l'identité ne fait pas la marque. Elle en est l'une des composantes. Mais, fort heureusement, ta marque est bien plus forte que ton identité.

Selon moi, la marque, ce n'est pas ce que tu penses être. Mais ce qu'on dit que tu es. Jeff Bezos (Amazon) dit d'ailleurs : « Votre marque est ce que les autres disent de vous quand vous n'êtes pas dans la pièce. » En effet, il s'agit davantage de l'histoire racontée pour faire connaître la personnalité profonde de ton entreprise, tes valeurs, tes aspirations, tes objectifs, ta promesse envers ton public…

TON IDENTITÉ, CE N'EST PAS (QUE) TON LOGO

Maintenant que tu sais que ton identité pro, c'est aussi un peu ton identité perso, et que tu sais que l'identité ne fait pas la marque, voyons plus concrètement ce qu'est l'identité d'une marque.

Quand je pose ce type de questions autour de moi : Qu'est-ce qui constitue l'identité d'une marque ? ; Quel est l'élément majeur pour construire une marque ? En d'autres termes, qu'est-ce qui prime, qui a le plus d'impact, beaucoup me disent : « le logo », « l'identité visuelle ».

Je répondrais oui et non. Oui, car c'est logique : le logo symbolise la marque. Il permet de « marquer » tes produits ou ton service, de t'identifier, de te démarquer, il prouve ainsi ton existence. Mais le logo ne fait pas tout. Et surtout pas, à lui seul, l'identité d'une marque. Qu'est-ce qui constitue ton identité à toi ? Est-ce un signe ou un trait de caractère ? Est-ce ta coiffure, le grain de beauté sur ta joue gauche ou plutôt ta personnalité ? Je dis souvent que ce n'est pas parce que tu changes de coiffure que tu changes qui tu es profondément. Certes, c'est un élément qui te permet de te différencier, mais qui ne va pas modifier ta personnalité. Même si une coiffure peut aussi t'apporter davantage de confiance pour affronter les situations et t'aider à réussir.

Certaines marques ont une identité forte, alors que leur coiffure – euh pardon, leur logo – n'est absolument pas remarquable. La preuve par 4 (exemples).

- **Burger King : un ton**

À l'inverse de son concurrent direct, le logo de cette marque n'est pas mémorable. Tu saurais le dessiner de tête ? Pas moi… C'est plutôt son ton – décalé, poil à gratter, irrévérencieux… – qui est remarquable. Tu as sûrement encore en tête sa campagne de presse pendant le deuxième confinement. La marque s'est offert une page de pub dans le JDD invitant les consommateurs à… commander chez son concurrent direct ! « On n'aurait jamais pensé vous demander un jour […]. On n'aurait jamais pensé vous dire ça, mais aujourd'hui les restaurants qui emploient des milliers de salariés ont aussi besoin de votre soutien. » « Pour une fois, on ne rigole pas », commente le groupe sur son compte Twitter, en relayant cette campagne. Inutile de te dire que cette campagne a fait mouche ! La preuve : la mise en page même de cette campagne a fait l'objet d'un mème[19].

- **Le Slip Français : un nom**

Autre exemple d'un logo pas vraiment mémorable… Ce qui rend la marque unique, c'est vraiment son nom, cette association du mot « slip » et du mot « français » qui illustre sa démarche autour du *made in France*. C'est vraiment ce nom qui a construit tout son positionnement et sa stratégie, même si la marque vend aujourd'hui bien plus que des slips.

- **Go Pro : un contenu**

Un logo en noir et blanc, un peu de bleu, une police assez classique… encore une fois, ce n'est pas le logo de la marque qui fait son identité. Celle-ci s'est construite sur le contenu, la communauté, et le partage des vidéos tournées par ses ambassadeurs, des sportifs de l'extrême.

- **Shanty Biscuits : des valeurs**

Cette marque de biscuits à message (dont je te reparlerai un peu plus loin dans ce livre, voir p. 146) n'a pas une identité visuelle très développée. En revanche, toute son identité est basée sur son authenticité, sa sincérité… valeurs qu'elle partage sur ses réseaux sociaux. On appelle désormais sa fondatrice la Bisqueen !

COMMENT RENDRE TON IDENTITÉ UNIQUE ET DÉSIRABLE ?

L'identité visuelle, l'identité sonore, le ton, le nom, le contenu, les valeurs… tu l'auras donc compris, c'est tout cela qui forme

19. Un mème (de l'anglais *meme*, à ne pas confondre avec le français « même ») est un élément culturel reconnaissable, reproduit et transmis par l'imitation du comportement d'un individu par d'autres individus.

l'identité de ta marque et véhicule ton histoire (dont je te parlerai au chapitre suivant). Voici un petit mémo à garder en tête tout au long de la lecture de ce livre, car je reviendrai avec toi sur ces différents points.

- **Le nom :** Si tu as lu les chapitres dans l'ordre, tu as vu que j'ai déjà consacré un chapitre entier à la question du nom. C'est le moment de le relire (ou de le lire).

- **Le ton et le contenu :** Ils correspondent à la forme et au fond de l'histoire que tu racontes à propos de ta marque, que nous allons développer dans le prochain chapitre.

- **Les valeurs :** Elles feront l'objet de la partie 2 de ce livre. Mais je t'invite à ne pas y aller tout de suite, et à continuer ta lecture de cette partie 1.

Ce que je développe dans ce chapitre, ce sont deux autres points : **le logo** et **le slogan**.

LE LOGO

Tu l'as compris : contrairement aux idées reçues, le logo ne fait pas l'identité de la marque mais il y participe. C'est comme la première rencontre, ou le premier soir. Il ne faut surtout pas négliger ton apparence (ton identité visuelle)… mais c'est surtout tout le reste qui va être important pour faire un peu plus que seulement séduire.

Je vois beaucoup trop d'entrepreneurs qui bloquent à l'étape de la création de leur logo. Pour eux, le logo semble être un peu comme un gilet pare-balles : il les protège, les rassure quand ils vont au front. Mais qui dit qu'on ne leur tirera pas dans les jambes ? À tous ces entrepreneurs, j'ai envie de dire : **il te faut d'abord un bon produit pour attirer tes clients. Le logo, tu verras après. Car ce n'est pas le logo qui va te permettre d'avoir un bon produit.** Si ton produit est mauvais, il le restera, même avec un bon logo. Comme le disait Einstein, « n'essaie pas de devenir un homme qui a du succès, essaie de devenir un homme qui a de la valeur. »

Quoi qu'il en soit, nombreux sont mes clients qui ont vu dans leur nouveau logo un nouveau départ. Cet élan-là est difficile à décrire et pourtant il est bien réel. Quand un logo dont vous êtes fier vous accompagne chaque jour, pendant plusieurs années, c'est loin d'être négligeable. Quand vos salariés arborent avec plaisir votre marque sur leur chemise ou leur tee-shirt, vous envisagez l'avenir sous un autre angle.

Tout ça pour te dire quoi ? De ne pas te prendre la tête avec ton logo si tu débutes, car un bon logo, ça coûte cher. Les premiers mois et les premières années, ta boîte va beaucoup évoluer. Concentre-toi sur ton produit, tes clients, le développement de ta marque… Et garde en tête que **si tu veux te créer un logo, tu peux le faire tout seul**. Mesdames, messieurs les graphistes, rassurez-vous : mon idée n'est absolument pas de dire qu'on peut se passer de vous ! Mais si tu n'as pas de budget logo au départ, tu devras faire avec les moyens du bord. Et une fois que tu auras généré suffisamment de chiffres d'affaires, tu pourras te payer un bon graphiste qui pourra sublimer l'identité visuelle de ta marque et te permettre d'avancer encore plus loin.

Les moyens du bord, quels sont-ils ? D'abord, retiens que les choses les plus simples sont souvent les plus efficaces. J'ai en tête l'exemple de deux entrepreneurs que j'ai accompagnés : Octave (dans le domaine de l'assurance) et Thibaut (créateur du studio Fit et Bien, spécialisé dans l'électrostimulation). Tous les deux sont venus me voir en me disant qu'ils n'avaient aucune connaissance dans le domaine de l'identité visuelle, et qu'ils avaient fait appel à un graphiste pour les aider mais, vu leur petit budget, ils ont été très déçus. Cela me permet de faire une parenthèse sur la difficulté de trouver la bonne personne pour mettre en valeur ton image et ton identité. Dans les deux cas, les logos qu'on leur proposait auraient pu aussi bien être utilisés pour un boucher que pour une blanchisserie. Ce qu'il faut, tu l'auras compris, absolument éviter. Conclusion : un bon logo coûte cher ! Mais ce n'est pas parce que tu investis des dizaines de milliers d'euros qu'il sera parfait. Le meilleur exemple : celui du logo de TGV, l'un des trains les plus rapides du monde, qui, regardé à l'envers, représente… un escargot.

On a donc pris les choses en main ensemble. Dans les deux cas, je les ai accompagnés dans la création, sans jamais toucher leur souris, leur palette de couleurs, je les ai juste orientés en allant sur Pinterest notamment, et en leur conseillant quelques outils à utiliser. Thibaut a travaillé avec l'idée du *smiley*. Après tout, le logo d'Amazon, c'est juste une flèche qui ressemble à un *smiley*… Thibaut a aussi choisi un jaune pétant, pour se différencier des autres salles de sport. En quelques minutes, son logo était créé. Ses concurrents ont même cru que sa salle était une franchise tant son logo était abouti (si tu veux jeter un œil sur ce fameux logo, direction studiofitetbien.com). Avec Octave, nous sommes allés sur Canva, un outil que j'apprécie tout particulièrement car on y trouve des logos tout prêts que l'on peut personnaliser en ajoutant son nom, en changeant les couleurs, en modifiant la typo, etc. En 5 minutes sur ce site, je lui ai montré des dizaines d'exemples… bien plus adaptés que les suggestions de sa graphiste. Il est aujourd'hui très satisfait de son logo qui 1/ lui plaît et 2/ lui a permis d'avancer sur son projet. (Pour jeter un œil : octave-assure.com)

CRÉE TON LOGO EN 3 ÉTAPES

1. Réflexion : pose sur une feuille les valeurs, les éléments forts de ta marque, ce qui te différencie, ce qui fait ton identité.
2. Préparation : inspire-toi. Sur Pinterest, compile quelques images qui te plaisent : une couleur, une typo, l'utilisation d'un arrondi… Toutes ces idées ainsi rassemblées vont te permettre de faire émerger de nouvelles idées. Tu vas pouvoir les synthétiser pour en faire un cahier des charges.

3. Action : passe à la réalisation en utilisant des outils. Si tu sais utiliser Photoshop ou Illustrator, fais-toi plaisir. Si tu veux (et si tu as les moyens de) passer le relais à un graphiste, fais-le. Si tu n'es ni l'un ni l'autre, utilise les outils comme Canva (logos tout prêts, à personnaliser). Autre outil intéressant, pour trouver tes couleurs : COLOURlovers. Il te permet de dénicher des couleurs, et des palettes. Grâce à ces outils, tu pourras aussi faire toutes les déclinaisons graphiques nécessaires pour tes réseaux sociaux, etc.

Je finis ce chapitre avec quelques conseils à garder en tête à propos de l'identité visuelle…

● **L'identité de ta marque doit permettre de te faire (re)connaître**
Le graal ? L'exemple de McDo. La marque n'indique même plus son nom sur les affiches, son logo suffit. C'est le cas aussi pour le F de Facebook ou l'appareil photo d'Instagram. Note à ce propos que ton identité doit pouvoir se décliner dans un tout petit carré qui est celui du site web ou d'une application sur l'App Store. D'où l'importance de faire simple. Et efficace.

● **Porte une attention particulière aux couleurs (mais ton logo doit aussi fonctionner en noir et blanc !)**
Est-ce que tes valeurs sont perceptibles juste à travers un logo ? La réponse est non, mais c'est assurément *via* les couleurs que tu peux faire passer une dynamique, un message, une valeur… Par exemple, il existe un code couleurs implicite dans le monde de la marque. Par exemple, le bleu rassure ; le vert évoque l'écologie ; l'orange la dimension communautaire ou tech… Mais rien n'interdit d'oser, comme l'assurance santé Alan, qui a choisi un vert flashy (et un petit ourson tout mignon), c'est-à-dire une couleur loin des codes habituels, justement pour mettre en avant leur différence : tout se fait en ligne, de manière fluide et hyper-facile. Mais attention, ton logo doit aussi fonctionner en noir et blanc. D'ailleurs, les designers livrent toujours une version en noir et blanc pour vérifier que le logo fonctionne. Si le logo ne fonctionne pas en noir et blanc, la couleur n'y changera rien.

● **Crée un logo dynamique**

Ton logo doit pouvoir évoluer avec le temps, vivre sous différentes couleurs, à différents moments de l'année (par exemple, lors d'Halloween, de la fête des Mères, du 14-Juillet…), avec des « matières » différentes (herbe, peluche…)… Objectif : lui donner un potentiel de développement plus large.

ET POUR T'INSPIRER…
LES DIFFÉRENTES FAMILLES DE LOGOS

- **Le logotype :** il est centré sur le nom ou les initiales de la marque.
  Par exemple : Google, Coca Cola, Netflix, Pinterest, IBM…
- **Le logo typographique :** son design unique vient de l'utilisation spécifique d'une typographie.
  Par exemple : Tesla, Yahoo, Disney, McDonald's…
- **Le logo iconographique :** il utilise, comme son nom l'indique, une icône ou un picto, c'est-à-dire une image immédiatement reconnaissable.
  Par exemple : Apple, Dropbox, Twitter, Starbucks, Mailchimp…
- **Le logo abstrait ou symbolique :** il symbolise des éléments abstraits.
  Par exemple : Nike, Pepsi, Microsoft…
- **L'emblème :** il combine plusieurs éléments visuels qu'on ne peut dissocier.
  Par exemple : Ikea, Uniqlo…

LE SLOGAN

Pour créer ton slogan, tu peux appliquer la même méthode que celle utilisée pour la création du nom. Ton slogan peut aussi être une synthèse de l'histoire de ta marque, point que j'aborde au chapitre suivant sur le *storytelling* (à ne pas confondre avec ta proposition de valeur, voir p. 176).

La créativité, tu l'auras compris, est le mot-clé de ce chapitre. C'est le bon réflexe à utiliser pour développer ta marque, et lui donner une véritable identité. Garde aussi en tête que l'identité n'est pas que visuelle. L'être humain a cinq sens, alors je t'invite, plus globalement, à réfléchir sur ton identité sensorielle. C'est aussi une étape essentielle pour t'aider à construire et à raconter ton histoire…

CHAPITRE 5

STOP SELLING, START TELLING!

(ARRÊTE DE VOULOIR VENDRE, RACONTE TON HISTOIRE !)

L'époque où l'on pouvait te vendre un truc inutile avec un simple coup de fil est terminée. Aujourd'hui, tu es, comme moi et comme nous tous, sollicité de toutes parts, en permanence. En moyenne, chaque jour, tu passes 5 heures derrière ton écran[20] ; tu consultes ton smartphone 2 716 fois par jour[21] (!), soit près de deux fois par minute ; et tu serais exposé à 15 000 stimuli commerciaux[22] ! Au milieu de toutes ces sollicitations, comment réussir à capter ton attention ? C'est d'autant plus difficile que l'esprit hyper-sollicité est plus alerte, plus sensible et plus expert. Il reconnaît plus facilement les subterfuges qui voudraient lui faire croire que telle ou telle lessive lave plus blanc que blanc.

Alors, comment faire pour capter l'attention d'un client, te démarquer et le faire passer à l'action (comprends : le faire

20. Santé publique France.
21. Étude *Global Mobile Consumer Survey*, Deloitte, 2018.
22. Estimations réalisées par le chercheur en neuro-marketing Arnaud Pêtre en 2007. Comme il le dit lui-même, les chiffres nécessiteraient d'être actualisés. Source : https://www.francetvinfo.fr/politique/la-france-insoumise/les-francais-sont-ils-vraiment-exposes-a-5000-marques-par-jour-comme-l-affirme-francois-ruffin_3692799.html

acheter) ? Je partage avec toi mon secret : ne pas « vendre » à tout prix, mais raconter une histoire. C'est ce que certains appellent le *storytelling*. Personnellement, je vais plus loin et je défends le S*top selling, start telling*.

Comme les enfants, les consommateurs ont besoin de faire l'expérience de quelque chose qui leur parle et les emporte. C'est prouvé : **le cerveau humain aime qu'on lui raconte des histoires**. Et ce n'est pas moi qui le dis, mais un éminent neuro-économiste américain, Paul J. Zak. Celui-ci montre que les histoires permettent au cerveau de produire deux types d'hormones : l'hormone du stress (le cortisol) et l'hormone de l'attachement, de l'amour, du bien-être et de l'empathie (l'ocytocine). Le cocktail parfait pour porter ton niveau d'attention à son maximum. L'histoire s'adresse aux émotions du consommateur : en la racontant, tu fais vibrer chez lui non pas son cerveau rationnel (celui de la logique, qui remet en question tout ce que tu peux dire ou faire), mais son cerveau émotionnel (qui s'intéresse non pas au comment mais au pourquoi).

Pour créer une marque qui change le monde, qui soit unique, durable et rentable, il faut donc que tu racontes TON histoire. Car tu ne vends pas un produit, tu vends de la valeur. Si tu es bon pour raconter des histoires, tu vas gagner un temps fou, et surtout tu n'auras plus jamais besoin de vendre !

LE CERCLE VERTUEUX DU *STORYTELLING*

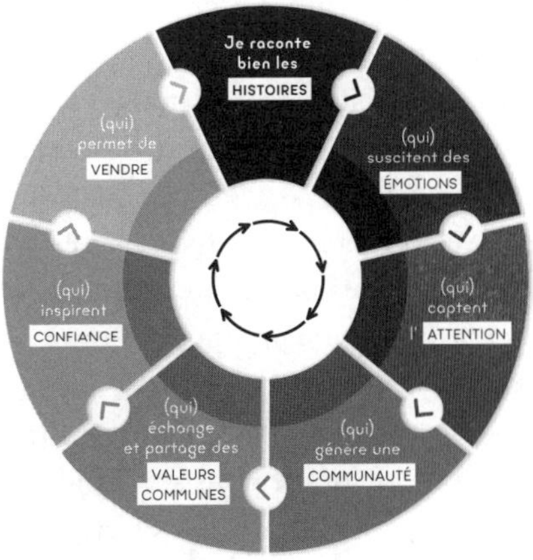

LE *STORYTELLING* OU L'ART DE RACONTER DES HISTOIRES

En un mot, le *storytelling* est l'art de raconter l'histoire (ou les histoires) de ta marque, de mettre en scène le discours de ton entreprise. C'est ce que l'on appelle la communication narrative en français. **Un *storytelling* de marque bien fait** ne se contente pas de parler juste au cerveau, il **active** également **les conversations.** Celui-ci se base sur ce que j'appelle les quatre piliers conversationnels : ce sont les quatre éléments que vous avons vus dans les précédents chapitres (la vision du monde, la raison d'être, le monde et l'identité). Ces quatre piliers vont permettre de capter l'attention, puis d'engager cette conversation.

Le succès du *storytelling* s'illustre par l'explosion du *copywriting*. Historiquement, le copywriter, c'est le binôme du directeur artistique en agence. L'un travaille sur l'image, et l'autre, le copywriter, sur le texte, la formule, l'accroche... Aujourd'hui, les images sont tellement nombreuses, parfois détournées, retouchées, qu'elles ne nous touchent plus vraiment. L'authenticité se joue alors à travers le verbe, l'écriture.

Pour cela, on utilise majoritairement les réseaux sociaux. Aujourd'hui, 70 % du contenu passe par les plateformes sociales. La communication n'est plus ascendante et descendante (une marque qui crie d'en haut son message, et le public en bas qui la reçoit). Elle est collatérale. La création publicitaire a aussi complètement changé le rapport que le consommateur entretient avec les marques. **Des histoires, ok, mais il faut qu'elles soient vraies, transparentes, qu'elles racontent vraiment quelque chose.** Un mouvement qui s'accélère avec la transformation digitale, et qui s'est révélée totalement indispensable avec le premier confinement. Les marques qui ne racontent rien sont vouées à disparaître. On constate aussi un nouveau rapport au temps, qui transforme la façon d'écrire et de vendre : il faut être présent de manière quotidienne et même récurrente. À l'image des stories (éphémères) d'Instagram qui te poussent à publier tout le temps, et donc à être remarquable, pour exister et te différencier.

Le *storytelling* peut aussi permettre de formuler la culture de ton entreprise que tu veux partager. Je pense par exemple à Michel & Augustin, devenus maîtres dans l'art de raconter comment il fait bon travailler chez eux. Un vrai levier qui leur a permis de recruter de nombreux talents ! Pour ma part, j'utilise aussi le *storytelling* pour répondre à des prospects : je leur raconte comment je travaille, comment tel ou tel client a trouvé des solutions avec mon accompagnement, etc. Le *storytelling* peut aussi être utilisé dans l'expérience d'un lieu. Par exemple, dans les boutiques L'Occitane, de nombreux petits détails racontent l'histoire de la marque…

DIFFÉRENTS FORMATS

Les marques peuvent utiliser différents formats pour raconter leur histoire :

- **Le mythe** qui permet de comprendre les mystères du monde.
- **Le conte** qui permet de distraire sous forme fantastique.
- **Le roman** qui est une narration, une finalité.
- **Le cinéma et la télé** qui mettent en œuvre les images sous différents formats.
- **Le web** qui permet de créer de nouvelles formes d'histoires où chacun raconte son histoire à travers les réseaux sociaux, le *snack content* (voir p. 87).

COMMENT RACONTER UNE BONNE HISTOIRE ?

Créer une bonne histoire peut se faire de manière très simple :

1. Parler de ton « comment » : comment tu es devenu cette marque ?

2. Expliquer ton « pourquoi » : quelle est ta vision du monde, ta raison d'être (voir les chapitres précédents) ?
3. Mettre en avant des résultats concrets des solutions que tu proposes. Bref, démontrer la valeur que ta marque apporte au monde.

Pour bien faire, tu dois créer une expérience. Le consommateur veut vivre quelque chose de fort et d'unique. Il faut donc que ton message le captive. **Une bonne histoire, c'est celle qui se retient, fait rêver et permet de se projeter.** Bien souvent, on oublie ce qu'on lit ou ce que l'on regarde, mais on n'oublie pas une émotion. Grâce au *storytelling*, l'information est assimilée plus facilement. Tu dois avoir de l'empathie pour ton client afin qu'il ait confiance en toi. La création de ce lien de confiance peut passer par l'humour, comme le fait Oasis dans ses pubs *Be Fruit*. Ou en véhiculant un message porteur d'espoir, comme l'autruche qui apprend à voler grâce au casque de réalité virtuelle de Samsung. Pour cela, il faut que tu te poses les bonnes questions sur ton acheteur-cible : À qui s'adresse ton message ? Et qu'avez-vous en commun ? Ton produit est toujours présent – et ton but est de le vendre – mais ton client doit avoir l'impression que tu lui parles de lui avant de voir le produit que tu lui proposes.

LE SCHÉMA QUI MARCHE À TOUS LES COUPS

L'art de raconter des histoires fascinantes n'est pas donné à tout le monde. Cela demande une bonne dose d'entraînement et de créativité. Mais il existe un schéma simple et efficace que tu peux utiliser et reproduire. C'est d'ailleurs la base pour un très grand nombre d'histoires, notamment les contes de fées (qui utilise le fameux « Il était une fois »).

1. La situation initiale : tu poses le contexte, tu présentes les protagonistes, et notamment le héros, l'environnement...

2. Les enjeux : ton héros a un but précis, des objectifs, et il va tout faire pour les atteindre.

3. Le conflit/l'élément perturbateur : c'est ce qui va ralentir le héros, et créer un ou des rebondissements.
4. La résolution : c'est l'élément extérieur qui donne les clés au héros pour résoudre son problème (on peut aussi l'appeler le climax). Tu dois travailler ta chute pour qu'elle corresponde aux enjeux fixés. Le produit ou service que tu veux vendre arrive généralement à ce moment-là.
5. La situation finale : c'est la fin du récit, et donc le retour au point d'équilibre. Il peut s'agir d'une réussite grâce à ton produit, ou d'un échec, si ton produit n'est pas intervenu.
Ton objectif : ton client doit s'identifier au héros que tu as imaginé. Tous les deux rencontrent le même problème ; toi, tu interviens pour aider le héros à trouver une solution.

L'ART DE RACONTER UNE HISTOIRE

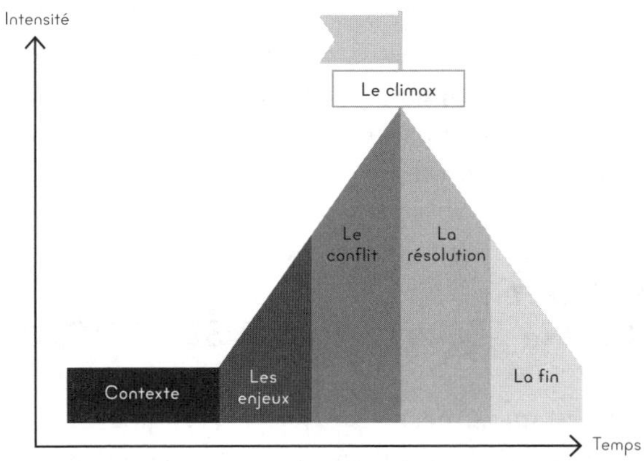

DES HISTOIRES QUI ONT FAIT MOUCHE

Des histoires marquantes, remarquables, émouvantes, dont on se souvient… il en existe des tas. J'ai choisi de t'en raconter trois. Chacune à leur niveau nous montre comment une (bonne) histoire peut être la clé du succès, à toutes les étapes de la vie de la marque.

L'ÉCLAIR DE GÉNIE : LE *STORYTELLING* POUR SE LANCER

L'Éclair de génie, c'est l'histoire d'un pâtissier – et pas de n'importe lequel : Christophe Adam, élu meilleur pâtissier de France en 2014. Après avoir travaillé dans de prestigieuses maisons, il fait, en 2012, le pari de la spécialisation, en se focalisant sur une seule pâtisserie. « L'éclair est devenu ma marque de fabrique mondiale », explique-t-il. Il est aujourd'hui à la tête de plusieurs boutiques à Paris ou encore au Japon. Le secret de son succès tient dans cette histoire qu'il a su raconter, et décliner pour chacun de ses éclairs. Cette histoire a démarré en 2002, alors qu'il travaillait pour Fauchon. « La maison de New York m'a demandé de créer un éclair à l'orange. » Les 1 200 exemplaires de son éclair aux agrumes, recouvert d'un glaçage orange, se sont vendus en une journée. « En pleine guerre des macarons pastel, j'imposais ma patte funky et colorée », explique-t-il. Il a depuis créé une centaine de recettes différentes, et redonné ses lettres de noblesse au « pain à la duchesse ». Il a même fait de cette histoire un beau livre illustré.

MANYOLY : LE *STORYTELLING* POUR SE RENOUVELER

Manyoly est une street artiste que j'ai accompagnée. Ses œuvres (des portraits de femmes) sont des histoires qu'on se raconte en les découvrant dans la rue, dans les galeries. Par définition, une street artiste travaille dans la rue et vend en galerie. Comment faire pendant les confinements ? Elle a dû se réinventer pour continuer de créer et de travailler. Pour cela, elle a créé une exposition virtuelle, et utilisé le *storytelling* pour promouvoir son activité. Le *storytelling* lui a permis de parler d'elle, de ses envies, de ses œuvres, de ses inspirations… Et ainsi créer une connexion émotionnelle entre ses œuvres, son public et ses clients. « Ma nouvelle exposition est lancée ! Oui, mais où exposer ? Puisque nous sommes confinés… En tant qu'artiste, je me réinvente sans cesse devant ma toile… Si l'humain est au cœur de mon travail, que les visages le sont davantage. En tant qu'artiste, je dois me réinventer pour retrouver ce lien. » Elle a ainsi décidé d'exposer online et de créer une expérience visuelle sur son site. Pour promouvoir sa collection et son exposition en ligne, elle a raconté l'histoire de cette collection comme « une ode à ce que m'offre la nature chaque jour ». Et notamment, la découverte de couleurs lors d'une randonnée juste après son confinement… Le point de départ de cette nouvelle collection était lancé, son *storytelling* aussi.

BIG MOUSTACHE : LE *STORYTELLING* POUR ÉCHAPPER À LA FAILLITE

Big Moustache est une marque fondée en 2013 par Nicolas Gueugnier. Le principe : vendre des rasoirs et des lames par abonnement sur Internet. Un projet un peu fou quand on arrive sur un marché où les habitudes d'achat sont très fortes, et les géants de la grande distribution très présents. Pour se démarquer, Big Moustache fait le pari de vendre des produits de meilleure qualité, moins chers et en livraison à domicile. Tous les voyants sont au vert, mais en octobre 2016, c'est le coup de massue. Son investisseur potentiel le lâche au dernier moment, et sa banque le prive de l'autorisation de découvert qu'il avait négociée il y a plusieurs mois.

Au bout du rouleau, Nicolas Gueugnier décide de raconter son histoire, son projet, ses désillusions, sa colère et son échec sur Linkedin. Son post fait un carton : plus de 4 000 likes, près de 1 000 commentaires, près de 700 partages… Nicolas Gueugnier n'a pas fait que raconter son échec, il a également partagé son « pourquoi » et son combat. Pendant quatre ans, lui et ses proches n'ont jamais rien lâché, il n'a jamais triché… Résultat : les commandes s'enchaînent, et un nouveau fonds d'investissement lui propose d'investir dans son projet. Quand je te dis que le *storytelling* est puissant, tu en as la preuve sous les yeux ! Depuis, son site internet a été relancé. Il y propose une gamme de produits variés, des tutos vidéo, la possibilité de réserver en ligne un salon de barbier… Nicolas Gueugnier a compris que l'expérience client devait être la grande force de sa marque. Il a également créé trois salons à Paris, et compte ouvrir une dizaine de boutiques en France.

Grâce au *storytelling*, Big Moustache a pu sortir la tête de l'eau, et créer des relations clients durables (voir aussi le chapitre 20) qui l'ont sauvé de la faillite. Aujourd'hui, c'est une marque qui fonctionne bien, très bien même. Son secret : la spontanéité et la franchise qui l'ont poussé, un jour de désespoir, à raconter son histoire sans filtres.

BONUS

La plateforme de marque est la bible – le manifeste de ton entreprise. C'est un outil qui regroupe et synthétise les éléments étudiés dans cette partie et qui composent ta marque : ton pourquoi, ta mission, tes valeurs, ton ADN… Je t'invite ici à télécharger un modèle à compléter et une vidéo pour t'expliquer comment le remplir !

Tu peux aussi tout simplement reprendre tous les éléments de cette partie pour synthétiser cela dans un document qui s'intitule « Plateforme de marque ».

En conclusion de ce chapitre, mais aussi de cette première partie, je t'invite à retenir qu'être simplement soi-même peut permettre de lever un certain nombre d'obstacles au développement de ton activité. Une transition toute trouvée pour aborder la deuxième partie de ce livre, consacrée aux valeurs qui te donnent le bon état d'esprit.

MA SYNTHÈSE POUR LA PARTIE 1 : L'IDENTITÉ DE MA MARQUE, MA PERSONNALITÉ PROFONDE

Cette page est faite pour toi !
Notes-y tes idées, profites-en pour en faire une synthèse, ou invoques-y les Dieux de la Marque !

PARTIE 2

TES VALEURS TE DONNENT LE BON ÉTAT D'ESPRIT POUR RÉUSSIR

L**e succès n'est pas qu'une question de techniques, c'est surtout une question d'état d'esprit.** Les entrepreneurs qui réussissent sont ceux qui sont alignés avec leur projet. Les marques qui réussissent sont celles qui ont un état d'esprit, et le partagent. Mon postulat de départ est que **le succès d'une marque repose sur ses valeurs**, tout simplement parce que ce sont elles qui lui permettent d'être alignée. Être aligné, c'est être soi-même, et c'est la condition pour se démarquer. Car pour être remarquable, il faut être différent. L'alignement est quelque chose qui se voit, et qui attire. En développant une attitude positive, tu vas attirer à toi des personnes qui auront le même état d'esprit. C'est en partageant mon enthousiasme que j'ai ouvert des portes que je n'aurais jamais imaginé pouvoir ouvrir : enseigner, voyager, écrire ce livre…

Plus on est aligné avec ses valeurs, plus on devient un entrepreneur aguerri et tranquille. Et la tranquillité est tellement importante quand on se lance…, parce qu'on n'est jamais sûr de rien. Être toi-même, adopter le bon état d'esprit doit devenir ta nouvelle ambition. Ainsi, il te sera plus facile d'attirer à toi des personnes qui ont la même quête de sens. **Tes valeurs sont ton guide** pour ne pas perdre le sens de ta vie, de ton projet, de ce que tu apportes au monde.

En tant qu'entrepreneur, tu dois prendre conscience qu'il n'y a pas de séparation entre ta vie d'entrepreneur et tes autres vies. Te sentir bien est la clé pour aller de l'avant. **Ce que je prône dans ce livre, c'est de faire confiance à ton instinct,** car tu as toutes les réponses en toi.

L'instinct, c'est la capacité à écouter qui tu es et d'être naturel, d'être toi-même. Cela peut être intimidant de le faire, surtout dans un monde où, effectivement, l'instinct n'a pas vraiment sa place… Mais **je vais t'aider à te faire davantage confiance**, notamment en partageant avec toi des exercices que je fais de manière quotidienne, et surtout des exercices qui donnent de vrais résultats.

Quand j'ai démarré l'écriture de ce livre, j'ai eu de nombreux doutes. J'ai procrastiné pendant des jours, voire des semaines, avant de m'y mettre. J'avais peur d'oublier un concept important, je me mettais la pression car je voulais que mon message passe correctement auprès de mes lecteurs. J'ai partagé ces doutes sur mes réseaux sociaux, notamment *via* un post sur Linkedin. J'ai reçu de très nombreuses réponses qui m'ont permis de me faire une idée plus précise de ce que mes lecteurs attendaient mais aussi de me recentrer sur mon « pourquoi ». Me raccrocher à mes valeurs m'a permis de lever mes doutes. **L'action** (le fait de faire ce post) a été pour moi **le bon remède pour faire face aux doutes et aux difficultés.** C'est donc une simple question d'état d'esprit. Se raccrocher à son pourquoi, à la vision que l'on a de son projet, se détacher des autres, assumer une forme de responsabilité, accepter les émotions qui sont les tiennes : c'est exactement ce que je t'invite à faire dans cette deuxième partie.

CHAPITRE 6

TRAVAILLE TA CONFIANCE

La question de la confiance est centrale dans la réussite. Elle part d'un postulat finalement assez simple : « Être bien, être aligné, c'est la garantie du succès » (je m'autocite car, comme me le répétait mon grand-père, on n'est jamais si bien servi que par soi-même). La confiance permet aussi la construction d'un cercle vertueux où l'on te retrouve toi, ta marque et tes clients. Tu es bien, donc ta marque se porte bien, et tu apportes une vraie valeur à tes clients ; tu inspires de la confiance et donc tes clients te font confiance. La question est donc de savoir comment atteindre la confiance, comment « se mettre bien » pour inspirer cette confiance ?

L'un des principaux obstacles à la confiance, c'est la peur. Cette appréhension est récurrente chez les entrepreneurs qui se lancent : est-ce que mon idée va fonctionner ? Comment surmonter les obstacles administratifs ? Est-ce que je ne vais pas me sentir trop seul(e) ? Et si je fais faillite ?

Si toi aussi, tu es en proie à ces doutes, rassure-toi : la peur est une émotion normale (tout le monde a peur de ce qu'il ne connaît pas), et même utile. Elle fait partie de ton arsenal de survie (sans elle, tu foncerais tête baissée sur le danger), et surtout elle te prouve que tu es sorti de ta zone de confort, que tu avances, bref que tu VIS ! Pour avancer malgré tes peurs, il n'y a pas d'autre solution que d'agir. Sénèque disait d'ailleurs : « Ce n'est pas parce que les choses sont difficiles que nous n'osons pas, mais parce que nous n'osons pas qu'elles sont difficiles. »

Je te propose une méthode en trois étapes pour y arriver.

S'il te fallait un dernier coup de pouce, je citerais Timothy Ferriss : « Ce que nous craignons le plus de faire est généralement ce que nous avons le plus besoin de faire. » Alors, top départ !

ÉTAPE 1 : IDENTIFIE TES PEURS

La première étape, c'est de mettre des mots sur ce qui ne va pas. Il y a un truc qui ne marche pas ? Tu procrastines ? Tu n'avances pas ? Tu doutes de ton produit ou de ton offre, de tes compétences, de ta plus-value ? C'est parce que tu as peur de quelque chose ! Il faut absolument l'identifier, mettre des mots dessus. Car, la plupart du temps, c'est une question de confiance. Bien souvent, on invoque le fameux « syndrome de l'imposteur » (forme de doute maladif et permanent qui conduit à ne pas se sentir légitime, et à attribuer sa réussite non pas à ses qualités mais à des facteurs extérieurs comme la chance, le hasard, les autres…). Selon moi, c'est en réalité plus une question de peur qu'une question d'imposture. En prendre conscience, c'est la moitié du chemin parcouru.

Le doute, la peur mettent en avant certains blocages, issus de notre cerveau primaire, qui réagit face au danger. Ces réactions sont de trois ordres : l'immobilisation, la fuite ou l'action (les fameux 3 F : *freeze, flight, fight* (voir aussi p. 139). Plutôt que de ne rien faire ou de prendre la fuite, je te propose d'opter pour la troisième solution : l'action.

Note surtout que la peur et le doute, contrairement à ce que l'on a souvent tendance à croire, sont positifs. Tout d'abord, parce que ce sont de bons signes : ils veulent dire que tu es conscient de ce qu'il se passe. Et ensuite, ils te délivrent un message important. Par exemple, si je n'arrivais pas à avancer sur l'écriture de ce livre (et je t'assure que cela a été le cas à plusieurs reprises !), c'est parce que j'avais peur : peur de ne pas être clair, d'oublier quelque chose d'essentiel, et peut-être aussi d'être contesté (je reviendrais sur le sujet de la contestation car si on veut être remarquable, on ne peut pas faire l'unanimité !). Donc oui, la peur est un bon signe, car elle veut dire que je suis en train d'avancer. Si je n'avais pas entamé l'écriture de ce livre, je serais toujours dans ma zone de confort, je ne me sentirais pas en danger, mais je ne me sentirais pas aussi vivant qu'en le faisant… et puis, l'écrire me met dans une telle joie ! Bref, c'est un bon signe car ça veut dire qu'il se passe quelque chose dans ma vie ! Et en tant qu'entrepreneur, tu as plutôt intérêt à ce qu'il se passe quelque chose dans ta vie ! Jim Rohn dit d'ailleurs : « Votre vie ne s'améliore pas par hasard. Cela s'améliore avec le changement. »

ÉTAPE 2 : COMPRENDS LA MÉCANIQUE

Une fois tes peurs identifiées, il faut en comprendre le fonctionnement. Si autant d'entrepreneurs sont en proie au doute et à la peur, c'est parce que notre système éducatif n'est clairement pas adapté à l'entrepreneuriat. L'éducation forme sur des métiers qui, pour la plupart, n'existeront plus dans quelques années, et la plupart des métiers qui existeront dans dix ans n'existent pas encore (et ce n'est pas moi qui le dis[23]). Par ailleurs, l'éducation est souvent spécialisée, tu apprends un métier spécifique. Or, quand tu es entrepreneur, tu es à la fois gestionnaire, DRH, financier, communicant, administratif, commercial, comptable…

23. 85 % des emplois de 2030 n'existent pas encore, selon *The Next Era of Human-Machine Partnerships, Emerging Technologies' Impact on Society & Work in 2030*, Institute for the Future, Dell Technologies, 2017.

Alors comment faire ? Comme on ne peut pas être bon partout, il faut, pour surmonter ses peurs, accepter de déléguer mais aussi et surtout se former. **La clé, c'est l'apprentissage : apprendre à apprendre, pour pouvoir s'adapter à chaque situation.** « Ce n'est pas la plus forte ni la plus intelligente des espèces qui survivra, mais celle qui est la plus apte à changer », disait Charles Darwin. J'ai en tête l'exemple d'Antoine, qui développe une start-up de repas diététiques. Sa plus grosse difficulté, sa question de confiance, repose non pas sur son cœur de métier (la gastronomie) mais sur l'orthographe. Le fait de ne pas savoir écrire correctement est pour lui un énorme frein : on lui fait régulièrement remarquer que son site et ses posts Linkedin sont bourrés de fautes. Résultat : il perd confiance en son produit et en son projet, qui est pourtant remarquable. La solution pour lui est toute trouvée : il lui faut une formation à l'orthographe. Je l'ai mis en contact avec Muriel, une ancienne enseignante, qui a développé une école de formation à l'orthographe pour apprendre de manière ludique. De nombreux entrepreneurs sont passés par sa formation pour lever les freins à la confiance. Et aujourd'hui, Antoine a levé ses peurs, trouvé un associé et il développe son activité avec sérénité.

ÉTAPE 3 : ACCEPTE TES PEURS, OU LES BIENFAITS DE L'ENTHOUSIASME

Une fois la peur identifiée comprise, il faut l'accueillir. Ok, j'accepte cette peur, cette difficulté, mais je m'autorise à agir. Comment ? En continuant à apprendre sans cesse, mais aussi *via* ce que j'appelle ma théorie de l'enthousiasme (et dont je te parlerai à plusieurs reprises dans ce livre). J'ai d'ailleurs appliqué à la lettre cette théorie pour ma propre société. On me demande souvent pourquoi je l'ai appelée Citron Bien. Ce à quoi je réponds : « Citron Bien, c'est trop bien ! » L'enthousiasme est en effet au cœur de mon approche. Et parfois, on me demande aussi pourquoi j'utilise le mot « bien » à toutes les sauces et je réponds : « Moi, j'aime faire les choses bien. » Et ma marque doit être comme moi : enthousiaste.

Pendant longtemps, j'ai cru que j'étais impuissant face aux multitudes de choses qui me hérissaient le poil ou qui me faisaient peur. Et j'en voulais à la terre entière. J'étais ronchon. Et puis un jour, j'ai accepté la pilule jaune, celle de l'enthousiasme, du rire communicatif, du jeu de mots douteux, de la blague facile, du verre toujours plein. **J'ai décidé que la vie, c'était de faire des trucs Bien pour que les autres se sentent Bien. Bref, j'ai choisi de créer un cercle vertueux en étant positif et heureux.** J'ai intégré cette décision à mon attitude et à mes prises de parole, avec mes proches puis dans mes réseaux sociaux, et enfin à ma vie pro.

L'enthousiasme est communicatif : plus tu vas pousser de choses positives, plus tu vas attirer à toi des choses positives, et des retours eux aussi positifs. C'est un fait physiologique : notre cerveau porte beaucoup plus d'attention, d'émotion et de mémoire sur les choses négatives de la vie que sur les choses positives. C'est ce que l'on appelle le biais de négativité. Et il s'explique logiquement ! Selon des chercheurs, c'est un biais de l'évolution de l'espèce : nous prêtons instinctivement plus d'attention à ce qui peut menacer notre survie. Les hommes préhistoriques étaient ainsi plus attentifs aux bruits qui signalaient la présence des prédateurs qu'aux chants des petits oiseaux. Nous avons hérité d'eux ce réflexe ! Résultat : tu passes tes journées à ressasser tes problèmes. Quant aux choses positives, tu les considères comme normales et tu les oublies vite… pour retourner vite ressasser tes problèmes ! Et si on inversait la tendance ? C'est justement ce que je te propose maintenant : te défaire de ce biais de négativité, et **rétablir l'équilibre entre le positif et le négatif pour développer ta confiance**. Il existe plusieurs exercices intéressants, que je t'invite à pratiquer régulièrement.

EXERCICE : LE CARNET DE GRATITUDE

Le soir en allant te coucher (ou le matin si tu préfères), note dans un petit carnet les trois choses positives que tu as vécues dans ta journée. Cela peut être des moments très simples, comme boire un café en terrasse au soleil (pas besoin d'avoir signé un nouveau contrat à plusieurs milliers d'euros !). Pour ma part, je fais cet exercice le matin, et je relis ce carnet à l'occasion de mes bilans hebdomadaires et mensuels afin de voir ce que je peux reproduire et intégrer à mes routines. Car si quelque chose a été positif dans ta vie, il faut absolument le reproduire, surtout quand tu as un problème de confiance.

EXERCICE : LA LISTE DES RÉUSSITES

Fais la liste de tes réussites, sur les dix dernières années. Par exemple : le lancement de ton entreprise, celui de ton premier produit, la signature de ton premier contrat et de ton premier client, ta réorientation réussie, la naissance de tes enfants... Puis repasse-toi cette liste en boucle dans ta tête, saute de joie, appelle ta mère ou ton meilleur pote pour partager ces succès... Tu peux compléter cette habitude chaque fin d'année, avec les réussites de l'année écoulée. Rien de tel pour te mettre le cerveau dans le bon sens et prendre conscience que ton année a été une réussite !

EXERCICE : LA KIFFLIST

Liste toutes les petites choses simples qui te donnent de l'énergie, et pioche dedans quand tu as besoin de reprendre une dose de confiance en toi. Pour ma part, j'ai inscrit sur cette liste : promener mon chien, aller courir, écouter de la musique, regarder un bon film, aller au spa, me faire un resto avec les copains, lire, déguster une pâtisserie...

LA CONFIANCE, C'EST CROIRE EN SES IDÉES !

Le résultat de ce travail, c'est la confiance. Avoir confiance dans tes idées, c'est ce qui va te permettre d'embarquer tes clients et de faire avancer ton projet. C'est justement ce qui a permis à Anne-Laure de faire un pas de géant. Cette jeune maman a eu l'idée de créer une app référençant les aires de jeux en France. Lors d'un coaching par téléphone, elle m'a confié qu'elle n'osait pas contacter les professionnels du secteur. Je lui ai alors posé deux simples questions : Que risques-tu en les sollicitant ? Et surtout, que risques-tu si tu ne les sollicites pas ? Ce fut pour elle un déclic. Elle a alors pris contact avec un professionnel, puis deux, puis trois… et s'est retrouvée à présenter son app lors d'une conférence, aux côtés de la ministre des Sports !

À l'inverse, **si tu ne crois pas en tes idées, tu as toutes les chances d'échouer**, ou en tout cas de ne pas réussir. C'est ce qui arrive souvent à des free-lances qui démarrent… Je pense en particulier à Félicie, designer free-lance. Elle me sollicite au départ parce qu'elle n'arrive pas à trouver un positionnement cohérent pour son entreprise. Après une longue discussion, je comprends son problème : ce n'est pas son positionnement qui est en jeu mais la clarté de ses prestations. Félicie souhaitait proposer des prestations de conseils. Mais j'ai rapidement compris qu'elle ne croyait pas en ce qu'elle faisait. Elle avait senti qu'il existait un besoin sur ce marché, mais celui-ci ne correspondait pas à ce qu'elle avait vraiment envie de faire, à savoir former des équipes dans les entreprises à fort impact environnemental. Il y avait donc un problème d'alignement entre sa tête, sa raison – il faut que je vende des prestations chères – et son cœur – je n'en ai rien à faire, j'ai envie d'avoir un impact positif sur la société. Ensemble, nous avons donc approfondi cette question de la confiance en retravaillant son offre de services. J'ai plein d'autres exemples comme celui-ci. Et tous montrent que parfois, le problème ne vient ni de la communication ni du marketing, mais tout simplement de l'envie qui n'y est pas.

POURQUOI CHOISIR ENTRE PASSION ET RAISON ?

« Si tu cours deux lièvres à la fois, tu n'en attraperas aucun », me disait mon grand-père. Alors j'ai grandi avec l'idée que je ne pourrais pas réussir si j'avais plusieurs projets à la fois. Sauf que ça a toujours été plus fort que moi ! Ma raison me disait de ne pas mener plusieurs projets à la fois, et ma passion me poussait à faire plein de choses en même temps. En coupant court à cette croyance limitante, j'ai réussi à faire la part des choses, et à trouver le juste équilibre entre la passion et la raison. Cela m'a permis d'être beaucoup plus serein et donc d'aller plus facilement vers le succès.

Je fais partie de ceux qui poussent leurs clients à aller, de façon raisonnée, vers quelque chose qui les passionne. **La passion est essentielle car c'est elle qui va te motiver pour avancer.**
Toi aussi, tu es peut-être tiraillé entre la raison, qui te pousse à privilégier les projets les plus rémunérateurs au détriment des plus créatifs, et la passion, qui te donne la sensation d'être bien vivant. Contrairement à ce que certains pourront te dire, tu n'es pas obligé de choisir entre les deux, et tu peux sans problème développer plusieurs projets en parallèle. J'aurais pu m'interdire d'écrire ce livre car cela me détournait de mon objectif principal qui est d'accompagner des entrepreneurs à développer leur projet. J'aurais pu refuser d'écrire ce livre pour X raisons très « raisonnables », mais dans ma vie, j'ai envie d'accomplir un certain nombre de choses, et notamment de sortir de ma zone de confort. Et la réussite, pour moi, c'est aussi de ne pas me laisser endormir par le quotidien, de me remettre sans cesse en question, de me pousser dans mes retranchements pour me prouver que j'en suis capable. Ce livre était pour moi un moyen formidable de le faire. Alors j'ai dit oui, par passion.

Alors concrètement, comment faire pour réaligner tes idées petit à petit, pour remettre de la passion dans la raison ? J'en ai fait l'expérience avec Citron Bien qui a été créée au départ, en 2011, comme une agence qui fabrique des outils de communication. Depuis, elle a évolué à plusieurs reprises mais le plus grand virage a été sa transformation en service de coaching qui accompagne le client dans le développement de son entreprise. Ce virage s'est fait de manière très lente. Je l'ai testé dans un premier temps uniquement dans mon discours, mon site restant celui d'une agence de communication. Mes clients me sollicitaient comme agence de communication mais je les orientais plutôt vers un coaching sans vraiment le nommer ainsi. Ce que je te propose, c'est de faire la même chose : tester tes idées auprès d'une cible réduite (tes clients, tes réseaux sociaux *via* des questionnaires, des discussions…) sans changer complètement ton site internet ou ta manière de communiquer. C'est aussi ce que l'on a fait avec Lucie, décoratrice d'intérieur, qui, pour se lancer, a proposé des coachings gratuits. Bien souvent, on te déconseille de proposer des services gratuits mais je ne suis pas tout à fait d'accord car ces services permettent de développer ta confiance. Quand tu proposes un service gratuit, tu n'as rien à perdre. Tu as moins de pression, et donc tu t'autorises à te tromper, c'est positif pour ta confiance. D'autant plus si tes clients te font des retours positifs. Enfin, si certaines choses ne fonctionnent pas, tu peux les corriger, sans que cela entame ton capital confiance.

Tu l'auras compris, la question de la confiance est très importante pour la réussite de ton entreprise. La confiance te permet aussi d'aller plus vite dans ton apprentissage et ton avancée vers l'atteinte de tes objectifs. L'application des techniques « froides » de marketing te demande en effet de la technicité, des compétences, des moyens et du temps. Ces tâches peuvent très bien être déléguées à des personnes meilleures que toi. La confiance, elle, ne peut pas être sous-traitée. C'est à toi, et à toi seul, de la travailler pour atteindre le succès !

CHAPITRE 7

TON SUCCÈS, C'EST TOI QUI LE DÉFINIS

Ah le succès ! On en rêve tous... et toi aussi sûrement si tu lis ces lignes. Comme beaucoup d'entrepreneurs, tu penses peut-être que si tu ne réussis pas, c'est parce que tu n'as pas assez de temps, d'argent, de ressources, de soutien, de personnes pour t'entourer. En réalité, la plupart de tes freins sont psychologiques, ils sont liés à la question de la confiance. Tes blocages te viennent aussi peut-être de l'image que tu as de l'entrepreneur, image héritée de ton éducation. J'ai en tête l'exemple d'Alison : le succès de ses parents en tant qu'entrepreneurs l'a bloquée dans son propre chemin vers la réussite. Je pense aussi à Constance, qui rencontrait des difficultés par rapport à l'argent parce que, dans sa famille, l'argent avait une connotation négative, et cela l'empêchait d'avancer et d'atteindre une forme de succès.

Ce que je veux te dire dans ce chapitre, c'est que **le succès n'est pas quelque chose de matériel, c'est une notion plus mentale et subjective.** C'est peut-être un peu délicat à entendre pour certains d'entre vous, qui penseront à une forme d'ésotérisme, mais, à mon sens, il est important de comprendre que le développement personnel permet de lever un certain nombre de barrières pour se développer et donc pour obtenir du succès.

POURQUOI L'ÉCHEC EST-IL SI DIFFICILE À ABORDER ?

La notion de succès étant étroitement corrélée à celle de l'échec, je commencerai par aborder ce versant négatif des choses. Sur Linkedin, je me suis aperçu que les posts où j'abordais la question de l'échec suscitaient beaucoup moins de réactions et de commentaires que ceux où je parlais de réussite. D'où ma question : Est-ce que l'échec nous intéresse moins, ou est-ce que nous avons moins envie d'aborder ces sujets ? J'opte pour la deuxième option. Selon moi, notre culture et notre éducation, dont on a déjà parlé dans le chapitre précédent, y sont pour beaucoup. Dans nos sociétés, on a une obligation de réussite dès le plus jeune âge. On doit savoir marcher, parler le plus rapidement possible, puis avoir des bonnes notes, réussir son brevet, son bac, son diplôme… L'échec n'est pas autorisé, c'est ainsi que notre société fonctionne. Est-ce une bonne chose ou une mauvaise chose ? Ce n'est pas la question ici. Le but, en effet, est de prendre conscience que **nous nous sommes tous construits sur des modèles, et en particulier sur le modèle de la réussite** : tout faire bien, et surtout tout faire comme tout le monde. **Or, l'entreprenariat, c'est justement faire les choses autrement**, pour être remarquable. Un entrepreneur doit être différent, et c'est là que le bât blesse… Le succès n'est pas quelque chose qui doit être dicté par la société, mais c'est une conception qui doit être définie et appartenir à chacun d'entre nous.

Lorsque je donnais des cours de marketing dans une école de commerce, je détestais donner des notes à mes étudiants car je crois que le parcours effectué est plus important que la note qui va valider des acquis. Je leur répétais régulièrement : « Plante-toi et tu pousseras. » C'est dans l'échec et la difficulté que tu vas apprendre des choses, pas dans la réussite. L'école est le bon endroit pour se planter car cela n'a pas de conséquences directes sur l'employabilité, la valeur, la faillite, etc. Malheureusement, aujourd'hui, ce n'est pas du tout cette pédagogie qui est suivie. Pour ma part, je n'ai jamais autant appris qu'en me plantant.

J'ai toujours réussi mes études sans difficulté majeure, j'avais des facilités pour apprendre vite, tout se passait bien pour moi. J'ai voulu changer plusieurs fois de métier, et cela a fonctionné. Mais un jour, j'ai pris une grosse claque. Je suis passé à deux doigts de la faillite. Et c'est ce jour-là que j'ai vraiment appris sur moi, mais aussi sur ce que j'attendais du succès. L'échec est un bon moyen de comprendre ce qu'est ta conception du succès, car il va te permettre d'apprendre et donc d'augmenter ta jauge de confiance. Et donc ta réussite. Et donc ton succès.

Bill Gates dit d'ailleurs : « Célébrer le succès, c'est bien, mais il est plus important de tirer les leçons de l'échec. »

ET SI TU CHANGEAIS DE POINT DE VUE ?

La première chose à faire pour définir ta vision du succès – et non celle des marques qui cartonnent – c'est de changer de point de vue. Pourquoi ? Parce qu'on a en chacun de nous une sorte de caisse de résonance que **la société nous renvoie, une sorte de modèle préconçu de ce qu'est le succès**. Juste une petite anecdote pour te faire mieux comprendre mon propos : lors d'un mariage, j'ai recroisé un vieux copain, que je n'avais pas vu depuis longtemps. Nous avons échangé sur nos vies, et il m'a ainsi décrit la sienne : je suis marié, j'ai un enfant, j'ai un boulot, j'ai un chien et j'ai un break. C'était ça, sa définition du succès : le break, qui matérialisait sa vie de famille. Cette image est finalement assez courante au sein de notre société... Ce que je veux dire à travers cet exemple, c'est que l'inconscient collectif, l'éducation, la pression familiale véhiculent des images du succès auxquelles, parfois, on se conforme sans réfléchir. Mais en réalité, le plus important, c'est de changer de point de vue, de perspectives, afin d'avoir une autre vision des choses, et peut-être ta propre vision de la réussite.

Changer ton point de vue va aussi te permettre de mieux t'aligner avec toi-même. Si tu as des difficultés à avancer, c'est peut-être parce que, tout simplement, tu n'es pas aligné avec ton projet. C'est peut-être aussi parce que tu as en tête une image du succès qui n'est pas la tienne. C'est ce filtre de l'autre dont tu dois te défaire, et ces petits exercices te permettront de te libérer.

« NE FAITES PAS DE SUPPOSITIONS »

Connais-tu les accords toltèques, développés par Miguel Ruiz[24] ? C'est pour moi un super moyen de voir les choses différemment. Le troisième de ces accords, c'est « ne faites pas de suppositions ». En d'autres termes, ne présuppose pas ce que les autres pensent de toi ou des choses. Et donc prends chaque chose comme elle est et non pas comme elle pourrait l'être dans les yeux d'un autre. Je trouve ce point de vue intéressant car il permet de changer ses perspectives et de trouver sa propre voie.
Comment faire ? En ayant le courage de poser des questions, d'exprimer ton point de vue par exemple... Cela t'évitera de te créer de fausses croyances, source de stress.

EXERCICE : LES MARQUES RÉFÉRENCES

L'objectif est de faire une cartographie des marques qui t'intéressent pour des points très précis. Aucune contradiction avec ce que je viens de t'expliquer au début de ce chapitre : l'idée n'est pas de te comparer à ces marques mais de t'en inspirer pour voir de quelle manière tu peux t'améliorer ou réussir à atteindre ce niveau de performances sur ces points très précis.

24. Auteur de *Les Quatre Accords toltèques. La voie de la liberté personnelle*, Jouvence, 1999.

En ce qui me concerne, mes marques références sont les suivantes :

- être décalé, comme Sosh, pour sa façon de communiquer, son utilisation des jeux de mots ;

- être accessible, comme Decathlon, pour sa capacité à démocratiser le sport avec des produits à la fois hyper-accessibles et hyper-techniques ;

- être impertinent et créatif, comme Petit Bateau, pour la légèreté avec laquelle ils jouent avec les codes et pour la façon dont ils nous touchent ;

- être proche, comme Nike, pour sa capacité à raconter une histoire, t'embarquer dans l'esprit de la marque sans essayer de te vendre une paire de chaussures.

En pratique, je vais donc :

- me référer à Sosh, pour mesurer la pertinence de mon ton, à la fois décalé, léger et empreint d'humour ;

- me référer à Decathlon, pour mesurer le succès de mes coachings, et ainsi voir si j'arrive à les rendre à la fois accessibles et utiles ;

- me référer à Petit Bateau, pour savoir si je touche l'enfant en chacun de nous ;

- me référer à Nike, pour mesurer la performance de mes posts Linkedin, ma capacité à raconter une histoire sans forcément vendre mes produits.

Et toi, quelles sont tes marques références ? Listes-en trois (ou quatre), fais le même exercice que moi, et partage tes références avec moi[25].

---

25. Tu peux m'écrire ou rejoindre le groupe dédié (voir p. 291).

EXERCICE : LES MENTORS

L'objectif de cet exercice est de choisir des gens qui t'inspirent. Il peut s'agir de gens proches que tu connais, ou de gens que tu n'as jamais rencontrés de ta vie, et que tu ne rencontreras peut-être/sûrement jamais. Là encore, il ne s'agit pas de se comparer aux autres, mais de se créer un cadre, une possibilité de se mesurer, et de se challenger soi-même afin de se bousculer un peu et d'aller plus loin.

Pour ma part, dans mes mentors, je compte :

- Steve Jobs, qui m'inspire pour sa vision du produit et sa capacité à embarquer une foule avec lui. J'analyse et je décortique ses lancements, ses discours pour m'aider dans mes lancements et mes prises de parole.

- Georges Mohammed-Cherif, le boss de l'agence Buzzman, qui ne fait rien comme tout le monde et m'inspire cette créativité impertinente. Je suis ses campagnes et j'écoute ses interviews pour comprendre comment il convainc et trouve l'inspiration, et pour m'aider à trouver des idées toujours au top.

- Anne-Sophie Pic, la chef triplement étoilée et son époux David Sinapian, pour l'excellence qu'ils prônent dans le développement de nouveaux projets, de concepts, qu'ils réalisent en couple. Ils me guident pour l'activité cinéma que j'exerce avec ma femme. Et ils m'inspirent cette volonté de prendre soin de chaque détail.

Et toi ? Quels sont tes mentors ?
Ici, je t'invite à les nommer et à indiquer en quoi ils t'inspirent. N'hésite pas à partager le fruit de tes réflexions avec moi[26].

26. Tu peux m'écrire ou rejoindre le groupe (voir p. 291).

EXERCICE : LES GROUPES DE CODÉVELOPPEMENT

Ces groupes sont composés de pairs, c'est-à-dire de personnes qui sont au même niveau que toi. Il ne s'agit pas de mentors, mais de gens comme toi et moi, avec lesquels tu vas pouvoir discuter pour échanger sur tes problématiques du moment, te challenger. C'est aussi une manière d'échanger ton point de vue sur un certain nombre de sujets. L'une de mes clientes, par exemple, avait des problèmes de rapport à l'argent ; elle a monté un groupe de codéveloppement avec des personnes qui avaient la même problématique qu'elle. Le fait d'échanger leur a permis d'avancer ensemble.

FAIS TOMBER LE COSTUME !

Ces trois exercices vont te permettre de travailler sur une question qui me tient à cœur : celle du costume de l'entrepreneur.
Quand j'ai lancé mon agence, Citron Bien, j'ai cru qu'il fallait que j'adopte un nouveau costume, au sens littéral du terme : celui de l'entrepreneur. Je suis donc allé dans une boutique, et je me suis acheté une veste, une chemise et un pantalon. Je me disais qu'ainsi j'allais renvoyer une image plus sérieuse, une image de réussite, et que j'avais besoin de ce costume pour être dans mon personnage d'entrepreneur. Mais très rapidement, je me suis aperçu que je n'étais plus moi-même dans ma façon de m'exprimer, dans ma façon d'être, tout simplement. Ce costume n'était pas du tout adapté à ma personnalité, il y avait un décalage complet. Il fallait que je le lâche. Ce que j'ai fait quand j'ai eu l'impression d'avoir remporté du succès sur un certain nombre de projets.
J'ai alors compris que je n'avais pas besoin de ce costume, que je n'avais pas besoin d'être quelqu'un d'autre pour pouvoir parler avec mes clients ou avec des gens qui, eux, avaient déjà réussi. Moi aussi, j'avais réussi, et donc je pouvais être moi-même. Et le plus dingue, c'est que le fait d'être moi-même, de porter mon pantalon jaune et mes baskets ou de lancer mes jeux de mots,

m'a permis de développer mon activité plus rapidement et avec encore plus de succès. Mon cerveau n'avait plus besoin de switcher entre le Pierre perso et le Pierre entrepreneur. Je t'invite, toi aussi, à être toi-même, cette personnalité unique qui va plaire aux bonnes personnes, à ta communauté. Et d'adopter cette citation de Seth Godin que j'ai découverte récemment : « Le succès attire le succès. Plus vous faites d'affaires, plus vous verrez d'opportunités. » Plus « bankabeule » que celle de mon amie Alice, qui me disait en jouant au Monopoly : « Plus t'en as, plus t'en gagnes. »

CHOISIS TOI-MÊME TES CRITÈRES DE SUCCÈS

Dans les cercles d'entrepreneurs que j'ai beaucoup fréquentés, j'ai appris quelque chose d'intéressant : le succès ne se mesure pas au chiffre d'affaires (car, comme dans d'autres sphères, l'argent est là aussi tabou), mais au nombre de salariés. Pour ma part, je peux t'assurer que je gagne bien mieux ma vie et je suis bien plus heureux depuis que je travaille tout seul, et que je n'ai plus d'employés ! Tout ça pour te dire que le succès, c'est toi et toi seul qui peux le définir pour toi et pour ta marque, personne d'autre. Sinon, aide-toi de cette recette de l'écrivaine américaine Maya Angelou : « **Le succès est de vous aimer, d'aimer ce que vous faites et d'aimer la façon dont vous le faites.** »

Tu l'auras compris, je préfère que tu définisses ta réussite pour ton entreprise et pour toi-même. Plutôt que de prendre exemple sur des marques qui cartonnent, ou de te comparer avec ton principal concurrent, qui existe depuis un peu plus longtemps que toi, qui a réussi une levée de fonds, qui a des retours presse ou qui est beaucoup plus actif que toi sur les réseaux sociaux. On ne peut pas définir sa réussite par rapport à celle des autres, celle-ci se mesure uniquement en comparaison de la nôtre, d'il y a trois semaines, trois mois, trois ans, dix ans… **La seule comparaison que tu dois accepter, c'est celle que tu fais avec toi-même.** Pourquoi te focaliser sur toi ? Parce que tu n'as pas la même histoire, les mêmes schémas de construction, les mêmes expériences que tes concurrents.

À ce stade de la lecture, je t'invite à réaliser cet exercice de visualisation que je pratique régulièrement en coaching et qui fonctionne très bien. Il permet d'avoir plus de visibilité sur son projet en prenant davantage de recul. Car bien souvent, on a le regard bloqué sur ses problèmes, et on ne voit même plus tout ce qu'on a accompli et ce qui fonctionne.

EXERCICE : LA VISUALISATION À DIX ANS

Ferme les yeux et projette-toi, avec ta marque, dans dix ans. À haute voix, décris le parcours que tu as fait pour en arriver là, explique avec qui tu travailles, quel est ton environnement, dans quel cadre, avec quel matériel, quels sont tes clients…
Cet exercice va t'être très utile à plusieurs points de vue, d'abord parce qu'il va te permettre de définir ta propre réussite. Car si ton projet a dix ans, c'est qu'il est viable, et donc que tu as réussi. Cela va aussi te permettre de découvrir le chemin que tu as emprunté pour arriver à ce succès.

Revenons maintenant aux critères de réussite.
Comme je t'en ai parlé au tout début de ce livre, chaque marque repose sur une vision du monde, et j'ajouterai qu'elle doit aussi reposer sur une vision du succès, de la réussite, qui lui est propre. Quels peuvent être ces critères ? En voici quelques-uns, listés de façon non exhaustive.

- **L'argent.** Et plus précisément, au début, quand tu te lances, le niveau de ton chiffre d'affaires. Au fil des années, tu te focaliseras plutôt sur ta marge et tes bénéfices parce qu'il ne sert à rien d'augmenter ton chiffre d'affaires si tu n'es pas rentable, car tu ne seras pas durable. Par exemple, ton

chiffre d'affaires peut être de 1 million d'euros et ton résultat proche de 0. Ou alors tu peux avoir un chiffre d'affaires de 100 000 € et un résultat de 10 000 €. Pour ma part, je préfère la seconde option. Cela veut dire que mon entreprise est saine et que je gagne ma vie et/ou que je touche des dividendes. Sur ce critère, comme sur d'autres, il ne sert à rien de te comparer aux autres car tu n'as pas forcément les mêmes besoins qu'eux, que ce soit à titre perso ou pour ton entreprise.
Un bon exercice consiste donc, avant toute chose, à déterminer tes besoins minimums à titre personnel et les besoins minimums de ton entreprise. Par exemple, on m'a pris pour un fou quand j'ai quitté mes magnifiques bureaux pour m'offrir plus de liberté…

- **La qualité de vie,** à savoir le temps disponible dont tu bénéficies pour ta famille, par exemple. C'est un critère que tu peux parfaitement intégrer dans ta notion de réussite. Six mois après l'arrêt de notre coaching, Camille, qui souhaitait développer son portefeuille de clients s'est rendu compte qu'il avait gagné en qualité de vie, et que, finalement, son niveau de chiffre d'affaires était beaucoup moins essentiel pour lui.

- **L'impact de ton entreprise et de ta marque** sur l'environnement, d'un point de vue écologique et social. C'est la fameuse question de la RSE (responsabilité sociétale de l'entreprise). Aujourd'hui, la loi Pacte a intégré un certain nombre de ces critères, et il est possible d'inscrire l'impact RSE dans les statuts de son entreprise (voir p. 39). L'impact est une notion clé aujourd'hui et, de plus en plus, un véritable critère de choix pour tes clients, j'y reviendrai dans le chapitre suivant sur la responsabilité. Différentes affaires sont venues nous le rappeler, comme celle du Slip français (voir p. 122), celle de H&M et de ses vêtements jugés racistes (car un enfant noir posait dans une publicité pour un sweat à message : « Le singe le plus cool de la jungle ») ou celle de Burberry, qui avait présenté un sweat orné d'une corde à nœud autour du cou (l'accessoire était censé évoquer un nœud marin mais, pour certains, c'était une référence au suicide)… Tout ça pour te dire que, chaque choix que tu fais a un impact sur ton environnement, ton image, ton activité et donc ton succès.

- **L'attractivité,** à savoir le fait que de nombreux candidats postulent pour entrer dans ton entreprise, ou le fait que les salariés restent longtemps chez toi. J'ai en tête l'exemple de Michel & Augustin, qui a beaucoup travaillé sur sa politique de recrutement, et qui a construit une image positive pour sa marque et donc pour ses ventes.

- **Le changement.** Ça peut aussi être un de tes critères de succès ! Pour ma part, je m'applique cette grille de lecture à la fin de chacun de mes coachings, et je me demande dans quelle mesure mes clients, mes champions ont changé de point de vue.

MATÉRIALISE TES SUCCÈS

Pour visualiser mes succès, j'utilise un boulier chinois avec des boules de couleur. Chaque ligne symbolise un indicateur : la ligne 1 représente mes gros kifs, la ligne 2, le nombre d'articles que j'écris, la ligne 3, le nombre de nouveaux abonnés à ma liste e-mail, la ligne 4, mes nouveaux clients, la 5, mon chiffre d'affaires, la 6, les recommandations reçues, etc. Tu comprends la mécanique. Lorsque j'atteins mon objectif pour tel ou tel indicateur, je déplace une boule de la gauche vers la droite. Cela me permet de visualiser rapidement si j'ai atteint mes objectifs, mais aussi de repérer les points que je dois travailler pour m'améliorer. C'est ma façon de matérialiser de façon visuelle mes critères de succès, libre à toi d'utiliser le même système et d'imaginer autre chose.
Autre exemple, pour l'écriture de ce livre, j'ai indiqué le titre en grand sur une feuille de papier où j'ai matérialisé chacun des chapitres par une case… que je coloriais lorsqu'il était terminé. Je pouvais

littéralement voir si j'avançais (ou pas !), et je prenais un grand plaisir à colorer les cases.
Enfin, tu peux aussi adopter Smiirl, le compteur connecté à tes réseaux sociaux qui t'indique chaque nouveau like ou follower. Il fonctionne sur cette mécanique de récompense visuelle (comme le faisait ton enseignant avec les bons points à l'école).

FÊTE TES PETITES VICTOIRES !

La notion de succès est intimement liée à celle de victoire. Je te parle de ces petites victoires qui te permettent d'avancer sur le chemin de la réussite et d'augmenter ta jauge de confiance. Mais pour cela, il te faut les fêter. Non seulement ça permet de gonfler ta confiance mais en plus, ça permet de véhiculer du positif, ce qui fait que tu vas attirer de nouveaux clients. Tu as naturellement envie de te rapprocher des gens qui réussissent plutôt que de ceux qui échouent, non ? Quand tu choisis un restaurant, tu vas plutôt te tourner vers un lieu rempli où les serveurs sont souriants, n'est-ce pas ? C'est la même chose avec le succès : le succès appelle le succès, et l'enthousiasme appelle l'enthousiasme.

Comment fêter tes petites victoires ? Rien de plus simple ! Tu peux crier, applaudir, sauter, danser de joie, appeler tes proches, partager ces bonnes nouvelles sur tes réseaux sociaux, dans tes stories… L'idée n'est pas, comme on dit vulgairement, de « te la péter » mais de susciter l'enthousiasme. C'est la clé pour développer ton assurance (voir le chapitre 9), créer des discussions, nouer de nouveaux contacts, bref, aller plus vite sur ton chemin vers la réussite. De plus, cela te permet de créer une habitude positive qui ancre les bonnes nouvelles et la récompense de tes réussites.

Le succès ne dépend que de toi, et c'est à toi seul de le définir : voilà ce que j'aimerais que tu retiennes de ce chapitre. Cela te permettra de lutter efficacement contre cette injonction du « toujours plus ». Mais, quelle que soit ta définition du succès, n'oublie pas une chose : tu as des responsabilités, et tu dois les assumer.

CHAPITRE 8

ASSUME PLEINEMENT TES RESPONSABILITÉS

« **Un grand pouvoir implique de grandes responsabilités.** » Tu connais peut-être cette phrase que Benjamin Parker dit à son neveu, Peter Parker. C'est grâce à elle qu'il va devenir Spider-Man, et toute sa vie, il portera ce fardeau et cette culpabilité qui sont les fondations de ce superpouvoir. Pour toi, entrepreneur, c'est la même chose : **tu as un grand pouvoir et donc de grandes responsabilités**. Pourquoi je te parle de Spider-Man et pas de Batman ou de Superman, qui sont d'autres superhéros ? Parce que Spider-Man est comme toi et moi : au départ, il n'a pas de superpouvoir, c'est quelqu'un de normal, voire un peu « nerd », et qui va développer des compétences particulières qui vont lui permettre de s'exprimer pleinement. Le revers de la médaille, c'est donc ces responsabilités qu'il doit pleinement assumer. Comme Spider-Man, tu dois, en tant qu'entrepreneur, prendre conscience de l'impact que ton entreprise a sur l'environnement au sens large, sur la société et sur tes contemporains. Chacun de tes choix est important. Car, contrairement aux notions de confiance et de succès, qu'on a vues dans les deux chapitres précédents, la notion de responsabilité implique les autres : **tu es responsable de ton image, tu es responsable de la perception que les autres ont de toi et tu es responsable de l'impact que tu as sur les autres.**

TU AS LA RESPONSABILITÉ DE TE CHANGER POUR AVANCER

Quand ma société a frôlé la faillite il y a quelques années, j'ai compris qu'il était indispensable pour moi de changer un certain nombre de choses. Il était hors de question qu'une nouvelle année se déroule de la même façon. J'ai eu ce déclic alors que j'étais sur la terrasse de la maison que je venais d'acheter, en compagnie d'une amie entrepreneur qui elle-même était en train de changer de vie pour devenir sage-femme. Je me plaignais de ma situation, je ne comprenais pas pourquoi ça ne marchait pas alors que je travaillais beaucoup, je me démenais pour mon entreprise. Clémence m'a alors dit : « **Arrête de te plaindre, prends les choses en main et fais quelque chose.** » Elle m'a ensuite suggéré de quitter mes bureaux, de me séparer de mes salariés... Ça a eu sur moi l'effet d'une bombe. Je me suis alors dit qu'il fallait que je m'interroge sur ma responsabilité, non pas celle que j'avais envers les autres, mais celle que j'avais envers moi-même. J'avais la responsabilité de me changer moi-même, et surtout je pouvais être quelqu'un d'autre : c'est comme ça que je résoudrais mes problèmes. On entend souvent dire : « Il a toujours été comme ça, c'est impossible qu'il change. » (J'ai grandi avec cette phrase et donc, cette croyance.) Je sais maintenant que c'est totalement faux : il n'y a pas de fatalité. **Tu peux être qui tu veux !** Pour t'en convaincre, Benjamin Franklin disait : « Quand on a fini de changer, on a fini de vivre. »

En parallèle, je découvrais les principes du *Miracle Morning*[27], que j'ai implémentés de façon hard-core du jour au lendemain. J'ai décidé de me lever à 5 h 30 du matin (alors que je suis un gros dormeur), ce qui m'a permis d'installer des routines qui m'ont aidé à être un peu plus à l'aise, à changer d'état d'esprit. L'impact a été réellement positif sur ma productivité et mon efficacité. Mais ce que je peux te dire, après cinq ans de *Miracle Morning*, c'est que ce rythme, tu peux te l'imposer mais tu ne

---

27. *Miracle Morning. Offrez-vous un supplément de vie !*, Hal Elrod, First, 2016.

dois pas le laisser s'imposer à toi. La nuance est importante : ton rythme t'appartient, et c'est toi seul qui en as la responsabilité. Tu peux intégrer cette habitude dans ton quotidien, mais tu ne dois pas te laisser mener par elle. Aujourd'hui, je me lève sans réveil et je vais BIEN.

Comprendre que je suis le seul responsable de l'état d'esprit que j'ai auprès de mes clients, de mes fournisseurs, de mes partenaires, de ma famille a eu un effet assez important sur moi : non seulement ça a permis de changer un certain nombre de choses dans mon entreprise, mais aussi de changer qui je suis, sans avoir peur du regard des autres, de prendre, sans doute pour la première fois de ma vie, une posture égoïste. Je t'invite à ton tour à penser à toi, à voir quelle attitude, quel comportement ou quel trait de caractère tu as envie de changer chez toi.

Bien sûr, **ce n'est pas facile de changer et d'oser être soi**. Pourquoi ? Parce que l'être humain est un animal social, et qu'il a très peur du regard des autres. Depuis la nuit des temps, notre survie dépend de notre connexion avec nos congénères. On a donc très peur d'être rejeté car le rejet social est synonyme de mort. C'est inscrit dans nos gènes. C'est la raison pour laquelle on a adopté une forme d'uniformité. Or cette uniformité est justement contraire au développement de ton entreprise, parce que **pour émerger, te développer, tu as besoin d'être remarquable. Tu dois donc assumer le fait de ne pas être comme tout le monde.** Si tu proposes la même chose que tes concurrents, la seule façon de te différencier reposera sur le prix. Ce qui signe la mort de ton entreprise, car tu trouveras toujours quelqu'un qui proposera la même chose que toi, mais à un prix plus bas. C'est donc ton instinct de survie qui doit te guider pour devenir remarquable et assumer d'être différent. Si tu es arrivé jusqu'ici et que tu crois toujours que le conformisme t'apportera la réussite, je t'invite à refermer ce livre car je ne peux rien faire pour toi.

Faire différent, c'est d'ailleurs ce qui a sous-tendu l'émergence et le développement de certains mouvements récents, comme le minimalisme (ou comment consommer moins pour apprécier ce que tu as déjà) et le slow (ou comment ralentir et prendre le temps de faire les choses de manière plus profonde et donc plus consciente). Je trouve ces deux mouvements intéressants, et j'ai d'ailleurs développé avec une consœur une forme de *slow mentoring*, sorte de coaching mutuel par courrier. Nous profitons du temps d'envoi du courrier physique, du temps de l'écriture à la main sur du papier à lettres pour réfléchir davantage et nous connecter à nos pensées et à nos envies profondes. Ces mouvements renvoient donc à cette responsabilité de se changer, et de faire un pas de côté par rapport à ce que la société tente de nous imposer.

EXERCICE : LA MOYENNE DES CINQ PERSONNES

« Tu es la moyenne des cinq personnes avec lesquelles tu passes le plus de temps. » Cette citation, on la doit à Jim Rohn, entrepreneur américain et coach en développement personnel, disparu en 2009. Je la trouve très juste car, on l'évoque assez rarement dans le monde professionnel, mais ton état d'esprit dépend aussi de celui de ton entourage proche. Consciemment et inconsciemment, chacun de nous se rapproche du groupe social auquel il appartient et avec lequel il se trouve le plus d'affinités. En d'autres termes, **tes amis et ta famille ont une influence importante sur ta vie d'entrepreneur.** Je pense en particulier à certains de mes clients dont le conjoint ne valide pas le projet d'entreprise, ou dont les parents ont une aversion totale pour l'entrepreneuriat : cela ne peut que créer des tensions dans le développement de l'entreprise ou dans l'adoption d'un bon état d'esprit pour réussir.
Alors, la question à se poser est la suivante : Comment s'entourer des « bonnes » personnes (et éloigner les « mauvaises ») ?

Je t'invite à faire cet exercice : prends une feuille, et divise-la en deux colonnes. Dans la colonne de gauche, inscris les personnes qui te donnent de l'énergie, qui t'encouragent, que tu as envie de suivre ; dans la colonne de droite, note les personnes qui, au contraire, te tirent vers le bas, te ralentissent dans le développement de ton activité. Une fois que tu as fait ce travail, ton objectif est de fréquenter de manière beaucoup plus régulière les personnes de la colonne de gauche, et de t'éloigner des gens de la colonne de droite, surtout quand tu es en période de doute. Mais sache que ces listes ne sont pas immuables : certaines personnes peuvent basculer d'une colonne à l'autre, ou disparaître totalement de ta feuille. Le plus important est de penser à toi avant tout, avant de penser aux autres, car tu es le seul responsable de ton entreprise, de ton succès et de l'impact que tu peux avoir sur ton entreprise, ton environnement ou même ta famille.

REJOINS MON GROUPE !

Tu n'as pas de personne proche motivante ? Rapproche-toi de groupes d'entrepreneurs locaux ou de groupes en ligne. Pour ma part, quand je me suis lancé, je ne connaissais pas d'entrepreneurs, et j'aurais aimé trouver un groupe d'entrepreneurs bienveillants avec qui échanger… j'en ai donc créé un. En tant que lecteur de ce livre, je te propose de rejoindre mon groupe de travail (voir p. 291), qui regroupe des entrepreneurs qui souhaitent élever leur marque.

POSE-TOI LA QUESTION DE L'AUTHENTICITÉ

J'ai obtenu un master en droit des affaires. Et en matière de droit, la question de la responsabilité est centrale. Quand j'étais étudiant, je me disais qu'il s'agissait d'une fonctionnalité comme une autre, je n'imaginais pas son degré d'importance dans notre société actuelle. En tant qu'entrepreneur, **ta responsabilité n'est pas que juridique, civile, pénale ou administrative ; elle est aussi morale, politique, numérique, sociétale, environnementale.**

Dans ce chapitre, je veux te parler de ta responsabilité morale : l'image que tu renvoies a un impact sur l'image de ton entreprise, car elle affecte ta réputation. La preuve, quand tu croises quelqu'un de négligé, tu as tendance à être plus méfiant que face à quelqu'un de super bien sapé, non ? Pour toi et ta marque, c'est pareil... Même si ça va bien au-delà. Par exemple, être un mauvais payeur, ou avoir un service client qui n'est pas à la hauteur est aujourd'hui dramatique pour l'image d'une société. Certaines sociétés se sont même développées sur ce secteur des mauvais payeurs, à l'image de Rubypayeur, une société de recouvrement qui liste les bons et les mauvais élèves. De la même façon, un client mécontent fait beaucoup plus de bruit qu'un client satisfait. La femme d'affaires et politique Carly Fiorina disait : « Les clients ne peuvent pas toujours vous dire ce qu'ils veulent, mais ils sont toujours capables d'exprimer ce qui ne va pas. » Et, selon Ruby Newell-Legner, experte en expérience client, **il faut 12 expériences positives pour compenser une mauvaise expérience**.

L'authenticité avec laquelle tu prends la parole sur ta marque va évidemment influencer ta notoriété et donc ta réputation. C'est l'exemple de ce que l'on appelle la « marque employeur ». Certaines entreprises, qui figurent dans le classement Great Place to Work[28], en ont fait leur point fort, notamment en faisant de certains de leurs employés des ambassadeurs pour inciter d'autres candidats à venir travailler chez eux. Mais ce besoin d'authenticité peut aussi, parfois, être mal perçu, mal vécu. Certains de mes clients me disent qu'ils ne veulent pas tout partager, tout dire sur leur vie, qu'ils ne veulent pas s'exposer sur les réseaux sociaux. Je les comprends entièrement car, moi-même, je ne dis pas tout, je garde l'intimité de ma famille et de mes amis pour moi, c'est mon garde-fou pour vivre ma vie tranquillement et sereinement. D'où l'importance de toujours garder le cap (et j'y reviendrai dans les prochains chapitres).

28. www.greatplacetowork.fr

TON IMPACT SUR LA SOCIÉTÉ ET LES AUTRES EST BIEN RÉEL

La notion de responsabilité implique aussi de t'interroger sur ton impact, sur ce que tu imprimes sur le monde et sur les autres. Selon une étude Oney et OpinionWay[29], **90 % des consommateurs attendent des marques qu'elles s'engagent et les aident à mieux consommer.** En prenant des engagements, tu vas faire en sorte de répondre à cette demande, et de parler le même langage avec tes clients.

C'est pour cette raison que **j'invite tout entrepreneur à être un facilitateur. Ton rôle est d'améliorer le quotidien de tes clients**, *via* les services ou les produits que tu proposes. En te mettant dans cet état d'esprit de facilitateur, tu décides de changer les choses, tu t'installes dans une posture qui te permet de développer un état d'esprit plus positif, propice à imprimer sur le monde les changements que tu as envie de voir. (J'ai d'ailleurs imprimé en grand cette citation de Peter Drucker : « La meilleure façon de prédire l'avenir, c'est de le créer. »)
C'est aussi cela la notion d'impact. Aujourd'hui, chaque activité a un impact, qu'il soit économique, social ou environnemental. Il faut donc que tu réfléchisses aussi aux conséquences à moyen et à long terme de tes décisions et de tes actes. Ce ne sont pas les actions à court terme qui vont te permettre d'être durable sur le long terme (j'y reviendrai dans la notion de stratégie). Je t'incite donc à t'interroger sur l'impact de ton entreprise sur ton environnement (et l'environnement au sens large) : Quelle marque imprimes-tu sur ton écosystème ? Sur tes partenaires, tes clients, tes salariés, ta communauté, ceux qui te lisent ?

29. Étude Oney réalisée en ligne par OpinionWay, auprès d'un échantillon représentatif d'individus de 18 ans et + en France, Portugal, Espagne et Hongrie. 1 000 individus ont été interrogés par pays du 24 août au 6 septembre 2019.

Chaque phrase que tu prononces peut aussi avoir un impact. Sur toi pour commencer… et sur les autres. Chaque prise de parole doit donc être soignée, afin que tu ne sois pas en contradiction avec la loi bien sûr, mais aussi pour éviter que certains comportements, sous couvert de drôlerie, dérapent. Je pense au *bad buzz* auquel a dû faire face Le Slip Français, que j'ai évoqué dans le chapitre précédent. Deux de ses salariés sont apparus dans une vidéo tournée dans une soirée privée, le visage peint en noir et imitant l'accent africain. Le fait que la soirée ait été organisée dans un cadre privé n'y a rien changé : le hashtag #boycottSlipfrançais a émergé. La marque a dû réagir, et a assuré avoir pris des sanctions contre ses salariés alors que, juridiquement, c'était délicat de le faire puisqu'ils agissaient dans un cadre purement privé. Mais la marque a fait le choix de prendre un risque (celui d'être éventuellement attaquée par les salariés licenciés, ce qui peut coûter cher), en jugeant que sa responsabilité sociétale était en jeu. En faisant cela, elle a transmis un message fort à ses clients : elle combat le racisme à tout prix.

De la même façon, **dès l'instant où tu deviens une entreprise, ta responsabilité est engagée**. Au-delà de tes prises de parole, tu as aussi un impact sur la société et l'environnement. Tout compte : la façon dont tu sélectionnes tes fournisseurs, dont tu consommes du plastique, dont tu tries tes déchets, dont tu réduis tes e-mails, dont tu mets à disposition de tes salariés un certain nombre d'outils, le fait d'être plus inclusif, d'agir pour la réduction des inégalités homme-femme… Il n'est pas question pour moi de t'inciter à défendre telle ou telle cause mais de **t'encourager à t'interroger sur celles qui comptent pour toi**, celles qui ont du sens. Parce qu'elles auront un impact sur tes décisions.

C'est l'occasion d'aborder la question plus globale de la RSE. Aujourd'hui, c'est un mouvement de fond : **les consommateurs veulent plus de transparence, d'authenticité**. Il te faut répondre de tes actes auprès de tes clients. Cet engagement, cette responsabilité que tu prends en conscience et qui dépend bien sûr de ta personnalité et de ton état d'esprit, va aussi te permettre de créer des points d'accroche, des points de contact supplémentaires avec tes clients, de les fidéliser ou encore d'en trouver de nouveaux. J'y reviendrai dans la partie 4 de ce livre, consacrée à la promesse que tu fais à ton public.

Aujourd'hui, **les marques qui ont un engagement profond et durable rencontrent le succès, parce que les valeurs qu'elles défendent sont en phase avec ce qu'elles font**. On parle ici de la responsabilité de qui tu es, comme je l'évoquais au début de ce chapitre. Il est plus simple de développer ton image et ton authenticité si tu sais qui tu es et ce que tu veux transmettre. Une fois que tu as réfléchi à la marque que tu veux imprimer sur le monde, tu deviens plus conscient de ce que tu fais, plus responsable, ce qui te permet aussi de réfléchir à ce qui est important pour toi. Ce qui me permet de faire la transition vers le chapitre suivant car, pour faire face à ses responsabilités, il faut de l'assurance.

HOPAAL ET PATAGONIA : CONSOMMER MOINS ET MINIMISER SON IMPACT SUR L'ENVIRONNEMENT

Hopaal et Patagonia sont deux marques de l'industrie textile qui ont pris le pari d'inviter leurs clients à consommer moins, afin de minimiser leur impact environnemental. Hoopal, en collaboration avec la marque 1083, propose ainsi une veste recyclée et recyclable à l'infini (une fois qu'elle est arrivée en fin de vie, elle est à nouveau transformée en ressource[30]), tandis que Patagonia propose à ses clients de réparer leurs vêtements plutôt que d'en acheter de nouveaux. Dans la même idée, Patagonia a aussi décidé de fermer son site au moment du Black Friday, et donc de ne pas vendre à ses clients. Ces actes forts sont dictés par l'état d'esprit et les engagements pris par la marque.

30. https://hopaal.com/products/la-veste-infinie-homme

Faire des choix engagés et assumer ses responsabilités, c'est ce qui fait aujourd'hui la force des marques remarquables. En tant qu'entrepreneur, tu as une mission, donc tu dois répondre de tes actes. Mais bien sûr, comme pour Peter Parker, ces grandes responsabilités peuvent faire peur. C'est pourquoi je vais maintenant aborder la question de l'assurance, pour assumer ce rôle de manière plus sereine.

CHAPITRE 9

ASSURER, S'ASSURER, RASSURER : LES CLÉS DU SUCCÈS

Un entrepreneur ne possède aucune garantie qu'il va vendre, que son projet va être couronné de succès. Et pourtant, il doit rassurer pour vendre. Alors comment faire ? Je voudrais commencer ce chapitre en poussant un petit coup de gueule contre le syndrome de l'imposteur qui est, à mes yeux, tout comme le syndrome de l'expert d'ailleurs, une invention faite pour te culpabiliser et te pousser à acheter des formations, des prestations de consulting ou de coaching… (et je te dis ça alors que moi-même je suis coach !) En fait, le plus important est que tu prennes conscience que tu as déjà toutes les solutions en toi. Ce dont tu as besoin, c'est peut-être juste de quelqu'un qui va t'aider à les identifier, voire à les matérialiser. J'utilise toujours cette citation du philosophe américain Ralph Waldo Emerson pour clôturer mes présentations : « La confiance en soi est le premier secret du succès. » Je t'assure qu'elle va t'aider à avancer.

Comme je te l'ai déjà expliqué, la peur de se lancer est fréquente, et normale. C'est aussi un bon indicateur, qui signifie quelque chose. Elle doit te pousser à t'intéresser à ta communauté afin de prendre de l'assurance et te permettre de trouver les réponses à tes questions. Ce que **j'aimerais**, c'est donc **que tu développes une forme d'instinct**, car tu sais mieux que personne d'autre comment tu es fait et les solutions qui te conviennent. Quand on est un enfant, on a une façon instinctive de sentir les choses, les gens, de résoudre les problèmes. Mais cette capacité se perd en grandissant. Chaque spécialiste pourra te proposer une solution différente en fonction de sa spécialité : développer ton référencement naturel ou tes réseaux sociaux, faire de la publicité, avoir une stratégie de contenu, vendre au téléphone, etc. Chacun a ses intérêts mais ce n'est pas forcément le tien. D'où l'importance **d'écouter** ton instinct. Comment ? **En te focalisant sur ce qui te fait plaisir, en écoutant tes forces, et surtout en écoutant ce que te disent tes clients**. Car personne n'aura de meilleure solution que tes clients. La clé, c'est donc je me fais confiance et j'écoute ce que ma communauté me dit pour pouvoir développer des choses. Ce sont les étapes du *design thinking*, sur lequel je reviendrai dans le chapitre 11.

COMMENT DÉVELOPPER UNE BONNE ASSURANCE

Est-ce que le fait d'avoir une bonne assurance est la garantie d'être meilleur ? Je ne te parle pas, bien sûr, de ton contrat d'assurance, mais bien de ton état d'esprit, qui fait que tu es sûr de toi et que tu le montres. Bref, être sûr de soi n'est pas suffisant, il faut le montrer.

Bien souvent, quand un entrepreneur se retrouve bloqué dans le développement de son entreprise, c'est parce qu'il est en proie à des pensées limitantes. Par exemple : « Je ne travaillerai jamais avec cette catégorie de clients car la dernière fois, cela n'a pas marché. » L'une de mes championnes pensait ainsi. Ophélie souhaitait développer son activité dans le monde de la restauration. Au bout de trois échanges téléphoniques avec des clients potentiels, qui lui ont dit non, elle en a conclu que ce projet n'était pas pour elle. Une bonne assurance lui aurait permis de ne pas s'arrêter à trois appels. Ensemble, nous avons donc identifié ses pensées limitantes afin qu'elle puisse les laisser derrière elle et enfin avancer.

Les pensées limitantes, ce sont ces doutes, cette forme d'anxiété que l'on expérimente généralement lors du passage à la quarantaine voire, chez certains, à la trentaine : Qu'est-ce que je fais là ? Est-ce que je suis bien à ma place ? Cette fameuse « crise de la quarantaine », de nombreux entrepreneurs l'identifient comme un déclencheur, un point de départ de leur projet entrepreneurial. Même les plus grands l'expérimentent. Je pense à Michael Jackson, qui est quand même l'un des plus gros succès entrepreneuriaux dans le domaine de la musique : il a toujours douté, mais cela ne l'a jamais empêché de réussir, d'enchaîner les disques d'or et d'être reconnu comme l'artiste le plus titré de tous les temps. Certes, tout le monde n'est pas Michael Jackson, et le contexte n'est plus le même, mais il faut que tu comprennes que ces doutes ne doivent pas être vécus comme des fardeaux, et qu'en les lâchant, tu vas pouvoir accélérer et courir plus vite.

Comment faire face à ces pensées limitantes et donc profiter d'une bonne assurance pour être meilleur ? Selon moi, il y a deux clés : développer tes compétences (te former) et t'organiser pour gagner du temps.

CONTINUE D'APPRENDRE POUR DÉVELOPPER TES COMPÉTENCES

Se former, apprendre, cela ne signifie pas forcément te payer une formation ou utiliser les heures de ton compte formation, c'est aussi et surtout prendre la mesure de ce que tu as fait jusqu'ici, de chacune des étapes franchies dans ton projet entrepreneurial. L'un de mes champions, Marius, est venu me voir car il manquait d'assurance : il avait décidé de se lancer dans l'industrie textile technique, mais ne venait pas du tout de ce domaine-là, d'où ses doutes. Ensemble, nous avons travaillé sur cette notion de confiance. Le fait de prendre conscience de toutes les étapes qu'il avait déjà franchies, d'entendre qu'en lançant ce projet, il sortait de sa zone de confort, lui a permis de prendre de l'assurance. Pour travailler sur cette notion, tu peux réaliser cet exercice…

EXERCICE : FAIS LA LISTE DE TES RÉUSSITES ET DE TES VICTOIRES

Sur les dix années qui viennent de s'écouler, fais l'état des lieux de ce que tu as réussi dans ta vie. Quelles sont les étapes que tu as franchies, les apprentissages que tu as réalisés, les victoires que tu as décrochées ? Cela te permettra de mettre en évidence les points forts de ton parcours, les qualités qui t'aideront à affronter les nouveaux challenges qui se présentent à toi.

GAGNE DU TEMPS

Gagner du temps va te permettre d'être plus productif, ce qui va aussi t'apporter une bonne assurance. En fin d'année, ta marge bénéficiaire dépend essentiellement du gain de temps que tu as réalisé et de la façon dont tu as pu « processer » un certain nombre de tâches. Ton objectif, c'est aussi de voir **quelles sont les tâches qui te donnent de l'énergie et celles qui t'en prennent** afin d'accorder plus de temps aux premières, et moins aux secondes (par exemple en déléguant). Te concentrer sur les choses que tu apprécies te permettra d'être plus efficace, et mieux assuré. Pour t'aider à mieux t'organiser, tu trouveras quelques outils très pratiques ci-dessous.

QUELQUES OUTILS POUR TE RASSURER

Pour être remarquable, tu dois être bien dans ta tête. Et pour cela, il faut que tu puisses te rassurer dans ton projet. Cela passe par des petites choses très concrètes : la gestion de ton stress, la gestion de ton temps, la faculté de dire non et le fait d'être dans le bon timing. Pour répondre à ces quatre objectifs, il existe plusieurs outils sur lesquels tu peux t'appuyer, et je vais les détailler dans ce chapitre. Je t'invite à :

- les découvrir ;
- les tester sans *a priori* et sans aucune limite ;
- les mettre en place dans ton quotidien ;
- et à vérifier s'ils te sont adaptés ou pas.

Je te propose à chaque fois plusieurs pistes, à toi de voir ce qui est le plus efficace pour toi. Évidemment, il ne s'agit pas là d'un guide à suivre au pied de la lettre, fais confiance à ton instinct ! Si ton cerveau primaire prend peur et t'empêche d'aller vers les bonnes solutions, c'est bon signe : cela veut dire que tu es sur le bon chemin (voir p. 94).

L'IMPORTANCE DE LA CONSTANCE

Ces astuces et ces exercices vont te permettre d'installer un peu plus de constance dans tes habitudes. Car je suis persuadé que la routine facilitera ton chemin vers le succès. Plus tu seras constant dans tes efforts, plus tu auras du succès. Si tu dois faire avancer un gros bloc de pierre dans ton jardin, mieux vaut le pousser 2 minutes chaque jour plutôt que 60 minutes d'affilée une fois par mois. Non ?

EXERCICE : IDENTIFIE TES SOURCES DE STRESS

Commence par identifier ce qui, dans ton organisation, te crée du stress, te met sous pression : Est-ce le fait de négocier un devis ? de trouver de nouveaux partenaires ? de répondre à tes clients ? de gérer ta compta ou les questions administratives ? Une fois ces points de blocage identifiés, trouve des solutions pour les résoudre.

Tu peux par exemple :

- décider de déléguer cette tâche à un membre de ton équipe ;
- embaucher quelqu'un qui en sera responsable ;
- sous-traiter ces tâches ;
- faire une formation pour t'aider à mieux maîtriser tel ou tel domaine ;
- utiliser des outils en ligne pour t'aider à réaliser telle ou telle tâche (par exemple, des outils de gestion de trésorerie si ton blocage porte sur ce domaine). J'ai par exemple longtemps utilisé un fichier Excel pour suivre la gestion de ma boîte… et ce n'était franchement pas satisfaisant (c'était même source de stress). En adoptant un logiciel de compta[31] fluide, ergonomique et simple – j'ai gagné en sérénité. J'ai également fait appel à Xavier, un ami qui a lancé Uston – un service de coaching financier ;
- ou encore « éliminer » le problème. Pour ma part, la gestion des salariés me posait des difficultés malgré des formations en management. J'ai donc fait le choix de ne plus avoir de salariés, c'est un choix certes radical mais qui me permet aujourd'hui de me sentir beaucoup plus à l'aise dans mon quotidien d'entrepreneur et de mener d'autres projets pro et perso (comme faire du bénévolat, donner des cours ou écrire ce livre par exemple).

EXERCICE : GÈRE MIEUX TON TEMPS

Commence par faire le point sur la façon dont tu utilises ton temps. Prends une grande feuille blanche, et note jour par jour

31. Si tu es free-lance, je te recommande Freebe, que tu peux tester gratuitement avec ce code : http://bit.ly/freebe-bien

(du lundi au dimanche) le temps que tu consacres à chacune de tes tâches (pro et perso). Cela te permettra de visualiser rapidement celles qui te prennent trop de temps, celles qui éventuellement pourraient être regroupées, etc., afin de pouvoir trouver les bonnes solutions.
En voici quelques-unes : à toi de les tester pour voir si elles te correspondent.

- **Le travail en bloc.** Tu peux ainsi décider, par exemple, de consacrer tes lundis à la communication de ton entreprise, tes mardis à tes relations avec tes clients, tes mercredis à la prospection, etc. Tu peux aussi faire des blocs de travail à la demi-journée, ou même à l'heure.

- **La méthode Pomodoro.** Développée par Francesco Cirillo à la fin des années 1980. Elle tire son nom du minuteur en forme de tomate qui est au cœur de la méthode. L'idée est la suivante : travailler par périodes de 25 minutes, puis faire 5 minutes de pause ; une fois qu'on a enchaîné quatre cycles, faire une pause plus longue de 15 à 20 minutes. Je t'invite à tester cette méthode en l'adaptant si tu le souhaites. Pour ma part, je préfère faire des sessions plus longues, de 50 minutes à 1 heure (en sachant qu'il est prouvé que notre attention baisse au bout de 50 minutes).

- **Avaler le crapaud.** C'est le titre d'un livre de Brian Tracy[32], spécialiste de la formation et du développement personnel. L'idée est de commencer ta journée par la tâche la plus complexe, la plus ardue, le « crapaud » étant, tu l'auras compris, la métaphore des tâches que tu n'as pas envie de réaliser, et donc que tu remets au lendemain. En adoptant l'attitude inverse – c'est-à-dire s'en débarrasser dès le début –, tu es alors plus efficace et tu auras une meilleure estime de toi.

---

32. Brian Tracy, *Avalez le crapaud*, Trésor Caché, 2018. Voir aussi l'article de mon blog : https://citronbien.com/avale-crapaud/

- **Le mode sandwich.** Il s'agit de commencer et de finir la journée par la tâche la plus complexe, ou les tâches les plus complexes, et donc d'en faire les tranches de pain de ton sandwich. Tu peux aussi, à l'inverse, commencer et finir ta journée par les tâches simples, par exemple si tu es moins concentré à ces moments-là.

- **L'échauffement.** Mettre en place des rituels peut t'aider à mieux gérer ton temps. Par exemple, avant de te mettre au travail, tu peux faire quelques pas de danse, écouter une chanson, te servir un café, allumer une bougie… Ces éléments déclencheurs te mettent dans l'ambiance, et indiquent à ton cerveau que ta journée de travail commence.

- **Le travail en fonction de ton énergie.** Par exemple, si la gestion des e-mails est pour toi une source de stress, et un obstacle à ta productivité, je t'invite à réaliser cette tâche, qui te demande sûrement moins de concentration que d'autres, dans une période où tu es un peu plus *down*, par exemple avant l'heure du déjeuner.

PROCESS *VERSUS* CRÉATIVITÉ ?

J'ai mis du temps à comprendre que ma créativité est mon moteur, mon produit, ce que mes clients recherchent et achètent. Pendant un certain nombre d'années, j'ai donc refusé de mettre en place des process, car je pensais que ceux-ci allaient tuer ma créativité. Mais c'est tout le contraire ! Je me suis rendu compte que la mise en place de ces process me permettait de me développer, de m'alléger de certaines tâches, d'alléger ma charge mentale et de décupler ma créativité[33].

33. Voir aussi l'article de mon blog : https://citronbien.com/process-et-creativite/

EXERCICE : APPRENDS À DIRE NON

Pour te rassurer, il est important d'apprendre à dire non, même si ce n'est pas toujours facile. C'est un problème que j'ai expérimenté à titre personnel : je me suis rendu compte que je chargeais mon agenda de tâches pas très utiles pour le développement de mon activité, tout simplement parce que je ne savais pas dire non. Et cela me rendait malade : je souffrais de migraines, de coups de fatigue qui me clouaient au lit. Ce sont de bons indicateurs qui doivent t'inciter à dire stop.

J'ai aussi aidé Lucile, autrice de bandes dessinées à le faire. Elle n'arrivait pas à refuser certains projets d'illustrations de scénarios qui avaient été écrits par d'autres personnes ce qui l'empêchait de travailler sur ses propres projets. Lors de notre travail, je l'ai aidée à identifier les raisons pour lesquelles elle acceptait ou refusait les projets, et à se fixer une grille d'analyse avec des critères objectifs et subjectifs pour savoir dire oui ou non. Et à partir du moment où elle a dit non à une grande maison d'édition sur un énième projet de ce type, elle s'est sentie libérée : elle a enfin pu s'autoriser à développer ses propres projets, qui lui ont permis d'avancer[34].

C'EST QUAND LE BON TIMING ?

Est-ce que je lance mon projet au bon moment ? Est-ce que je ne suis pas trop vieux pour me lancer ? Est-ce que je suis suffisamment prêt ? Autant de questions et de problématiques, récurrentes, qui ont trait au timing. Tu peux les résoudre en faisant les exercices que je t'indique ci-dessus pour te réassurer. Selon moi, la vie d'un entrepreneur, c'est sauter d'un avion sans parachute. C'est au cours de ta descente que tu vas fabriquer ce parachute. Autrement

34. Mon éditeur m'a demandé si je pouvais ajouter un exercice sur cette thématique. J'ai dit non ! (Ah ah !) En revanche, tu peux lire cet article de mon blog : https://citronbien.com/dire-non-pour-avancer/

dit, ne tiens rien pour acquis car des difficultés, tu en auras tout le temps. Tu ne seras jamais là au bon moment, tu n'auras jamais l'instant parfait. Mais, en agissant, tu peux mettre en place un certain nombre de choses qui vont te rassurer et te permettre de te lancer avec un peu plus de sérénité. À partir du moment où tu es toi-même serein dans la gestion de ton activité, tu vas pouvoir rassurer tes propres clients. Et rassurer ses clients, c'est aussi l'un des secrets du succès d'une marque remarquable.

DEVENIR RASSURANT : OUI, MAIS COMMENT ?

L'idée de rassurer les gens avec lesquels tu vas faire affaire va au-delà d'une simple technique de marketing, il s'agit de leur permettre d'acheter en toute tranquillité. Pour comprendre cette mécanique, il te suffit de te mettre à leur place. Ou de te remettre dans l'état d'esprit dans lequel tu étais quand tu as acheté ta voiture, ta maison, ou un produit quelconque… Qu'est-ce qui t'a rassuré, et qui t'a poussé à opérer cet acte d'achat ? En effet, c'est **cet état d'esprit** qui **va te permettre de comprendre les doutes éventuels de tes clients, les points de blocage et donc de les rassurer**. Et par là, d'augmenter la confiance qu'ils ont en toi (et accessoirement tes ventes).

En pratique, comment être rassurant ? Il existe deux grandes méthodes pour le faire : afficher ton assurance, et venir rassurer tes clients là où ils se perdent (en d'autres termes, analyser ton tunnel de vente).

- **Afficher ton assurance** ne signifie pas que tu dois dire que tu es le meilleur ! En effet, 85 % du parcours de tes clients se fait sans toi. Avant de travailler avec toi, ou d'acheter l'un de tes produits ou de tes services, tes clients se sont renseignés sur toi : qui tu es, avec qui tu travailles, etc. À toi donc de leur donner ces sources d'assurance.
  Tu peux par exemple :
  - expliquer comment tu travailles en partageant ta méthode, ton quotidien, tes sources d'inspiration, tes techniques pour bien faire. Sans doute l'une des techniques préférées des free-lances qui affichent leurs astuces sur leurs réseaux sociaux ;
  - afficher en grand le nom de tes collaborateurs. C'est l'exemple type des grandes surfaces qui indiquent les producteurs locaux auprès desquels elles se fournissent ;
  - partager le quotidien de ceux qui fabriquent tes produits, l'envers du décor… Dans certains secteurs, et je pense notamment à l'industrie textile ou à toutes les entreprises qui proposent du *made in France*, c'est une assurance essentielle car le besoin d'authenticité et de transparence est très fort ;
  - publier des avis clients, des témoignages clients ou des cas clients. Je pense notamment aux sites de vente de matelas en ligne, qui utilisent beaucoup cette technique afin de rassurer leurs clients : « Nous n'avons jamais aussi bien dormi, confort extrême dès la première nuit » (Tediber), « Je n'ai plus mal au dos » (Emma®), « Je ne pourrais plus m'en passer » (Kipli®)… Et il va sans dire qu'il en faut de la réassurance quand on fait le choix d'acheter un matelas en ligne, sans avoir pu le tester ni même le toucher. D'ailleurs, les 100 nuits d'essai et le retour gratuit si nécessaire participent aussi directement au travail de réassurance de ces marques.

AVIS CLIENT, CAS CLIENT, TÉMOIGNAGE CLIENT : QUELLE DIFFÉRENCE ?

- **L'avis client** consiste à demander à tes clients de poster un commentaire en ligne, *via* des sites comme Trustpilot, Google, Facebook... Avis que tu pourras partager sur ton site, tes réseaux sociaux... Pour obtenir de bons avis, commence par demander à tes clients des commentaires simples (« Cela ne vous prendra que 5 minutes »), et indique qu'ils te permettront ainsi d'améliorer la qualité de tes services (afin que leurs appréciations ne ressemblent pas à de la publicité déguisée).
- **Le cas client**, aussi appelé *case study* ou « étude de cas client » est l'histoire d'un cas concret. L'idée est de détailler le besoin de ton client, et la façon dont tu as procédé pour lui apporter la solution qu'il attendait. Il raconte une histoire, en te concentrant sur l'expérience utilisateur. Il choisit, bien sûr, le « bon client », celui qui est satisfait de ton offre et content de participer. Personnellement, je réalise les miens sous forme d'interview, pour me permettre ensuite de les rédiger. J'ai en tête l'exemple de Manon, qui hésitait entre deux coaches et qui a décidé de travailler avec moi après avoir lu le cas client que j'avais posté quelques jours avant sur mon site. Le fait que j'explique ma démarche avec mes champions lui a permis de se rassurer sur son choix.
- **Le témoignage** est notamment utilisé par certaines start-up dans le milieu de la technologie. L'idée : ne pas dire « je suis le meilleur », mais le faire dire aux autres. Dans le milieu du cinéma, on retrouve cela sur les affiches des films, sous la forme de punchlines écrites par différents médias qui ont vu le film en avant-première (« Un film bouleversant, des personnages cultes, etc » / *Le Monde*, *Les Cahiers du cinéma*, *Libération*, *Le Parisien*, etc). Sur *Les Mal-Aimés* (le dernier film que j'ai produit), j'ai même imaginé afficher les témoignages des premiers spectateurs (« Une histoire incroyable, j'avais les larmes aux yeux » / Juliette), qui donnent une dimension plus humaine et moins people que les habitudes du secteur.

- Deuxième grande solution pour rassurer tes clients : **analyser ton tunnel de vente ou le parcours client,** afin de déterminer l'endroit où tes clients se perdent, te lâchent (ce que je développerai dans le chapitre 19). L'idée est d'étudier chaque étape du parcours de vente, et de vérifier, par exemple, sur 100 personnes intéressées par ton projet, combien vont faire la démarche de lire les explications, de poser des questions, de sortir leur carte bancaire… Une fois que tu as identifié les « points de fuite », tu dois travailler ta réassurance à ces endroits précis. Cela implique de connaître les objectifs de tes clients. Par exemple, en ce qui concerne ce livre, il me faut déterminer l'objectif principal de mon lectorat (ses attentes), et le rassurer sur les éléments qui le convaincront de l'acheter. Est-ce une critique dans un média spécialisé ? Un bonus offert ? La recommandation de son réseau ? Cette réassurance va se jouer sur la communication faite autour de ce livre, notamment sur les réseaux sociaux, sur sa mise en place par le libraire, la couverture, sur les outils que je vais t'offrir pendant la période de lancement, sur les témoignages des premiers lecteurs, etc.

Dans cette partie, je t'ai montré comment rassurer la partie de ton cerveau qui est complètement rationnelle, et qui a besoin de données chiffrées. Maintenant, je vais t'expliquer comment toucher tes clients, développer du business, devenir remarquable en travaillant sur un autre axe : celui des émotions. Car, pour prendre une décision, le cerveau ne se base pas toujours sur quelque chose de rationnel, il fait aussi appel aux émotions (c'est typiquement le cas pour l'achat compulsif). En d'autres termes, l'émotion fait vendre, et c'est la raison pour laquelle tu dois travailler sur tes émotions à toi.

CHAPITRE 10

TES ÉMOTIONS SONT TA FORCE

Dans le monde de l'entreprise et du business, les émotions ont mauvaise presse, car elles sont associées à l'idée de l'altération du jugement, à la manipulation. Aristote lui-même définissait les émotions comme « tous ces sentiments qui changent l'homme en l'entraînant à modifier son jugement et qui sont accompagnés par la souffrance ou le plaisir[35] ». L'actualité nous le rappelle d'ailleurs : je pense au phénomène des *fake news* ou à ces algorithmes, qui jouent sur les émotions fortes pour orienter les comportements, et notamment le vote. J'ose dire qu'au contraire, les émotions peuvent être des leviers forts dans ton quotidien d'entrepreneur, non pas pour manipuler tes clients, mais pour t'aider à développer ton activité.

Je vais commencer par une émotion forte : la gratitude. J'éprouve de la gratitude pour toi lecteur, car tu as pris la décision de lire ce livre plutôt que de regarder Netflix ou de te rendre à ton cours d'aqua-poney. Et toi ? Quelle émotion t'a poussé à acheter ce livre et à le lire ? De fait, les émotions te permettent de faire des choix. Imagine que tu es au restaurant et que tu tiens le menu dans tes mains : certains plats vont susciter des émotions chez toi, d'autres pas du tout. J'aimerais que tu lises ce chapitre avec le même état d'esprit : non pas en ayant une analyse raisonnée du menu (Quelle est la quantité de glucides ? de graisses ?) mais

35. Aristote, *Rhétorique*, livre II, chapitre 1.

en laissant la place à tes émotions, non pas en vérifiant si ton entreprise remplit tel ou tel critère mais au contraire en faisant un peu plus confiance à ton intuition.

En 2006, Steve Jobs, créateur d'Apple, disait : « On ne fera jamais une bonne publicité en mettant en avant des caractéristiques techniques, des gigaoctets de RAM, des tableaux ou des comparatifs. Il faut transmettre une émotion. » C'est exactement cela l'objectif de ton projet, de ta marque. Pour être remarquable, utilise tes émotions, elles sont de super moyens d'accomplir ta stratégie. C'est la raison pour laquelle je souhaite, dans ce livre, te convaincre qu'en ancrant tes émotions, tu pourras être plus efficace. **Il est important que tu écoutes tes émotions, et que tu prennes le temps de les partager, car les émotions vont créer des connexions entre toi et ta tribu, ta marque et ta communauté**, et elles vont te permettre de mieux vendre.

POURQUOI TU DOIS ÊTRE À L'ÉCOUTE DE TES ÉMOTIONS

Avant toute chose, sais-tu vraiment ce qu'est une émotion ? Ce mot est dérivé du verbe « émouvoir », lui-même basé sur le latin *emovere*, *e-* (variante de ex-, signifiant « hors de » et *movere*, « mouvement »). Le terme motivation est également dérivé de ce mot latin. Émotion, mouvement et motivation sont donc étroitement liés. **Une émotion est une réaction psychologique et physique à une situation.** Elle est provoquée par la confrontation à une situation et à l'interprétation de la réalité. Elle a d'abord une manifestation interne puis génère une réaction extérieure. Chaque émotion va ainsi déclencher un stimulus qui va pousser à l'action. La réponse est celle des 3F : *fight, flight, freeze* (c'est-à-dire combattre, fuir, subir).

On distingue classiquement les émotions et les résultats des émotions, c'est-à-dire les comportements émotionnels.

René Descartes a été l'un des premiers à écrire sur le sujet. Dans *Les Passions de l'âme,* il a identifié et décrit six émotions simples : l'admiration, l'amour, la haine, le désir, la joie et la tristesse. Dans *The Expression of the Emotions in Man and Animals,* Charles Darwin, lui, les décrit comme innées, universelles et communicatives. Aucune honte donc à les utiliser dans le développement de ton activité ! On parle même aujourd'hui d'intelligence émotionnelle ou de compétences émotionnelles[36]. En d'autres termes, c'est la capacité à percevoir correctement tes émotions et celles des autres, à utiliser tes émotions pour faciliter la pensée, à comprendre et à raisonner avec les émotions, et à réguler tes émotions et celles des autres.

Dès l'instant où tu comprends que tu as les solutions déjà en toi, tu vas pouvoir avancer plus vite, gommer certaines pensées limitantes, supprimer certains freins psychologiques. En coaching, j'utilise de plus en plus le capital humain pour aider mes champions. Et puisque l'être humain est entier, autant utiliser la totalité de sa constitution. J'aime beaucoup cette citation d'Abraham Maslow, qui résume bien mes propos : « Je perçois l'homme pleinement accompli non pas comme un homme avec quelque chose en plus, mais plutôt comme un homme ordinaire dont on n'a rien enlevé. L'homme ordinaire est un humain dont la puissance a été restreinte et refoulée. » **Pour faire de toi quelqu'un de remarquable, il ne faut pas ajouter des choses, mais ne rien enlever, surtout pas tes émotions.**

De manière générale, on a l'habitude de se reposer sur des schémas que l'on connaît, que l'on a l'habitude d'utiliser parce que c'est moins coûteux en énergie et parce que cela rassure (ce que j'ai évoqué dans les chapitres précédents). Je t'invite à conserver cette habitude, afin de garder du temps et de l'énergie pour développer des sujets beaucoup plus complexes et avancer. Car l'objectif est de transposer les choses pour devenir remarquable de façon durable, et pas juste de façon éphémère.

---

36. Concept défini en 1990 par deux universitaires américains, Peter Salovey et John Mayer, puis popularisé en 1995 par Daniel Goleman.

D'où l'intérêt d'identifier tes émotions, pour mieux comprendre ton mode de fonctionnement, cerner tes points de blocage, expliquer tes peurs, par exemple.

Tout ce qui va te demander de l'attention va te demander de l'effort. Quand tu développes des actions et des tâches prioritaires, qui demandent un maximum de volonté, tu vas aller pomper dans ta jauge de volonté et faire en sorte de ne pas l'altérer par des décisions un peu bancales. Par exemple, Barack Obama conseille (pour devenir président)[37] de mettre en place certaines routines : « Je ne porte que des costumes bleus ou gris, j'essaie de réduire au minimum le nombre de décisions à prendre. Je ne veux pas en prendre en rapport avec ce que je porte ou ce que je mange, parce que j'en ai trop à prendre par ailleurs. Vous devez mettre en place une routine, vous ne devez pas être distrait par des choses triviales pendant votre journée. » En d'autres termes, ce sont toutes ces « petites décisions » qui fatiguent le cerveau en consommant la jauge d'énergie et de décision.

POURQUOI LES ÉMOTIONS NÉGATIVES PRENNENT-ELLES PLUS DE PLACE ?

Si tu as tendance à ressasser beaucoup plus les émotions et les expériences négatives que les émotions et les expériences positives, sache que c'est normal, et même biologique. En effet, chez l'être humain, le poids des expériences négatives est beaucoup plus important que le poids des expériences positives. Daniel Kahneman explique dans son livre que les signaux négatifs sont traités par le cerveau de manière beaucoup plus rapide parce qu'ils sont liés à notre survie dans un monde hostile. Les émotions négatives créent des stimuli plus forts pour nous permettre de faire en sorte de survivre. On l'a bien vu lors de la pandémie : de nombreux médias jouent sur la peur, car c'est un biais cognitif qui permet de capter l'attention, le « temps de cerveau disponible » comme disait Patrick

37. En 2012, dans un article publié par l'édition américaine de *Vanity Fair*.

Le Lay. C'est la raison pour laquelle je t'invite, non pas à travailler sur tes émotions négatives - ce serait un peu trop facile et pas très sain - mais sur tes émotions positives pour faire en sorte d'ancrer des choses de manière beaucoup plus durable dans le temps. La peur a un effet immédiat mais éphémère, tandis que les émotions positives, comme l'enthousiasme, sont plus durables.

Si les émotions sont un atout pour avancer dans son projet entrepreneurial, comment faire en sorte d'être plus à leur écoute ? La méditation, la sophrologie ou encore le yoga sont de bons outils car ils t'ancrent dans le présent et t'incitent à écouter les différents stimuli de ton corps. Grâce à cet « entraînement », tu peux faire une place un peu plus consciente à tes émotions dans ton quotidien d'entrepreneur. Ce qui va t'aider à prendre de meilleures décisions. En effet, chaque décision est prise en fonction de ton historique. **Ton cerveau fonctionne comme un algorithme et va te donner des résultats par rapport à ce que tu as vécu dans le passé.** D'où l'intérêt d'être à l'écoute de ses émotions pour faire en sorte que ce ne soit pas ton cerveau primaire, celui de l'instinct de survie, qui te dicte quoi faire.

Pour ceux qui sont déjà un peu habitués à écouter les stimuli intérieurs et extérieurs, il peut aussi être **intéressant d'observer les phénomènes de synchronicité**. Je pense à ce moment où j'étais dans la salle d'attente des urgences suite à un accident (mon chien s'était coincé la patte dans une poignée de porte et, alors que j'essayais de le libérer, il m'a mordu aux mains et au visage)… En consultant mes e-mails pour penser à autre chose, j'ai découvert le message de mon éditrice, qui me proposait de publier le livre que tu as entre les mains. C'est sans doute un peu ésotérique, mais j'ai vécu cette synchronicité comme un signe qui a ancré en moi une émotion positive. Peut-être est-ce pour cela que je n'ai presque pas eu mal après cet accident… et j'ai vécu cette expérience de façon positive (alors que j'ai été fortement handicapé durant deux mois).

L'EXPÉRIENCE (MULTISENSORIELLE), PLUS FORTE QUE LE PRODUIT

Pour 70 % des consommateurs, les émotions comptent pour plus de la moitié de la décision d'achat[38]. Et **certaines marques** l'ont bien compris : elles **ne vendent plus des produits mais des expériences**. Et qui dit expérience dit implication multisensorielle, stimulation de tous les sens, et de l'inconscient, pour ancrer et mémoriser une émotion qui va faire acheter. C'est l'exemple typique de la madeleine de Proust… Et c'est devenu une condition essentielle pour devenir remarquable, alors que le consommateur est, en moyenne, submergé par quelque 15 000 messages de marques par jour. Tous les sens sont aujourd'hui sollicités pour faire acheter, et pour se démarquer. Chez Nature et Découvertes, par exemple, les odeurs, le fait de pouvoir toucher les objets, de tester les appareils de massage ou encore les cosmétiques, de goûter les tisanes, etc., participent de cette expérience sensorielle. On a tous déjà fait l'expérience de la bonne odeur de pain au chocolat qui nous donne envie d'entrer dans la boulangerie, même en n'ayant pas faim… Des études, publiées dans le *Journal of Marketing*, montrent d'ailleurs que la diffusion d'un parfum d'ambiance permet de juger le design d'une grande surface 21 % plus agréable, mais aussi de percevoir les produits présentés comme plus adéquats et de meilleure qualité.

Si le marketing olfactif s'est beaucoup développé ces dernières années, c'est **aujourd'hui le toucher** qui **a le vent en poupe**. Une étude menée dans des restaurants aux États-Unis a montré qu'un serveur qui touche l'épaule de son client augmente son pourboire de 15 %. Certaines marques jouent particulièrement bien sur ce sens, comme Apple avec sa Touch Bar (bande tactile au-dessus du clavier, qui remplace la rangée de touches fonctionnelles). De façon plus générale, Apple a toujours apporté

38. Source : Jack Morton, Survey, 2006.

un soin très particulier aux sens et aux émotions suscitées par ses produits. Le design « mignon » et très épuré crée une impression de bien-être, et véhicule le message « prendre soin de soi ».

Autre stratégie intéressante : celle de la colle Cléopâtre, « la colle au bouchon orange qui sent bon l'amande », qui joue directement sur ce côté nostalgie de l'enfance... Mais jouer sur les sens peut aussi être « casse-gueule ». Ce fut le cas pour Abercrombie and Fitch, qui a beaucoup travaillé sur le parfum (très présent), la musique (très forte) et les éclairages (très tamisés) de ses magasins, le profil de ses vendeurs (très bodybuildés)... Objectif : travailler les cinq sens. « C'est pour cela que nous embauchons des gens beaux dans nos magasins. Parce que les gens beaux attirent d'autres gens beaux, et nous voulons nous adresser à des gens cool et beaux », disait Mike Jeffries, le P.-D.G. de la chaîne. Ce qui lui a valu un *bad buzz*, une chute des ventes, un procès pour discrimination, et un licenciement !

LE CERCLE VERTUEUX DES ÉMOTIONS POSITIVES

Avec *Love can do*, Idriss Aberkane soutient l'importance des émotions dans le développement d'une entreprise. En effet, en partageant ta motivation et tes émotions positives, tu les transmets à tes employés, tes prospects, tes clients... Ce cercle vertueux va ainsi permettre de créer de l'engagement émotionnel, qui est le gage d'une marque remarquable mais aussi durable. Dans un environnement en constant changement, si on s'attache à faire ce qu'on aime et à ne pas faire ce qu'on n'aime pas, on s'assure que ce qu'on fait est bien. En d'autres termes, **dès l'instant où tu fais les choses avec enthousiasme, tu les fais mieux**. Et tu t'adresses à des personnes qui seront, elles aussi, positives.

À travers le 20 % Project[39] (autre application du principe de Pareto), des sociétés, comme Google, ont permis à leurs salariés d'avancer sur des projets personnels, durant leurs heures de travail. Avec l'idée que si les gens font des choses pour eux, ils se sentent mieux et donc ils sont plus à l'aise pour innover pour l'entreprise (Gmail, Adsens ou Google News sont nés ainsi). Si tu travailles seul, adopter une attitude positive, enthousiaste va te permettre d'avancer et d'affronter n'importe quelle problématique. **En t'appuyant sur les émotions, les tiennes et celles de ton client, tu vas pouvoir créer un lien fort avec lui : tu deviens pour lui la personne idoine pour résoudre son problème car tu as compris sa demande**, tu l'as intégrée, reformulée et tu lui proposes des solutions. Il faut donc te mettre à la place de ton client, comprendre les émotions qu'il éprouve lorsqu'il entre dans ton magasin ou arrive sur ton site : **c'est ce que l'on appelle l'empathie** (concept dont je t'ai déjà parlé et qui reviendra à plusieurs reprises dans ce livre). Dans *The Thank you Economy*, Gary Vaynerchuk[40] évoque l'un des sujets fondamentaux du business : la notoriété, et prend l'exemple type du boucher dans une petite ville. S'il a une mauvaise réputation, s'il suscite des émotions négatives, son activité ne décollera pas. Au-delà de cet exemple, le propos de son livre est de replacer le consommateur au cœur de ce processus pour créer une connexion authentique (j'y reviendrai dans la suite de ce livre). En d'autres termes, tu dois t'impliquer personnellement dans la relation avec tes clients. Au-delà de l'enthousiasme, qui est pour moi une valeur forte (voir p. 215), il s'agit de considérer tes clients comme tes amis, ce qui te permet de concevoir totalement différemment ton business et ta relation clients. Bien sûr, sur ce point, Internet et les réseaux sociaux ont accéléré les échanges et les attentes. Les marques doivent donc réagir de façon immédiate. **Combien de clients sont déçus parce qu'ils n'obtiennent pas de réponses immédiates à leur besoin ou leur question ?** Certaines marques l'ont compris en utilisant l'intelligence artificielle, le sms, le chatbot ou les

39. Initiative permettant aux employés de l'entreprise de consacrer 20 % de leur temps de travail à des projets personnels.
40. www.garyvaynerchuk.com

nouvelles plateformes d'échanges comme WhatsApp pour répondre à leurs clients (même en dehors des heures de bureau). Objectif : transformer une émotion négative – la déception (de ne pas être entendu) – en émotion positive (enfin une marque qui prend soin de moi et qui prend en compte ma problématique !) D'autres ont choisi de s'appuyer sur la communauté pour proposer une approche émotionnelle de la relation client. Howtank[41] l'a bien compris, en proposant un réseau social où se retrouvent les fans, les marques et leurs clients pour échanger. Une sorte de « super service client » assuré par la communauté. Une solution adoptée par Sarenza, BlaBlaCar ou Auchan.

Une démarche d'autant plus importante pour ta marque quand on sait **le pouvoir des émotions positives sur l'engagement et l'achat… face à la vitesse d'une réputation née d'une émotion négative.** J'ai d'ailleurs pu l'expérimenter personnellement et de façon positive, en recevant, suite à la souscription d'une assurance chez eux, l'appel d'un sociétaire bénévole de la MAIF pour me souhaiter la bienvenue et m'expliquer la démarche sociétale de l'entreprise. De quoi me donner envie d'en parler.

SHANTY BISCUITS, OU LES ÉMOTIONS AU CŒUR DE L'IDENTITÉ DE L'ENTREPRISE

Cette marque de biscuits à messages a été créée par une ancienne employée dans l'aéronautique. Tout a démarré lorsque, le jour de son anniversaire, Shanty alias la Bisqueen reçoit un tampon à biscuits. Le concept l'enthousiasme immédiatement : elle crée 800 biscuits personnalisés pour le mariage de sa meilleure amie, et c'est le début de l'aventure. L'un de ses amis lui crée un site internet pour lui permettre de vendre ses biscuits, qu'elle fabrique dans sa cuisine. Et les commandes s'enchaînent. Aujourd'hui, l'atelier de fabrication confectionne plusieurs milliers de biscuits par jour, et la marque s'est même lancée dans la commercialisation de thé. Qu'est-ce

41. www.howtank.com

qui a fait décoller sa marque ? Le fait que Shanty partage de façon très authentique son histoire et ses émotions sur son site et ses réseaux sociaux. Elle décolle notamment grâce à Instagram, qui est pour elle le moyen idéal de partager ses valeurs en toute simplicité. L'émotion est simple, et payante. Sa sincérité fait vivre à ses clients une expérience marquante. Dans diverses interviews, elle raconte qu'elle n'a pas posé de stratégie claire ou réfléchi à un business plan, mais qu'elle est simplement restée elle-même.

Pour conclure ce chapitre, et cette deuxième partie, retiens que tes émotions sont une clé pour t'aider à avancer et à développer ton entreprise. Elles te permettent aussi de développer le bon état d'esprit : c'est la condition pour ancrer tes valeurs dans ta marque. Une fois ces bases posées, tu es prêt à construire une stratégie infaillible qui te permettra de rendre ta marque remarquable, et ton entreprise durable.

MA SYNTHÈSE POUR LA PARTIE 2 : MES VALEURS, MON ÉTAT D'ESPRIT POUR RÉUSSIR

Cette page est faite pour toi !
Notes-y tes idées, profites-en pour en faire une synthèse, ou exprime ton enthousiasme avec spontanéité !

PARTIE 3

TES ASPIRATIONS FORMENT UNE STRATÉGIE INFAILLIBLE

T**a stratégie est l'un de tes quatre piliers, avec ton identité, ton état d'esprit et ton public,** sur lesquels t'appuyer pour avancer dans ton projet. Je vois trop souvent des entrepreneurs qui réalisent un business plan… mais qui ne l'utilisent pas ! Pourquoi ? Parce qu'il leur manque cet élément central.

On peut définir la stratégie comme un « ensemble d'actions coordonnées, d'opérations habiles, de manœuvres en vue d'atteindre un but précis[42] ». Aujourd'hui, la plupart des « gourous du marketing » te donnent des astuces à court terme, qui te permettent de décrocher des « petites victoires » : tout cela, c'est de la tactique. Or, **développer une marque se fait sur le temps long.** Pour utiliser un langage guerrier, la tactique te permet de gagner une bataille, tandis que la stratégie te permet de gagner la guerre. À ce titre, je cite souvent Sun Tzu, auteur de *L'Art de la guerre* : « Celui qui n'a pas d'objectifs ne risque pas de les atteindre. » En d'autres termes, tu poses obligatoirement des objectifs pour avancer et pour savoir où tu vas.

L'autre particularité de la stratégie est qu'elle ne s'apprend pas. Il y a quelques années, j'ai donné des cours en école de commerce. Lors de la première session, j'ai posé mes objectifs, et demandé à mes étudiants de faire de même. Grand silence. Ils étaient tous dans l'incapacité de répondre, et de définir des objectifs, que ce soit pour ce cours ou pour leur carrière. La seule chose qu'ils

---

42. Selon la définition de Wikipédia.

attendaient de moi, c'était de la méthode. Sauf qu'en matière de stratégie, il n'y a pas de méthode. La seule chose à faire, c'est de te poser ces trois questions :

1. Quel est ton objectif ?
2. Quels moyens te donnes-tu pour réussir ?
3. Quels sont les résultats que tu attends ?

Si **la stratégie ne s'enseigne pas, elle s'expérimente.** C'est la raison pour laquelle, dans ce livre, je partage avec toi des expériences : la mienne, celles d'entreprises que j'accompagne, celle d'entreprises remarquables qui ont rencontré des succès mais aussi des échecs. L'échange d'expériences est le meilleur enseignement, et c'est quelque chose que je t'invite à expérimenter dans ton quotidien.

Quand tu montes une entreprise, tu te retrouves souvent face à des personnes qui te conseillent alors qu'elles-mêmes ne sont pas entrepreneurs. Elles te diront par exemple que ta priorité est d'augmenter ton chiffre d'affaires (alors que cet indicateur ne veut rien dire, voir p. 110) ou encore de faire un business plan (alors que celui-ci est inutile, voir l'encadré ci-après). Elles te parleront aussi peut-être du cap des trois ans de l'entreprise, qui serait le plus difficile à atteindre. En réalité, le cap des cinq ans est beaucoup plus délicat car, bien souvent, les entrepreneurs qui se lancent bénéficient du chômage les deux premières années… 50 % des entreprises disparaissent dans les cinq ans (alors que ce chiffre tombe à 30 % quand elles sont (bien) accompagnées).

POURQUOI LE BUSINESS PLAN NE SERT À RIEN

Depuis quelques années, j'ai fait ce constat qu'un business plan ne sert à rien (j'entends d'ici certains crier au scandale, mais tant pis). Pire, je dirais même que ces projections t'induisent en erreur. Le business plan est avant tout fait pour satisfaire ton écosystème, c'est-à-dire les personnes qui gravitent autour de toi : ton banquier, ta chambre consulaire, ton comptable, tes partenaires… Donc si tu dois faire une levée de fonds, aller chercher des financements, convaincre un banquier, il te sera bien sûr indispensable (je t'invite dans ce cas à trouver un bon partenaire – comme ton expert-comptable – pour t'aider à le réaliser très vite, ce qui te fera gagner un temps précieux). Et quoi qu'il arrive, si ton activité n'a besoin de personne pour le faire, inutile de faire un business plan. Pourquoi ? Parce que le contexte de pandémie nous a bien montré que les projections chiffrées ne servent à rien. Et ensuite parce que tu vas perdre ton temps et ton énergie sur des chiffres (les chiffres donnent des boutons à la plupart des entrepreneurs). Si tu te perds dans les chiffres, tu perds ton énergie et l'essence même de ton projet. Mieux vaut consacrer ton énergie à répondre aux bonnes questions (« Comment vais-je trouver mes premiers clients ? », « Comment vais-je communiquer ? », « Qu'est-ce que je veux vraiment ? », « Comment est-ce que je me vois évoluer ? », etc.), plutôt qu'à « Quel sera mon chiffre d'affaires dans cinq ans ? ». Car tout va dépendre de la façon dont tu vas répondre à ces fameuses bonnes questions : car tout va dépendre de la façon dont tu vas répondre à ces fameuses bonnes questions : comment tu vas trouver tes premiers clients, comment tu vas communiquer, etc.

Bref. Si la réalisation d'un business plan est louable en soi, son exécution est souvent hasardeuse. Donc concentre-toi sur ta stratégie.

La stratégie, c'est ton guide, ton GPS qui te permet de savoir quel chemin tu dois prendre, où tu dois aller. Quand tu pars en voyage, tu fais ta valise en fonction de ta destination : des chaussettes chaudes si tu pars au ski, ou un maillot de bain si tu pars au soleil. C'est exactement la même chose avec ta stratégie : elle doit te permettre de savoir ce que tu dois emmener. Tes actions seront cohérentes et efficaces si et seulement si tu as ce fameux guide. Sinon tu vas perdre du temps et de l'énergie. De nombreuses entreprises disparaissent à cause de cela, parce qu'elles ne savent pas où elles vont, parce qu'elles n'ont plus la foi, parce qu'elles se sont laissées submerger par des tas de détails qui les ont empêchées de voir l'essence de leur projet, et ce qu'elles apportent.

Peu d'entrepreneurs ont construit une véritable stratégie pour se développer de manière durable, et c'est ce que je te propose de faire dans cette partie. Garde en tête que « un tiens vaut mieux que deux tu l'auras ». La stratégie te permettra d'avoir les idées claires pour passer à l'action, et pour te focaliser sur le travail à long terme. Ah, et dernière chose, elle ne sera pas parfaite du premier coup… mais, ce n'est pas bien grave.

EXERCICE : POURQUOI ? COMMENT ? QUOI ?

Toute stratégie repose sur ces trois questions : Pourquoi ? Comment ? Quoi ?

En d'autres termes, tu passes de l'abstrait au concret :

- ton « pourquoi » signifie « dans quel but » et soulève la question de l'intention, du comportement ;
- ton « comment » indique la façon dont tu vas t'y prendre et révèle ta méthode ;
- ton « quoi » rappelle ce que ta marque réalise concrètement dans les faits.

POURQUOI / QUOI / COMMENT

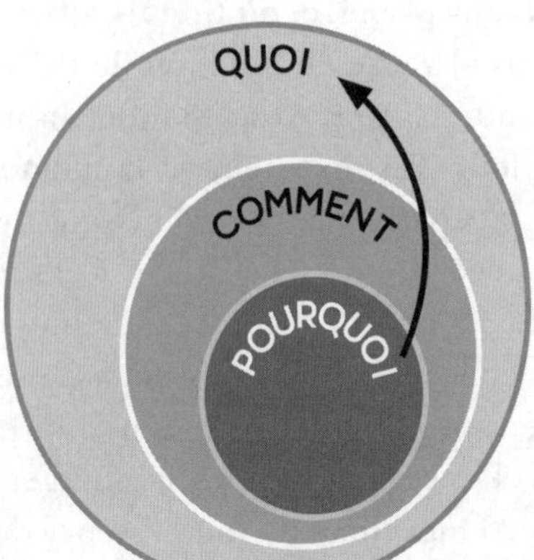

Si tu m'as bien suivi depuis le début, tu auras compris que nous allons répondre ensemble à ces questions dans ce livre : le « pourquoi » dans les parties 1 et 2, le « quoi » dans cette partie 3, et le « comment » dans la partie 4. À ce stade de la lecture, je te propose de prendre une heure pour répondre à ces trois questions. Cela te permettra de poser les choses et d'y voir plus clair… Si tu n'arrives pas à faire cet exercice maintenant, pas de souci, tu peux y revenir à la fin de la partie 3.

Je te montre comment faire avec l'exemple de Too Good To Go (« l'appli anti-gaspi ») :

- son « pourquoi » : lutter contre le gaspillage alimentaire.
- son « comment » : mettre en relation citoyens et commerçants pour sauver les invendus de la poubelle.
- son « quoi » : proposer la géolocalisation, des petits prix, un panier surprise avant la fermeture.

CHAPITRE 11

AU CŒUR DE TA STRATÉGIE :

DES IDÉES INNOVANTES

Dans le contexte actuel, nous avons plutôt intérêt à réenchanter le monde. Et l'une des clés pour bien faire semble être l'innovation. La citation de Peter Drucker (spécialiste du management et de l'innovation[43]), reste d'ailleurs très pertinente : « L'innovation systématique requiert la volonté de considérer le changement comme une opportunité. »

Pour construire une marque remarquable, l'entrepreneur doit innover. Certes, la pizzeria est sûrement l'un des restaurants les plus rentables, mais à quoi bon lancer une énième pizzeria ? Si tu souhaites changer le monde, la créativité va t'aider à te démarquer, être remarquable pour devenir rentable et donc durable. Surtout dans un contexte de mutation permanente.

Pour commencer, dis-toi que l'innovation n'est pas si complexe qu'on veut bien le dire. Comme David Ogilvy (l'un des acteurs majeurs de l'industrie publicitaire d'après-guerre), je crois qu'elle est naturelle… « Encouragez l'innovation. Le changement est notre force vitale, la stagnation notre glas », disait-il. La survie de ton entreprise dépend en effet de la façon dont tu vas t'adapter aux changements. Pour innover, l'entrepreneur moderne doit se

43. Auteur notamment de *Management* et *Les Entrepreneurs*.

poser cette question essentielle : **À quoi ressemblera l'entreprise de demain ?** Car tous nos modèles changent, qu'ils s'agissent des modèles de société, d'organisation, de communication, de consommation… Pendant la pandémie, on a clairement vu que les restaurants qui n'étaient pas digitalisés ont eu des difficultés, alors que ceux qui l'étaient ont pu s'adapter et répondre à la demande. Ceux qui ont tiré leur épingle du jeu sont aussi ceux qui ont disrupté leur marché. C'est le cas par exemple des sites comme Deliveroo ou Uber Eats, qui ne sont que de simples intermédiaires entre les restaurateurs, les consommateurs et les livreurs indépendants.

L'innovation peut aussi être interne à l'entreprise : aujourd'hui, les modèles d'organisation du travail changent, la façon de communiquer avec les clients aussi. Le mode collaboratif se développe, notamment avec le *crowdfunding* (l'implication de la foule pour financer des projets) et le *crowdsourcing* (qui permet la cocréation de certains produits, en collaboration avec sa communauté). Une fois le contexte posé, il est important de s'interroger sur ce qu'est le process créatif : en tant qu'entrepreneur, **quel problème suis-je en train d'essayer de résoudre ?** Tout ton processus créatif, qu'il s'agisse de ton entreprise, de tes produits, de tes services, de ta prochaine campagne de communication, de ta stratégie, doit reposer sur cette interrogation.

Je te propose un rapide exercice : imagine que ton entreprise redémarre à zéro, et réfléchis à la façon dont tu peux innover ou changer, si tu préfères ce mot, ton offre, tes services, ton organisation ou l'ensemble de ton business.

LA PENSÉE DESIGN, UN OUTIL CRÉATIF POUR T'AIDER À INNOVER

Mais innover, c'est quoi ? **S'inspirer, se faire confiance et faire en sorte d'être différent.** Pour cela, la clé, selon moi, c'est la « pensée design », c'est-à-dire le fait de « penser comme un designer ». Aujourd'hui, le terme de design est souvent associé à ceux d'esthétisme, d'image ou de mode. En réalité, le design, ce n'est pas que le « beau ». Steve Jobs disait : « La plupart des gens font l'erreur de penser que le design est en rapport avec l'apparence. Ils pensent que c'est la surface esthétique, que l'on tend une boîte à un designer en lui disant "rends-la belle". Ce n'est pas ça le design, ce n'est pas seulement l'apparence. Le design est la façon dont le produit fonctionne. »

Le design n'est donc pas un objet, c'est un processus, une façon de penser. La pensée design, c'est donc la façon dont cela fonctionne. Quand on parle de stratégie aussi, on parle de la façon dont ton entreprise fonctionne, et de la façon dont le monde fonctionne. Le but premier du design, c'est donc d'inventer, d'améliorer ou de faciliter l'usage d'un process, d'un élément, face à une interaction avec un produit. C'est donc de **répondre à un besoin** (ce que l'on verra dans le chapitre 12), de **résoudre des problèmes** (chapitre 13), **d'explorer des possibilités** (chapitre 14) afin d'améliorer la qualité de vie des êtres humains en proposant des solutions nouvelles. Selon la définition de Tim Brown[44], qui est l'un des deux pionniers de la pensée design avec David Kelley, il s'agit d'une « discipline qui utilise la sensibilité, les méthodes, les outils des designers pour permettre à des équipes interdisciplinaires d'innover en mettant en correspondance attentes des utilisateurs, faisabilité technologique et viabilité économique ». Elle utilise les méthodologies des designers

---

44. Tim Brown est le directeur général de Idéo, l'une des entreprises de design les plus reconnues mondialement.
En 2009, il évoquait le design thinking dans ce TED : https://www.ted.com/talks/tim_brown_designers_think_big

pour trouver des solutions simples et intuitives à des problèmes d'entreprise complexes. Et ta stratégie fait partie des problèmes complexes que tu rencontres. J'aime beaucoup l'idée que **l'innovation est à la croisée des chemins entre tes clients, tes capacités et tes moyens**. Ce qui rejoint l'idée qu'une marque doit être unique, durable, rentable.

Dans ce chapitre, je t'invite à penser la stratégie de ton entreprise comme un designer, ce qui va te permettre de développer de nouveaux produits, de nouveaux process, de nouveaux services et donc d'alimenter ta stratégie. Pourquoi je m'intéresse ici à la pensée design ? Parce que **le design crée de la valeur en s'appuyant sur des processus et des leviers d'organisation qui vont permettre d'améliorer l'offre, la marque, la relation clients, les différents processus**... Tout cela favorise la compétitivité de ton entreprise, la rend meilleure et surtout beaucoup plus unique, durable et rentable.

L'INNOVATION

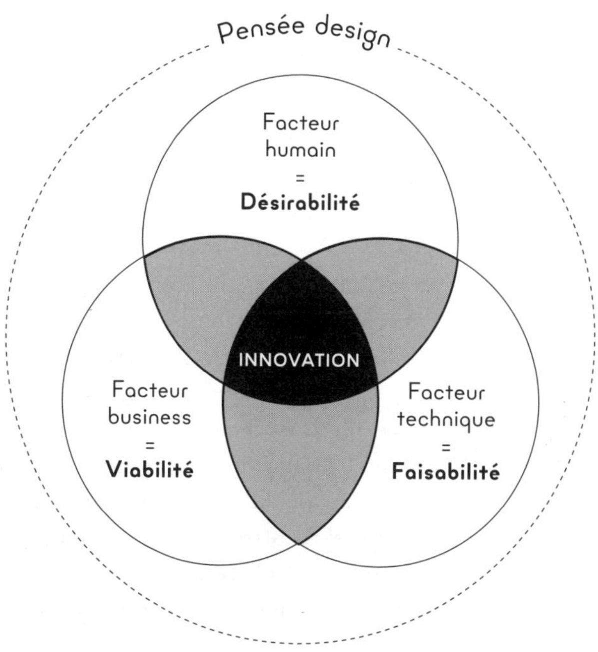

MAKE THINGS PEOPLE WANT

Aujourd'hui, le design est au service de l'utilisateur, avec l'idée d'une coconstruction. Nous sommes passés d'un modèle ancien, celui du marketing et de la publicité, où il fallait faire en sorte de créer le besoin (*Making people want things*) à un modèle où l'on fabrique des choses que les gens veulent (*Make things people want*).

L'exemple le plus parlant de ce virage est sûrement celui d'Apple. Dans les années 1970, les ordinateurs sont uniquement utilisés par le gouvernement et les grandes compagnies. Alors que c'était complètement inimaginable, Steve Jobs, Steve Wozniak et Ronald Wayne créent, en 1976, l'ordinateur personnel. « La plupart du temps, les gens ne savent pas ce qu'ils veulent avant que vous le leur montriez », disait Steve Jobs en 1998. C'est en ce sens qu'Apple est l'exemple parfait de la pensée design. Une marque qui « règle les problèmes de l'utilisateur » comme le dit très bien le designer Ara Balkan. Avec l'iPod, l'iPhone et l'iPad, Apple a graduellement généralisé l'usage des objets nomades. C'est en installant cette logique dans ton entreprise, en posant ce principe d'idée innovante, qui résout des problèmes et crée des solutions que tu changes le monde.

Si on entre dans le détail de la définition de Tim Brown, l'innovation repose sur trois piliers :

- la désirabilité, ce qui donne envie d'acheter le produit ;
- la faisabilité, ce qui fait qu'il va fonctionner correctement ;
- et la viabilité, c'est-à-dire son positionnement économique.

L'offre est désirable quand elle est économiquement viable et techniquement réalisable. Une marque n'est pas seulement un produit ou un service, c'est surtout la réponse à un problème qui se résout par l'innovation. En d'autres termes, tu vas te poser la question : Comment je rends la vie plus facile à mes utilisateurs, à mes usagers, à mes clients ? En te focalisant sur ton destinataire, tu poses comme objectif principal de faire en sorte de créer de la valeur. Et à partir du moment où tu crées de la valeur pour ton client, se crée entre lui et toi un engagement qui est, en quelque sorte, indestructible.

LES DIFFÉRENTES ÉTAPES DE LA PENSÉE DESIGN

Selon la pensée design, la création de l'innovation se déroule en plusieurs étapes. La question qui les sous-tend n'est pas « Comment faire ? » mais « Pour quoi faire ? » En effet, les entrepreneurs se posent un peu trop souvent la question « Comment je peux développer le chiffre d'affaires de mon entreprise ? », alors qu'ils devraient plutôt se demander : « Pourquoi ai-je besoin de développer le chiffre d'affaires de mon entreprise ? » En opérant ce glissement, les réponses à ta stratégie seront bien différentes.

LE PROCESSUS CRÉATIF DE LA PENSÉE DESIGN

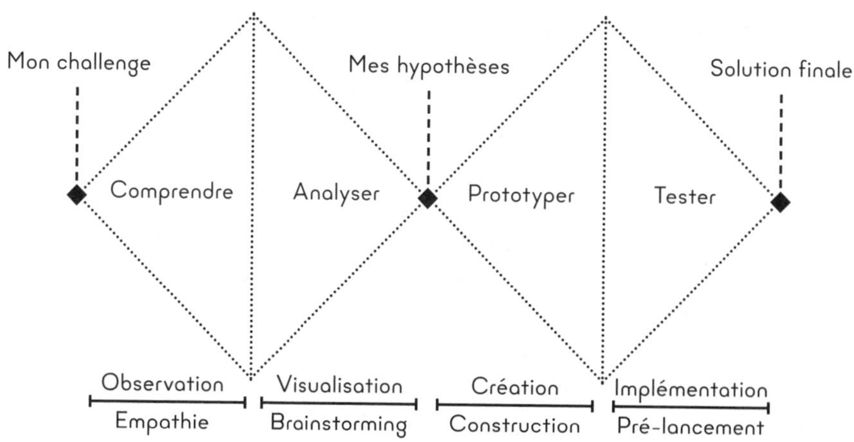

Les différentes étapes de la pensée design sont les suivantes :

1. La phase de compréhension : À qui je m'adresse ? Qui est ma cible ?
2. La phase d'analyse : Quels sont les besoins de ma cible ? Pour trouver des réponses, tu peux utiliser les questionnaires, les échanges, les interviews…
3. La phase d'idéation[45] : Quelles sont les solutions que je pourrais proposer ? À ce stade, tu crées des hypothèses.
4. La phase de prototypage : Tu crées des prototypes pour vérifier tes hypothèses. Une page web, une image de ton produit, la description de ton service peuvent faire l'affaire à cette étape.
5. La phase de test : Tu vérifies si ton prototype répond aux attentes des phases 1 et 2 (ton public et ses besoins).

C'est un cycle vertueux car une fois la phase de test effectuée, tu recommences les étapes dans l'ordre pour affiner et améliorer sans cesse ton produit ou ton service. En ce sens, **la pensée design est un moyen infini de vérifier tes hypothèses et donc de t'apporter l'assurance de trouver la bonne solution et d'être dans le vrai.**

Cette méthode, c'est exactement l'inverse d'un business plan. Et c'est aussi exactement ce qu'a fait Mark Zuckerberg quand il a créé Facebook. Il a trouvé une idée (ou il l'a piquée à quelqu'un d'autre, on ne sait pas trop), il l'a testée, il a lancé un premier projet sur lequel il s'est planté, ce qui lui a permis de tester son marché, il s'est bien entouré, il a itéré chacune des fonctionnalités, puis il s'est lancé, d'abord sur un public ciblé avant de s'attaquer au grand public. Mark Zuckerberg le résume lui-même : « Les gens pensent que l'innovation c'est d'avoir une bonne idée, mais l'innovation consiste en grande partie à agir rapidement et à essayer beaucoup de choses. » L'innovation repose aujourd'hui sur les mêmes schémas. À toi de voir comment la mettre en place, pour construire une stratégie infaillible.

45. L'idéation est le « fait de générer des idées grâce à un processus créatif de production, développement et communication ».

Dans les chambres consulaires, on demande aux entrepreneurs de faire une étude de marché avant de se lancer (ce qu'on t'apprend aussi dans de nombreuses écoles de commerce). Objectif : recueillir un maximum d'informations sur le secteur, analyser l'offre et la demande pour savoir si le projet est réalisable. Chez les Anglo-Saxons, et avec la pensée design, la logique est tout autre : il s'agit de tester son marché en grandeur réelle avec un prototype. Ce qui est intéressant dans la pensée design, c'est qu'au lieu de perdre du temps à créer un business plan ou une étude de marché, tu entres dans le cœur de ton métier, de ce que tu sais faire et surtout, tu te mets en lien direct avec ton public (et tu augmentes ta jauge de confiance en le faisant ! – voir page 93w).

La mise en place rapide d'**un prototype va te permettre d'en comprendre rapidement les forces et les faiblesses, et donc de l'améliorer.** Autre avantage : il peut être réalisé et testé rapidement. Cette démarche n'est d'ailleurs pas nouvelle : avant l'existence d'Internet, de nombreux entrepreneurs utilisaient la presse comme un moyen de tester les produits. Ils faisaient paraître un encart publicitaire avec un numéro de téléphone. Si le téléphone sonnait et que des chèques arrivaient, ils lançaient la production du produit ou du service ; si le téléphone ne sonnait pas, ils laissaient tomber le projet. Aujourd'hui, tu as tous les moyens à ta disposition pour tester rapidement et efficacement ce que tu proposes. La prévente est notamment une super caisse de résonance **pour bêta tester[46] la capacité de ton marché à adopter tes produits**. (Note ici qu'elle peut se matérialiser par une campagne de *crowdfunding*, c'est-à-dire par le financement participatif, mais cette phase demande alors un travail plus important.) À partir du moment où ta promesse rencontre son public, tu sais si ton produit est bon ou pas. Je reviendrai d'ailleurs sur ce point dans le chapitre 14, car c'est aussi la clé pour créer une offre « irrésistible ».

---

46. Tester auprès d'une cible réduite ton projet pour recueillir des idées d'amélioration.

LA PENSÉE DESIGN EN PRATIQUE

Pour illustrer en pratique comment fonctionne la pensée design, je te donne ici quelques exemples… en commençant par le mien. En plus de mon activité d'éleveur de marques, je produis des films pour le cinéma avec Hélène, ma compagne, qui est réalisatrice. Lors du premier confinement, nous avons pris conscience que la stratégie d'investir cinq ans de notre temps sur un seul canal de diffusion pour nos films était une grave erreur, alors qu'elle était excellente en temps normal. Il nous a fallu trouver des solutions, et nous avons utilisé le « design sprint ». Il s'agit d'une méthode d'innovation développée chez Google, organisée en cinq étapes et qui se déroule en cinq jours[47]. Le principe est de découper ta semaine : le lundi, tu poses la carte de ton projet ; le mardi, tu dessines les différentes possibilités ; le mercredi, tu valides certaines options ; le jeudi, tu les prototypes ; et le vendredi, tu les testes. **Ce modèle m'a permis de revoir totalement le business model de l'entreprise, sa proposition de valeur, sa cible et de tester le discours auprès d'elle… Et cela, en cinq jours !**

Autre exemple : celui de Spotify, qui a utilisé la pensée design pour optimiser son organisation.
Son défi : trouver le moyen de produire à plus grande échelle, sans perdre en agilité.
La marque a mis en place des petites équipes composées de 4 à 6 personnes, appelées « squads », pour leur permettre d'être plus innovantes et d'agir rapidement. Une squad est responsable du développement d'un projet de A à Z. Elle développe, teste et déploie ses solutions de manière autonome et n'est pas tenue de soumettre ses décisions à une direction. **Spotify est devenu un cas d'école** repris par de nombreuses équipes **qui relèvent le défi de la transformation numérique.**

47. À lire pour en savoir plus : *Sprint. Résoudre les problèmes et trouver de nouvelles idées en cinq jours*, Jake Knapp, Eyrolles, 2017.

De la même façon, Airbnb est entré dans la peau de ses clients potentiels pour analyser son produit avec le simple regard de l'utilisateur. Ce qui lui a permis de constater que les photos ne mettaient pas du tout en valeur les biens proposés. Ils ont donc décidé d'embaucher des photographes pour mettre en avant certains logements. Airbnb a aussi eu l'idée d'envoyer quelques salariés en *roadtrip* afin de tester le service sur place. Et la marque a pris la décision de **remplacer les cœurs de notation par des étoiles**, ce qui **a permis d'augmenter le taux d'engagement de 30 %**. Ces améliorations peuvent paraître minimes mais, en fait, elles peuvent avoir des résultats rapides et un véritable impact. Ou alors faire un flop. C'est **la technique des « petits pas »**, plus connue sous le nom ***lean startup*** qui est finalement l'une des bases de la pensée design : **échouer souvent pour réussir plus rapidement**.

Pour ma part, j'ai adopté cet adage : « Plante-toi, tu pousseras. » L'idée n'est évidemment pas de planter sa stratégie sur dix ans mais de tester des petites choses pour vérifier rapidement si elles sont valables et viables effectivement. En coaching, j'utilise la métaphore d'une grande table de mixage remplie de boutons : tu en pousses un, si ça marche, tu continues ; si ça ne marche pas, tu en essaies un autre.

Ce que tu dois retenir, c'est qu'il n'y a pas de recette miracle pour innover, il faut expérimenter. Il existe tout un tas de méthodes regroupées sous le nom de *design thinking* (la version anglaise de la pensée design). Mon objectif n'est pas de toutes les développer ici mais, avant tout, de te donner goût à l'innovation et de faire en sorte que tu t'inspires de ce concept de pensée design en te mettant dans la peau du designer.

Pour illustrer cette façon de penser, j'aime beaucoup l'idée du marteau. Tout le monde connaît cet outil, mais il en existe des dizaines de sortes : le marteau de menuisier, le marteau de maçon, le marteau de tapissier… Le métier du designer est de concevoir le bon marteau pour le bon métier. Et mon objectif est de te donner envie de fabriquer le bon marteau car, le *design thinking* peut t'aider à construire ta stratégie. Sans stratégie, tu ne vas nulle part.

Dans ce chapitre, tu as compris que, sans prototype et sans test, l'innovation ne vaut rien. Mais comment être sûr de proposer un produit ou un service remarquable et durable ? La meilleure façon de faire est de proposer à tes clients quelque chose dont ils ont réellement besoin.

CHAPITRE 12

TA PRIORITÉ : RÉPONDRE AU BESOIN DE TON CLIENT

Aujourd'hui, la capacité d'attention moyenne d'un être humain est estimée à moins de 8 secondes[48]. Alors comment réussir à la capter ? **La meilleure stratégie consiste à répondre à un besoin.** Si tu proposes à cet être humain un produit dont il n'a pas besoin, tu peux développer toutes les stratégies et toute la communication que tu veux, ton produit ne se vendra pas, et ton entreprise disparaîtra. Une étude[49] révèle que **7 produits sur 10 qui sortent sur le marché n'intéressent pas les clients** ! Il te faut donc créer un produit ou un service que tes clients attendent. En te focalisant sur leur besoin, tu seras capable non seulement de capter leur attention, mais aussi de devenir remarquable à leurs yeux, et donc de créer un lien fort. Comment déterminer le besoin de tes clients, et comment le mettre en avant pour vendre, c'est ce que je vais t'expliquer dans ce chapitre.

48. À lire sur ce sujet : *La Civilisation du poisson rouge*, Bruno Patino, Grasset, 2019.
49. Simon-Kucher & Partners, 2014.

METTRE EN AVANT LE BÉNÉFICE PLUTÔT QUE LA FONCTIONNALITÉ

Bien souvent, la communication se limite au « comment » plutôt que de se centrer sur le « pourquoi ». C'est un peu comme si tu allais au restaurant, et que le serveur te disait comment la paella allait être cuisinée, de quels ingrédients et épices elle est composée… En fait, cela n'a pas grand intérêt pour toi. Ce qui t'intéresse, c'est ce que ce plat évoque pour toi : les réunions de famille, tes origines, un voyage, un plat épicé, les fruits de mer… La raison pour laquelle tu vas choisir ce plat (le pourquoi) t'importe donc plus que la façon dont il va être préparé (le comment). C'est la différence entre le bénéfice et les fonctionnalités. Pour vendre ton produit, tu dois adopter le même principe.

Imagine que tu aies envie de me vendre une perceuse. Au-delà du fait que je ne l'utiliserai que 10 minutes en moyenne (!), essayer de me convaincre en me disant que c'est un super outil pour faire des trous, ou qu'elle dispose d'une fonction machin ou d'une fonction truc n'aura aucun effet sur moi. En revanche, ta stratégie sera gagnante si tu mets en avant le bénéfice de cette perceuse : « Grâce à elle, tu pourras installer une étagère chez toi, ce qui te permettra de te créer un intérieur cosy et chaleureux. » De cette manière, tu vas me transmettre une émotion qui sera plus susceptible de me faire acheter… Pour cela, il faut aussi faire en sorte de cibler les bons clients, de t'adresser aux personnes qui veulent la même chose, ou à celles avec lesquelles tu parles le même langage. Il est en effet essentiel de cibler les clients : personne n'est capable de parler à tout le monde et surtout, ce serait une perte de temps. En tout cas dans un premier temps. Même les grandes entreprises, comme Facebook, se sont adressées à un public cible (en l'occurrence, les étudiants de grandes écoles) avant de parler au plus grand nombre.

Pour faire la différence avec tes concurrents, identifie le besoin de tes clients, et surtout trouve ton avantage concurrentiel. Pour ce faire, je ne vais pas t'apprendre des techniques du siècle dernier, je vais surtout te demander de **faire preuve d'empathie envers tes clients** et de **t'intéresser à leurs besoins**. Tu as encore en tête cette citation de Marie Forléo : « Crée ton entreprise pour faire une différence. » C'est exactement cela que tu dois faire : **créer une différence dans la vie de tes clients**. C'est en cela que les marques peuvent changer le monde : ton rôle d'entrepreneur, c'est de répondre à un besoin inassouvi, qui n'a pas encore trouvé de solution. Par exemple, si je devais monter ma pizzeria (le secteur le plus concurrentiel en restauration : chaque Français en mange 10 kilos par an en moyenne – pour 4,58 milliards d'euros de chiffre d'affaires[50]), j'essaierais d'identifier les besoins de mes clients afin de proposer quelque chose de nouveau. Je suis sûr que cela te donne plein d'idées : offrir aux clients la possibilité de créer leur propre pizza (ce qu'a fait Domino's), proposer des pizzas du terroir (comme Basilic & Co) ou la vente de pizza à la part (Pizza Time), créer une boutique-resto (comme Eataly) ou un distributeur automatique dans la rue…

HALTE AU PERFECTIONNISME !

Certains te diront peut-être que la meilleure stratégie pour toi, c'est de proposer le meilleur produit ou le meilleur service. Je ne suis pas tout à fait d'accord avec ça : tu as beau avoir le meilleur produit ou le meilleur service, s'il ne rencontre pas un besoin, cela ne marchera pas. C'est l'exemple de Segway PT, ce gyropode à deux roues sur lequel l'utilisateur se tient debout : c'est un superproduit mais qui ne se vend pas, car il ne répond à aucun besoin. Le risque du perfectionnisme, c'est aussi de ne pas te lancer tant que le produit n'est pas parfait. Or le mieux est l'ennemi du bien ! C'est la raison pour laquelle je t'invite à changer d'état d'esprit : **le rôle d'un entrepreneur** n'est pas de faire des choses parfaites, mais de **faire des trucs bien dont les autres ont besoin**, qui apportent des solutions (ensuite, il sera temps de le perfectionner). Si tu facilites

50. https://blog.salonsme.com/la-pizzeria-un-marche-en-croissance.html

la vie de ton client, ça te permet aussi de développer ton muscle de l'enthousiasme, et donc de rentrer dans un cercle vertueux (voir aussi p. 144). Tu crées une relation forte avec tes clients, et tant que tu restes focalisé sur eux, tu es insubmersible. Pour te détacher de ce syndrome du perfectionnisme, je t'invite aussi à lire *L'Art subtil de s'en foutre*, de Mark Manson[51]. L'auteur t'y invite à être différent, à ne pas rester bloqué sur le problème mais à agir. Dans le chapitre précédent, on a parlé de *Making things people want* : si tu réponds à un besoin, tu diminues ainsi la pression de réussir puisque tu as un peu moins de responsabilités (puisque ce sont tes clients qui ont décidé ce dont ils ont besoin, et pas toi). L'objectif est de faire le meilleur produit qui répond à ce besoin.

IDENTIFIER LE BESOIN : LA TECHNIQUE DU POINT DE DOULEUR

Pour déterminer le besoin de tes clients, une autre méthode existe : celle du « point de douleur » (ce procédé fonctionne aussi si tu souhaites créer une entreprise mais que tu ne sais pas dans quel domaine tu veux la lancer). Tu te poses alors la question : **Qu'est-ce qui est douloureux, pénible dans ton quotidien d'entrepreneur, de consommateur, de parent, de sportif, etc., et donc dans celui de tes clients ?** Cette question te permettra de trouver des idées pour lancer ou développer ton entreprise. Moi par exemple, je rêve d'un service de chefs à domicile qui réalise des repas diététiques, d'un réseau social où mes amis proches pourraient me recommander des artisans (plombiers, électriciens…) pour retaper ma maison, ou des locations de vacances proches de mes attentes.

51. Je t'en parle dans cet article : https://citronbien.com/sen-foutre-cest-bien/

L'histoire de McDonald's, racontée dans le film *Le Fondateur* (dont je t'ai déjà parlé p. 22), illustre très bien cette stratégie du point de douleur. En 1940, Richard et Maurice McDonald's tiennent un petit restaurant à San Bernadino, en Californie. Le marché de l'époque est inondé de *drive in* : le principe est de commander son repas, et de le manger dans sa voiture, sur un parking. Le problème est que les serveurs s'emmêlent souvent les pinceaux dans les commandes, et les clients doivent attendre en moyenne 30 minutes pour récupérer leur repas. On est loin du fast-food ! Après huit années, les deux frères décident de changer de modèle pour répondre aux besoins de leurs clients, qui est finalement assez simple : manger vite mais aussi être servis rapidement. Ils inventent un système qui leur permet de fabriquer les repas en 30 secondes. Un gain de temps de 6 000 % ! Finalement, **c'est en répondant à ce simple besoin qu'ils ont disrupté leur marché**, avec le succès que l'on connaît. Ils ont aussi décidé d'appliquer le principe de Pareto, ou principe des 80/20 : 80 % des effets sont le plus souvent le produit de 20 % des causes. En l'occurrence, les frères McDonald's ont constaté que 80 % des ventes étaient constituées par les burgers, les frites et les sodas. Ils ont donc adapté leur offre pour répondre aux besoins de leurs clients en créant des menus burgers, frites, sodas… qui font encore le succès de la chaîne.

Autre exemple : celui d'Uber. L'idée est née un soir enneigé de décembre 2008 à Paris. Travis Kalanick et Oscar Salazar sortent d'un salon professionnel et ne parviennent pas à trouver de taxi. L'idée de proposer un service de chauffeur privé à la demande germe alors dans leur esprit. La vraie plus-value d'Uber ? Répondre au besoin du consommateur qui est le suivant : savoir si un chauffeur va venir le chercher et surtout combien de temps il va devoir attendre pour rentrer chez lui, histoire de savoir si tu peux attendre au chaud, si ça vaut le coup d'attendre, ou si tu dois envisager une autre option comme rentrer à pied.

Ton objectif en tant qu'entrepreneur, c'est donc de faciliter la vie de tes clients : tu observes qu'ils ont un besoin, tu captes l'émotion qui y est associée, puis tu trouves la solution. Pour te parler de ma petite histoire personnelle, j'ai l'habitude d'aller chez un coiffeur à Valence, là où j'habite. Il y a quelques mois, un nouveau salon s'est installé, et j'ai décidé de le tester car l'endroit avait l'air cool et inspirant. J'ai appelé à plusieurs reprises pour avoir un rendez-vous, mais à chaque fois c'était compliqué, ils n'avaient pas de disponibilités. Du coup, j'ai rappelé l'autre salon, celui où je vais d'habitude. On m'a demandé tout de suite quand je pouvais venir. Mon coiffeur n'était pas libre[52], mais on m'a proposé une autre personne, en me demandant si cela me convenait. En quelques secondes, c'était réglé. En étant à l'écoute de mon besoin, le salon m'a trouvé une solution rapidement. C'est cela faciliter la vie de ses clients.

De la même manière, en te posant comme facilitateur sur tous les points de contact entre ta marque et tes clients, tu vas faciliter l'accès à ton business. Dans ce livre, j'adopte aussi avec toi cette posture de facilitateur : **je sais que ton besoin, c'est de développer ton entreprise, de devenir remarquable, de construire une stratégie claire, d'augmenter tes ventes et de vivre mieux**. À partir du moment où j'ai identifié ton besoin à toi lecteur, il est beaucoup plus simple pour moi de rédiger ce livre, et de répondre à tes attentes à travers des exemples, des exercices et des méthodes qui vont te permettre de mettre en application le plus vite possible ce que je dis.

Évidemment, répondre à un besoin ne suffit pas, comme on le verra dans les chapitres suivants, mais cela reste la première étape, indispensable, pour créer le dialogue avec ta communauté. **Grâce à cette position de facilitateur** que tu as prise, **le lien que tu construis avec ta communauté est riche et incessible**. On ne pourra pas te voler cette relation. En tant que consommateur, tu auras aussi l'impression que cette personne ou cette marque qui écoute tes besoins est beaucoup plus intéressante que celle qui essaie de te vendre n'importe quoi. C'est là que le terme « service » (que l'on trouve dans « prestation de service ») prend tout son sens.

52. Découvre cette anecdote en vidéo sur https://citronbien.com/lecon-chez-le-coiffeur/

Personne, aucun coach ni aucun livre ne va te dire ce dont tes clients ont besoin. Ces derniers sont les seuls à pouvoir te le dire. C'est la raison pour laquelle, en coaching, j'incite mes clients à se mettre dans une posture d'écoute active pour trouver la solution à leurs problèmes. Est-ce que mon logo doit être bleu ou vert ? Est-ce que je dois aménager mon magasin de telle ou telle sorte ? Est-ce que je dois dire « tu » ou « vous » à mes clients ? **La meilleure des stratégies, c'est l'empathie**, c'est-à-dire de te mettre à leur place. Si tu étais ton propre client, qu'est-ce que tu aimerais ? De quoi aurais-tu envie ? Cela te permettra d'émettre des hypothèses puis de les tester en situation réelle afin de voir les résultats. Et pour cela, tu dois adopter le bon état d'esprit, le bon *mindset* : **remettre du sens** dans tes actions et dans celles de tes clients, **et** avoir pour priorité d'**aider tes clients**, si nécessaire en leur demandant leur avis.

DE L'IMPORTANCE DE L'EMPATHIE

Tu l'as peut-être remarqué : l'empathie est un terme que j'utilise souvent dans ce livre. Le *Larousse* la définit comme la « faculté intuitive de se mettre à la place d'autrui et percevoir ce qu'il ressent ». Selon Wikipédia, l'empathie est « la reconnaissance et la compréhension des sentiments et des émotions d'un autre individu. Dans un sens plus général, elle représente la reconnaissance de ses états non-émotionnels, tels que ses propres croyances ». Pourquoi je te parle d'empathie ? Parce que, pour donner du sens à ce que tu fais, il faut être capable de comprendre ton interlocuteur. L'homme est un être social qui a besoin de créer du lien et d'exister par rapport aux autres. En faisant preuve d'empathie, tu vas pouvoir l'aider à résoudre son problème et faire en sorte de partager la même histoire. L'entreprise est la communauté qui te permet de créer du sens et qui te permet de partager, avec ta communauté, les mêmes valeurs, le même sens et la même envie de bouger les lignes.

Quand tu vas chez le médecin, tu as un besoin : qu'il te soigne et te guérisse. Pour cela, il procède à un diagnostic. C'est la même chose si tu vas chez ton garagiste parce que ta voiture est en panne : il fait un diagnostic. En tant qu'entrepreneur, tu dois toi aussi **te mettre dans une logique de diagnostic** afin de déterminer le point de douleur de tes clients. Tu peux réaliser ton propre diagnostic en fonction de ton activité et du lien que tu entretiens avec tes clients, mais je t'invite à utiliser plusieurs outils : les formulaires en ligne, les échanges téléphoniques, les rencontres en réel, les tests produits à travers un système de questionnaire de satisfaction… Quel que soit le moyen choisi, ton objectif est de **poser les bonnes questions pour obtenir les bonnes réponses** (voir le bonus ci-après). Pour cela, l'empathie joue à nouveau un rôle clé. Ce n'est pas la même chose si tu l'interroges dans la rue ou dans ton bureau avec un café, si l'interview est programmée ou non… L'état d'esprit de ton client étant différent, tu obtiendras des réponses différentes. Pour t'aider à poser les bonnes questions, tu peux t'inspirer de journalistes ou de podcasteurs. Pour ma part, je prends l'exemple du podcast de Tim Ferriss (l'auteur de *La Semaine de 4 heures*). Plutôt que de demander « Quel est ton livre préféré ? » (une question très large à laquelle il est difficile de répondre), il demande : « Quel est le livre que tu offres à tes amis ? » Avec cette question, ton objectif est atteint car tu obtiens effectivement une réponse. Et pour l'anecdote, en ce qui me concerne, la réponse est *L'Art subtil de s'en foutre*. J'en ai acheté des caisses pour les offrir autour de moi.

BONUS

Comment poser les bonnes questions (pour obtenir les bonnes réponses).

L'EXEMPLE D'UN FLOP : MYSPACE

Dans les années 2000, MySpace était le site internet le plus populaire et le plus visité au monde. Réseau social avant l'heure, il permettait de mettre en ligne gratuitement des contenus, notamment de la musique, d'échanger grâce à des messages publics et privés, etc. De nombreux artistes se sont fait connaître grâce à ce site. En 2008, Facebook est passé devant MySpace... et aujourd'hui, on n'en entend plus du tout parler. Plusieurs éléments expliquent cette chute, notamment une absence d'écoute des besoins des utilisateurs. Plusieurs mauvaises décisions techniques ont provoqué des ratés (piratages de comptes, bugs...), ce qui a engendré une perte de confiance : le site ne répondait pas au besoin de sécurité des usagers. Par ailleurs, MySpace avait une image de marque assez désastreuse. Le site ne fournissait pas de réponses aux utilisateurs. Le site a également été revendu à un grand groupe qui a voulu accélérer la rentabilité de la marque, notamment en multipliant les bannières pubs. Ce qui a provoqué un énorme désintérêt des utilisateurs, qui se sont alors tournés en masse vers Facebook. Si MySpace s'était un peu plus intéressé à ce que les internautes attendaient, peut-être qu'il existerait encore.

De ce chapitre, je t'invite à retenir l'idée suivante : être à l'écoute des besoins de tes clients va te permettre de créer un cercle vertueux. En te plaçant dans une position d'écoute, tu vas pouvoir échanger avec tes clients, ce qui va te permettre de développer cette notion de plaisir et d'enthousiasme qui sera fort utile dans le développement de ton activité. À partir du moment où tu as écouté les besoins de tes clients, et que tu as compris que ton objectif n'est pas de fabriquer le meilleur produit mais celui que ta communauté a envie d'acheter, tu vas pouvoir te concentrer sur la façon dont tu peux apporter de la valeur : c'est le principe de la proposition de valeur, que je te propose d'explorer dans le chapitre suivant.

CHAPITRE 13

LA PROPOSITION DE VALEUR, UN ÉLÉMENT CENTRAL

La proposition de valeur, c'est, comme son nom l'indique, **une proposition,** c'est-à-dire la promesse que tu fais à tes clients, ce que tu vas leur offrir, **et une valeur,** c'est-à-dire un résultat, ce que tes clients perçoivent de ce que tu leur donnes, la valeur que tu vas leur délivrer. Le terme de valeur évoque celui de sens : tu ne leur proposes pas quelque chose d'inutile mais quelque chose qui répond à leur besoin.

La proposition de valeur est donc la raison pour laquelle tu développes ton activité, et la base d'une stratégie sans faille. C'est bien plus qu'une action de communication, qu'un slogan, qu'un positionnement sur un marché ou encore qu'une liste de bénéfices (même si elle peut intégrer tous ces éléments).

Malheureusement, la construction de la proposition de valeur est, pour un grand nombre d'entrepreneurs, un point bloquant sur lequel ils vont passer un temps fou (et dépenser une énergie folle), voire un obstacle insurmontable, qu'ils préfèrent sauter. C'est bien dommage car pour moi, **la proposition de valeur est vraiment le cœur de la stratégie** de l'entrepreneur, ce qui l'incite à continuer et à foncer. Si tu as déjà construit ta proposition de valeur et qu'elle te met en joie, continue. Si tu penses l'améliorer ou si au contraire, elle te bloque, je t'invite à t'inspirer des nombreux exemples que je cite ici et à utiliser les outils que je te présente dans ce chapitre. Mais n'oublie pas un point clé : ta proposition de valeur n'aura de sens que si tu as fait tout le travail que je t'ai incité à faire depuis le début de cette partie, à savoir déterminer le besoin de tes clients, et donc te mettre dans une posture d'innovation et d'empathie.

POURQUOI SOIGNER TA PROPOSITION DE VALEUR

85 % des personnes font des recherches sur toi avant de te contacter et de faire des affaires avec toi. Tu peux être le meilleur, mais si tu n'es pas en capacité de te présenter de manière synthétique, et que les prospects ne perçoivent pas la valeur que tu peux leur apporter, cela ne fonctionnera pas. Ils ne deviendront pas tes clients. Ta proposition de valeur va justement t'aider à transformer un prospect en client.

Pour rappel, une marque, c'est une personnalité, une organisation, un produit, un service. Une marque interagit avec son public, elle est constituée d'un ensemble de valeurs qui créent son identité. En d'autres termes, ta marque, c'est ta représentation, ta réputation, ton état d'esprit. Le *branding*, c'est la façon dont tes clients te perçoivent. Pour avancer, on l'a vu au chapitre précédent, il faut que tu expliques le « pourquoi » et non le « comment », les bénéfices et non les fonctionnalités. On l'a également vu : en apportant un maximum de valeur à tes clients, tu les invites dans une relation gagnant-gagnant… ce qui les implique dans la création (ou le développement) de ta marque et participe à son succès.

La proposition de valeur est ce qui fait le lien entre tous ces éléments : c'est la description des produits et des services que tu offres, et qui met en avant la valeur que tu offres à tes clients. Elle se matérialise le plus souvent sous la forme d'une phrase qui explique les avantages pour ton client à acheter ton produit ou ton service. Elle est visible partout, sur ton site internet, à l'entrée de ta boutique, sur tous les messages que tu adresses à tes clients. **Ta proposition de valeur va donc expliquer la façon dont ton produit ou ton service répond au besoin de ton client**, et comment tu peux améliorer le point de douleur de ton client. Elle explique également les avantages spécifiques que tu fournis, afin de montrer au client pourquoi il a intérêt à choisir ton produit plutôt que celui de ton concurrent. Elle doit donc aussi intégrer une notion de différenciation et de positionnement. **Ta proposition de valeur est une promesse** que tu as plutôt intérêt à tenir, pas question de faire le fanfaron ! Il te faut donc être le plus sincère possible.

PROPOSITION DE VALEUR, SLOGAN OU ARGUMENT DE VENTE ?

Un slogan est une phrase courte, facilement mémorisable, qui est utilisée de façon répétitive pour développer la notoriété de la marque. La proposition de valeur, elle, n'a rien à voir avec le slogan : elle est l'essence de ce que tu vas délivrer à tes utilisateurs, la raison principale pour laquelle tes clients achètent tes produits et tes services. Prenons l'exemple de Decathlon : son slogan « À fond la forme » est différent de sa proposition de valeur – « *Rendre DURABLEMENT le plaisir et les bienfaits de la pratique des sports accessibles au plus grand nombre : DU SPORT POUR TOUS !* » Je distingue également la proposition de valeur de l'argument de vente aussi appelé USP (*unique selling proposition*). L'USP est l'argument de vente, il a juste pour objectif de séduire et de persuader le client, tandis que la proposition de valeur, elle, est axée sur le client, la valeur que tu lui apportes. L'idée n'est pas de dire en quoi tu es le meilleur, mais en quoi tu apportes une vraie solution au problème de ton client. Par exemple, chez Just Eat, on distingue le slogan « Faites-vous livrer vos envies ! », de la proposition de valeurs « Faites-vous livrer dès 30 minutes vos plats préférés avec la livraison moins chère », de l'argument commercial « Commandez où que vous soyez ! ».

QUELQUES EXEMPLES DE PROPOSITIONS DE VALEUR QUI FONCTIONNENT

La proposition de valeur a un impact clair sur ton activité : elle va t'aider à mieux vendre. Comment ? En facilitant la connexion client, la compréhension de ton projet. C'est donc le point d'entrée de tes clients, le déclencheur qui va les inciter à en savoir plus, et à vérifier si tu es effectivement la bonne personne pour répondre à ses besoins. Je perçois d'ici ton inquiétude : mais comment faire pour matérialiser tout cela en quelques mots ? Inspire-toi de ce que disait Muriel Copper, pionnière du design numérique : « L'information n'est utile que lorsqu'elle peut être comprise. »

Avant de passer aux exercices pratiques, je te propose de regarder ce qu'ont fait certaines marques, et surtout comment elles ont pris en compte leur environnement et les besoins de leurs clients pour construire leur proposition de valeur.

- **Tesla : « Zéro émission. Zéro compromis »**
  Avec cette proposition de valeur, Elon Musk met en avant l'idée que ce n'est pas parce que la voiture est écolo qu'elle ne doit pas avoir de style. Tesla est parti du besoin de son client : trouver une alternative à la voiture qui fonctionne à l'énergie fossile, sans rogner sur la qualité d'une voiture de luxe. Au-delà de cette proposition de valeur, la marque a surtout amorcé un virage dans l'industrie automobile : jamais ce secteur n'avait été aussi innovant !

- **Stripe : « Infrastructure de paiement pour le commerce en ligne »**
  Quand la marque s'est lancée, sa proposition de valeur mettait l'accent sur la différence avec son principal concurrent, Paypal : « Le nouveau standard des paiements en ligne ». Depuis, la marque a opéré un pivot et s'affirme par elle-même. Cette solidité et la multitude de solutions sont évoquées par le choix du mot « infrastructure ».

- **Airbnb :** « **Voyager local** »
Dans le contexte de pandémie mondiale, la marque s'est adaptée. Elle propose de découvrir des logements à proximité de chez soi, et surtout de vivre des expériences uniques… localement.

- **Evernote :** « **La meilleure application de prise de notes** »
Il y a quelques années, alors qu'il existait peu d'outils pour la prise de notes, Evernote s'est lancée avec cette proposition de valeur : « Votre deuxième cerveau ». Il a fallu ensuite se distinguer, car ce marché des outils de productivité est devenu très porteur, d'où cette nouvelle proposition de valeur qui affirme sa différence par rapport à ses concurrents.

- **Ecosia :** « **Le moteur de recherche qui plante des arbres** »
La proposition de valeur met en avant l'engagement de la marque. Grâce à un simple outil, tu peux, en tant qu'utilisateur, changer les choses concrètement.

- **Yuka :** « **L'application mobile qui scanne votre alimentation** »
L'application, bien connue des consommateurs qui scannent leurs assiettes, fait plier les industriels. Elle propose de décrypter les étiquettes des produits alimentaires et cosmétiques pour analyser leur impact sur la santé et l'environnement.

On peut aussi citer quelques autres exemples remarquables comme :

- **Leetchi :** « La cagnotte en ligne sécurisée » ;
- **Feed :** « Se nourrir autrement » ;
- **Shine :** « Le compte qui simplifie votre quotidien d'entrepreneur·e » ;
- **Fempo :** « La culotte menstruelle ultra-fine et confortable » ;
- **Gemmyo :** « La joaillerie en ligne 100 % *made in France* » ;
- **Mr Marguerite :** « Des bouquets de fleurs françaises et écoresponsables ».

VALEUR OFFERTE ET VALEUR PERÇUE

Prends maintenant le temps de relire ces exemples et de percevoir comment tu peux améliorer ta proposition de valeur. Prends bien soin de faire la différence entre la valeur offerte (ce qu'elle vaut ou ce qu'elle te coûte – en d'autres termes les éléments tangibles qui constituent le prix de ton produit ou service) et la valeur perçue (qui correspond davantage à l'image qu'en ont tes clients). Cet exercice t'invite à muscler ta réflexion sur les éléments moins tangibles de ton offre, qui lui apportent davantage de valeur (et donc augmentent ton prix).

Starbucks est l'exemple parfait qui l'illustre. Demande-toi pourquoi le café coûte plus cher chez Starbucks...

Pour entretenir le muscle de ta valeur, interroge-toi sur la valeur que tu offres... en prenant soin de te mettre dans la peau de ton client et découvrir la perception positive qu'il pourrait en avoir.

COMMENT CRÉER UNE BONNE PROPOSITION DE VALEUR

Pour être efficace, ta proposition de valeur doit remplir les conditions suivantes :

- être **claire**, pour être facilement et rapidement compréhensible par ta cible ;
- être **spécifique**, c'est-à-dire ne pas être vague, pointer précisément les atouts du produit ou du service pour le consommateur ;
- être **honnête** (il ne s'agit pas d'exagérer) ;

- être **la plus unique possible**. Sinon, pourquoi choisirait-on ta marque plutôt qu'une autre ?

En d'autres termes, ta proposition de valeur doit être remarquable. En résumé, ton client doit comprendre rapidement, sans effort, pourquoi il devrait s'intéresser à ton produit et pourquoi tu es la solution la plus adaptée à son problème.

Pour t'aider à construire ta proposition de valeur, je te propose ici de faire quelques exercices qui te permettront de mettre tes idées au clair et d'avancer. N'hésite pas à noter le fruit de tes réflexions dans ton carnet Remarquable ou sur une feuille.

EXERCICE : LES BONNES QUESTIONS

Une bonne proposition de valeur répond à ces questions :

- Qu'est-ce que tu fais ?
- À qui tu t'adresses ?
- En quoi ton offre est-elle différente de celle de la concurrence ? Pourquoi le consommateur aurait intérêt à acheter chez toi plutôt qu'ailleurs ?

En coaching, je pose aussi ces questions complémentaires :

- Pourquoi fais-tu ce projet ? Quel est ton but ? En lançant ce projet, que comptes-tu accomplir ?
- Contre quel *statu quo* es-tu en train de lutter ? Cette question te permet de caractériser le monde dans lequel tu vis et le monde dans lequel tu as envie de vivre. Regarde l'exemple d'Apple : la marque s'est lancée avec l'idée de rendre le micro-ordinateur accessible au plus grand nombre, en termes d'utilisation. L'expérience utilisateur a toujours été plus forte que le prix, et ça fonctionne !

- Quelles sont les valeurs auxquelles tu crois ? Cela te permettra par exemple de poser des mots-clés.

- En quoi crois-tu ? Quel est ton sentiment sur ce qui va se passer dans le futur ? Que dit ton instinct face à la situation actuelle et future ? La réponse à cette question va te permettre d'avoir une projection à long terme de ton projet et donc de distiller ces éléments dans ta stratégie et dans ta proposition de valeur.

EXERCICE : LE PORTRAIT CHINOIS

Je fais régulièrement cet exercice avec mes clients, et je t'invite à le tester à ton tour avec un camarade entrepreneur, ton conjoint, un ami… Pour rappel, le principe est de répondre à ces différentes questions à tour de rôle, de manière spontanée : qui serais-tu si tu étais un animal, un film, un plat, un fruit, une couleur, un média, une expression, un personnage historique, etc. ? Sur des petits papiers, écris « un animal », « un film », « un plat »… Plie-les puis tires-en un au hasard. Tu peux aussi le faire seul mais l'objectif, avant tout, est de ne pas trop réfléchir, d'être spontané. Je t'invite à noter tes réponses ou, pour encore plus de spontanéité, à enregistrer l'échange.

Le plus important n'est pas tant la réponse que tu donnes aux différentes questions que le pourquoi de ta réponse. Cela te permettra d'identifier ce qui compte pour toi, les valeurs auxquelles tu tiens.

Dans une interview pour un podcast[53], on m'a posé la question du personnage historique. J'ai répondu : Winston Churchill. Pourquoi je l'ai choisi ? Parce qu'il a écrit l'*Histoire* alors qu'il était âgé, ce qui veut dire que tout est possible. Et aussi parce que ses grandes phrases, à la fois teintées d'humour noir et d'optimisme, m'inspirent beaucoup. Ce qui m'inspire aussi :

53. https://www.lenouveaumarketing.fr/podcast/pierre-dron/

le fait qu'il ait toujours lutté contre le fascisme, dès son plus jeune âge, qu'il n'ait pas hésité à revenir sur certaines de ses croyances (par exemple en changeant de parti), ce que je trouve assez courageux pour un homme qui se plaçait au-dessus de la politique dans l'intérêt collectif.

EXERCICE : L'*ELEVATOR PITCH* OU ARGUMENTAIRE ÉCLAIR

Cette méthode est très utilisée dans le milieu des start-up pour pitcher un projet auprès d'un *business angel* ou lors de concours de projets. L'idée est simple : imagine que tu es dans un ascenseur avec une personne qui pourrait être hyper-importante pour le développement de ton entreprise. Tu as 30 ou 40 secondes chrono pour lui présenter ton projet.

Ton argumentaire se construit en couches successives :

- Le problème : Quel est le problème, le besoin de ton client ?
- Les avantages de ton produit : Qu'est-ce que tu apportes avec ton produit ? Qu'est-ce que tu démontres ?
- Ton marché : Où te positionnes-tu et comment te différencies-tu ?
- Tes données : Par exemple, comment es-tu distribué ?
- Ton histoire. L'idée, ici, est de donner quelques éléments pour comprendre ton business et/ou ton objectif.
- La conclusion.

EXERCICE : LE CANEVAS DE LA PROPOSITION DE VALEUR

Pour créer ta proposition de valeur, tu peux aussi utiliser cet outil, qui se présente sous cette forme.

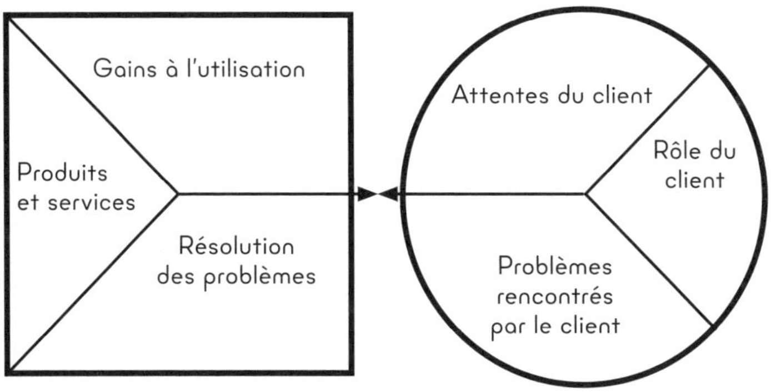

À droite, tu as le profil de ton client, et à gauche, ta proposition de valeur.

Sur la partie droite, tu détermines trois choses :

- le rôle de ton client, ce qu'il veut dire. Il peut s'agir d'éléments fonctionnels (déménager, se nourrir, voyager…), sociaux (impressionner ses amis, être plus fort…) ou émotionnels (avoir des sensations fortes) ;
- ses attentes : quels sont les bénéfices qu'il désire retirer de ton produit ou de ton service, et surtout ce qu'il va accomplir ;
- les problèmes qu'il rencontre : obstacles, frustrations, difficultés.

Sur la partie gauche, la proposition de valeur comprend :

- la description de ton produit ou de ton service ;
- les gains à l'utilisation, ou en quoi tu optimises les résultats attendus par ton client ;
- la résolution de problèmes, ou en quoi ton produit rend la vie de tes clients plus facile, comment il résout leurs problèmes, élimine leurs difficultés.

L'intérêt de cette représentation schématique est de **créer une connexion entre les attentes et les problèmes de tes clients, et les solutions que tu proposes**. Airbnb l'a par exemple utilisée pour créer sa proposition de valeur, qui est finalement assez simple. Les hébergeurs gagnent un revenu et font la connaissance des voyageurs. Les voyageurs, eux, vivent une expérience unique en payant moins cher qu'à l'hôtel, en réservant facilement et en étant conseillés par les autres utilisateurs sur les bonnes adresses. La proposition de valeur de Time For the Planet[54] est un exemple parfait : « Nous rassemblons 1 milliard d'euros pour créer 100 entreprises luttant contre le réchauffement climatique. » Il définit une mission claire – « Agir vite et mondialement par l'entrepreneuriat » – qui répond à 20 problèmes à résoudre pour stopper les émissions de gaz à effet de serre.

COMMENT VÉRIFIER QUE TA PROPOSITION DE VALEUR FONCTIONNE

Une fois que tu as créé ta proposition de valeur, la meilleure façon de savoir si elle est bonne est de **la tester sans attendre auprès** – tu l'imagines – **de ton public**. Pour cela, tu peux par exemple

54. https://www.time-planet.com/fr

utiliser la méthode de l'A/B testing : tu testes ta proposition de valeur A avec le public A et ta proposition de valeur B avec le public B, et tu analyses celle qui fonctionne le mieux, en termes de clics, de likes, de ventes, etc. À toi de déterminer au préalable les indicateurs de performance pertinents. En fonction de ces résultats, tu peux l'améliorer au fur et à mesure. Car, au-delà de ce test, **n'oublie pas que ta proposition de valeur n'est pas inscrite dans le marbre**. Tu l'as bien vu dans les exemples que j'ai cités plus haut : **une proposition de valeur évolue** dans le temps, en fonction de ton environnement, des besoins de tes clients, de tes envies…

Dans ce chapitre, tu as perçu l'intérêt de la proposition de valeur, cet élément central de ta stratégie qui va t'accompagner tout au long de ton développement. Tu peux d'ailleurs utiliser les mêmes principes quand tu cherches un job, ou pour développer ta marque employeur. Dans tous les cas, garde toujours en tête la notion de plaisir et d'enthousiasme que doit susciter cette proposition de valeur, à la fois dans la façon dont tu travailles, mais aussi dans la façon dont elle est perçue par tes clients. Une fois que tu as montré que tu es remarquable, que tu as fait une proposition de valeur claire et spécifique, il te faut construire une offre irrésistible, c'est-à-dire faire en sorte que tes visiteurs n'aient pas d'autre choix que d'acheter ton produit.

CHAPITRE 14

FAIS EN SORTE QUE TON OFFRE SOIT IRRÉSISTIBLE

Dans les chapitres précédents, nous avons vu ensemble comment innover pour créer le meilleur produit ou le meilleur service, quel intérêt tu avais à t'intéresser au besoin de tes clients, et comment ta proposition de valeur te permettait d'attirer tes clients. La suite logique, c'est de nous intéresser à ce que tu offres.

Je voudrais commencer ce chapitre par un **coup de gueule contre** ceux que j'appelle **les « *fake* entrepreneurs »**. Tu en as sûrement déjà croisé : il s'agit de ces entrepreneurs qui te proposent des offres absolument irrésistibles… mais complètement *fake* ! Dans des vidéos, ces gens habillés en costume de luxe posent devant une belle voiture (louée pour l'occasion) pour t'expliquer que tu as tout intérêt à suivre leur exemple pour devenir millionnaire… Un business éphémère, et qui véhicule une image déplorable des entrepreneurs. Ce genre de profils alimente ce que j'appelle le « **syndrome du garage** ». Tu as l'impression que tu ne peux être successful que si tu démarres dans un garage, comme Apple ou encore Amazon l'ont fait. Toi, tu ne t'es pas lancé dans un garage, tu galères et **tu as l'impression que tout semble facile chez les autres**. En réalité, tu ne vois que la partie émergée de l'iceberg ! Car c'est très français de ne parler que de ce qui fonctionne, et ne rien dire des problèmes. J'ai d'ailleurs souvent des réflexions en coaching de personnes qui se comparent avec d'autres qui se lancent, et qui semblent avoir « plus de succès ».

POUR SAVOIR SI TON OFFRE EST BONNE, TESTE-LA !

De nombreux entrepreneurs que j'accompagne ont peur de se lancer (je te renvoie ici au chapitre 6). Ils décident alors de travailler et de retravailler leur offre en pensant qu'elle est la clé. Et c'est d'ailleurs souvent l'excuse qu'ils donnent à leurs proches : tant que mon offre n'est pas parfaite, je ne me lance pas. Moi, je vois plutôt là de la procrastination. Le problème, ce n'est pas ton offre, mais d'aller au charbon : tu ne dois pas attendre que ton offre soit parfaite (car elle ne le sera jamais, relis ce que je t'ai expliqué sur le perfectionnisme p. 169). Tu dois aller à la rencontre du besoin de tes clients et de ton public. Car **c'est ton public qui va te dire si ton produit ou ton service est bon ou pas**. Trop d'entreprises ou de start-up se lancent en se focalisant sur leurs chiffres et sur leur business plan, mais la première chose à laquelle tu dois faire attention, ce sont tes clients. Car si tu n'as pas de clients, ton entreprise n'est pas viable. Et si elle n'est pas viable, elle disparaît.

Aujourd'hui, créer une microentreprise prend une microseconde, alors tu n'as aucune excuse pour ne pas te lancer. D'autant qu'il existe aujourd'hui des moyens très simples pour tester ton offre, comme le *crowdfunding*, dont je t'ai déjà parlé un peu plus haut. Tu peux aussi décider de proposer ton offre gratuitement à certaines personnes afin de la tester. De nombreux gourous du marketing te diront qu'il ne faut jamais faire cela, mais je ne suis absolument pas d'accord avec eux. Cette astuce a en effet de nombreux avantages. Elle te permet de vérifier très concrètement si ton offre est bonne, si elle est bien positionnée, si elle est au bon prix. Elle te permet aussi de t'entraîner à vendre et donc de développer ton assurance. Et surtout, elle te permet d'avoir le feedback de tes clients, et donc de t'améliorer, ce qui amorce un cercle vertueux qui permet à ta marque de s'installer. Évidemment, pour que cela fonctionne, il faut que tu limites cette offre (par exemple aux cinq premières personnes qui te sollicitent), et que tu leur demandes, en échange de cette gratuité, un feedback sur ton produit ou ta prestation ou un avis client (voir p. 136). Bref, tu comprends la mécanique.

En pratique, il faut que tu **commences à parler de ton offre le plus vite possible**. J'entends par là : la rendre publique. Tu hésites à en parler de peur qu'on te pique ton idée ? Sache que copier une idée, c'est effectivement très facile. En revanche, la mettre en application demande de l'énergie, du temps et de l'argent. Tes potentiels copieurs sont-ils prêts à en dépenser ?

Dis-toi aussi que, de toute façon, ton idée doit déjà exister quelque part sur la planète (j'exagère sans doute en disant qu'il n'existe qu'une seule seconde d'innovation par siècle mais **les vraies innovations se construisent en les confrontant au monde, aux nouvelles idées** !). « Innover, c'est facile. La difficulté, c'est de transformer une innovation en un vrai business » révèle Michael Dell, fondateur de Dell. Bref, sois rassuré, et n'hésite pas à partager tes idées, à discuter, à échanger, afin de commencer à créer une relation avec ceux qui pourront devenir tes clients. Quelle est la première chose que j'ai faite quand j'ai décidé de me lancer dans l'aventure de ce livre ? Je me suis filmé et j'ai présenté mon projet : « Bonjour, je m'appelle Pierre Dron, et je me lance dans l'écriture d'un livre qui va parler de ceci, de cela… » Cela m'a permis de rendre le projet concret et de m'engager dans sa réalisation.

ENTREPRENDRE NE S'APPREND PAS – ÇA SE VIT !

J'ai rencontré Yann lors d'un atelier. Il avait investi trois ans de vie, toutes ses économies et son énergie pour un projet qui n'avançait pas. Il craquait complètement, il était en burn-out. Pourtant son idée était bonne, son offre prête, elle générait de la valeur et il avait même réussi à travailler sur un prototype. Pourquoi était-il bloqué ? Parce qu'il était englué dans un mauvais schéma, qu'il avait appris à l'école. Or entreprendre ne s'apprend pas dans les écoles ! Ceux qui enseignent ces schémas n'ont jamais entrepris et n'enseignent que des théories du siècle dernier en utilisant du vocabulaire qu'on n'emploie jamais en entreprises ou avec nos clients. C'est en tout cas un vocabulaire que j'ai complètement exclu de ce livre et qui est à mon avis complètement contre-productif.

Je caricature peut-être un peu mais, de manière générale, le mauvais schéma que l'on enseigne la plupart du temps est le suivant :

1. Développe ton offre en privé, et n'en parle pas pour ne pas te faire piquer ton idée.
2. Dépense beaucoup d'argent en conseils avant de la tester.
3. Améliore ton service ou ton produit jusqu'à ce qu'il soit parfait.
4. Attends que tes clients te félicitent.

Je suis désolé de te le dire : ce modèle ne fonctionne pas. Pire que cela, personne ne viendra frapper à ta porte pour te dire que ton projet est génial. Ton idée n'a aucune valeur en soi. La plus-value que tu apportes à ton idée : c'est d'agir. Yann aurait dû se lancer le plus vite possible, de la façon la plus légère qui soit. Aujourd'hui, il existe de nombreux outils pour t'y aider mais cela n'est pas enseigné dans les écoles…

BONUS

Ma sélection d'outils pour t'aider à te lancer vite et bien.

TON CLIENT HÉSITE ? PROUVE QUE TU EXISTES !

Autre travers dans lequel tu peux tomber : l'hésitation. Un client montre de l'intérêt pour ton offre, puis il te dit qu'il va réfléchir, attendre la saint glinglin, en parler à sa femme, etc. En d'autres termes, ton produit l'intéresse mais il n'est pas prêt à acheter car il n'est pas entièrement convaincu. C'est pour toi un indicateur fort. Si tu n'arrives pas à conclure la vente, c'est parce que quelque chose le retient. J'aime bien cet adage : « **Quand il y a doute, y a pas de doute.** » Pour résoudre le problème, et créer une offre à laquelle il ne pourra pas résister, il faut que tu essaies de **comprendre pourquoi cela ne fonctionne pas, écouter** attentivement les mots qu'il utilise.

Plusieurs raisons peuvent expliquer le blocage. D'abord, es-tu réellement sûr de toi ? En d'autres termes, ton offre est-elle assez rassurante ? Ton client doit le ressentir. Je te renvoie là au chapitre 9 sur l'assurance et la confiance. J'aimerais aussi te parler de l'exemple de Jeff qui a, pour contourner ce problème, adopté une stratégie gagnante. Son projet était de se lancer dans le coaching, l'accompagnement de personnes. Pour cela, il a commencé par créer un certain nombre de contenus (articles, vidéos, fiches de lecture…) qui lui ont permis d'afficher son savoir-faire. Il a ensuite proposé des formations en ligne, qui ont été un franc succès et lui ont permis de s'améliorer. Il a enfin pu se lancer dans le coaching premium, et arrêter les formations en ligne. Pour lui, c'était la suite logique. En installant ce cercle vertueux de contenus, il a pris confiance en lui et il s'est montré rassurant auprès de ses clients, ce qui lui a permis d'atteindre son but : devenir coach.

Une autre raison de ce blocage : ton offre est-elle assez claire ? Peut-être qu'elle est trop complexe pour que ton client s'y retrouve ? Dans ce cas, voici deux principes simples : *Keep it simple* (rester simple) et *Less is more* (fais moins mais mieux). Même si Steve Jobs disait : « Faire simple est probablement l'objectif le plus sophistiqué du monde. » ! Je t'invite aussi à suivre l'exemple du publicitaire Leo Burnett : « Faites quelque chose de simple, de mémorisable, d'agréable à regarder, et d'amusant à lire. » Garde aussi en tête cette phrase de Kevin Barnett : « La simplicité se démarque, alors que la complexité va se perdre inexorablement dans la foule. »

LA CLÉ, C'EST L'ENTHOUSIASME

Comme le dit Confucius (que j'ai déjà cité un peu plus haut), « Choisis un travail que tu aimes et tu n'auras plus à travailler un seul jour de ta vie. » Et Gary Vaynerchuk, la version plus récente de Confucius, d'ajouter : « Je suis le plus heureux, parce que je fais exactement ce que je veux faire. » L'offre la plus irrésistible, la plus simple à construire et à vendre, la plus enthousiasmante pour tes clients, c'est celle que tu aimes. Le fait **d'aimer ce que tu fais est un vecteur évident de vente,** car tu vas en parler avec passion. Tu seras un vecteur d'émotion et, comme on l'a vu dans le chapitre 10, l'émotion fait vendre. Si tu es passionné, tu vas le faire avec facilité. Donc à toi de trouver l'élément passionnant de ton projet ! C'est le meilleur moyen de vérifier ton état de motivation et l'efficacité de ton offre.

COMMENT L'INDUSTRIE DU LUXE PEUT T'INSPIRER

Pour te rapprocher de tes clients et vendre, tu as besoin de **créer une offre irrésistible** que tes prospects seront dans l'impossibilité de refuser. Mais comment faire ? Et comment savoir si ton offre est vraiment irrésistible ? L'une des clés est de **t'inspirer des meilleurs** : l'industrie du luxe. Sa force tient en deux mots : l'excellence et la rareté.

L'EXCELLENCE

L'excellence repose sur trois critères : l'utilisation de matériaux nobles, le savoir-faire de qualité (qu'il soit artisanal ou industriel) et la dimension créative. Pour ma part, ces valeurs s'ancrent fortement dans ce que je fais : je me sens ainsi plus proche d'un artisan que d'un industriel, je m'appuie sur un savoir-faire d'une part mais aussi et surtout sur un service personnalisé. T'inspirer de l'industrie du luxe ne signifie pas vendre tes produits très chers, mais te rapprocher de ce que tu es, du type de service ou de produit que tu souhaites proposer. Selon moi, un accompagnement efficace doit s'adapter à la personne qui est en face de moi. Je ne peux pas travailler de la même façon avec Pierre, Paul et Jacques car chacun a sa personnalité, et sa façon de voir son business. Pour toi, c'est la même chose. Mais le plus important est que tu sois attaché à l'excellence de ton produit : c'est en cela que tu créeras une marque durable et remarquable, comme celles de l'industrie du luxe. **À toi de t'interroger sur les matériaux nobles que tu utilises, le savoir-faire sur lequel tu t'appuies, et la dimension créative que tu donnes à ton entreprise.**

LA RARETÉ

Les produits de luxe sont rarement distribués à grande échelle. Ils le sont dans des endroits spécifiques, voire prestigieux. L'industrie du luxe organise la rareté en créant des séries limitées ou des valeurs supplémentaires, en travaillant sur des collaborations ou des collections capsules. Imagine que tu es au restaurant et que le serveur te dise qu'il ne reste plus qu'une mousse au chocolat, ça te donne envie de la commander, n'est-ce pas ? L'industrie du luxe utilise exactement le même principe. Et tu peux très bien t'en inspirer quel que soit le produit ou le service que tu proposes. Par exemple, si tu es consultant, tu peux utiliser la stratégie de la liste d'attente, comme les boîtes de nuit vides laissent les clients attendre dehors pour donner l'impression que c'est blindé. Traduction pour toi : ouvrir tes accompagnements uniquement à certaines périodes de l'année, annoncer que tu n'es pas disponible avant telle ou telle date... Tu peux aussi proposer un seul produit, ou bien une série limitée avec des objets numérotés.

Ce qui est remarquable avec l'exemple du luxe, c'est que **cette stratégie fonctionne même en période de crise**. Cette industrie n'a pas subi la crise de la même façon que les autres secteurs. Comment a-t-elle fait ? En donnant à ses produits une valeur bien supérieure à celle du prix réel et en donnant à ses clients l'impression d'être uniques. Il n'y a qu'à voir sur Vinted le prix auquel sont vendus certains emballages ou de simples rubans qui portent le nom de ces marques... Le produit de luxe n'est pas un produit essentiel dans ton quotidien, son prix ne correspond pas du tout à son utilité immédiate à savoir sa valeur d'usage, mais à une utilité sociale : il montre une appartenance à un groupe social. Tu dois toi aussi te mettre dans cette logique : **ta marque doit imprimer quelque chose chez ton interlocuteur**, et ton offre devient irrésistible dans le sens où elle permet de faire une différence et où le prix n'est ni un argument ni un frein. Car, comme je te l'ai déjà dit, aujourd'hui, le prix est hors jeu : tu trouveras toujours quelqu'un qui fait comme toi mais moins cher. Le positionnement prix n'étant pas viable, tu vas plutôt t'intéresser à ta marque.

Si on devait résumer ce qui fait le succès de l'industrie du luxe, je dirais que :

1. **La marque est un pilier stratégique**. Cette industrie investit beaucoup sur le contenu de la marque, la communication et le marketing.

2. La marque réussit à faire naître un besoin pour que son **offre** devienne **irrésistible**.

3. La marque crée de la valeur à travers des **représentations positives**, en utilisant par exemple des ambassadeurs. Ces ambassadeurs lui permettent de pénétrer plus rapidement un nouveau marché. Pour t'en inspirer, et si tu n'as pas les

moyens de Nespresso pour t'offrir George Clooney, réfléchis aux personnes qui peuvent « porter » ta marque. Tu peux aussi t'en inspirer en ayant recours aux micro-influenceurs (c'est la tendance[55]). Il s'agit de personnes qui ont moins de 10 000 followers, mais qui ont un fort taux d'engagement auprès de leurs communautés… et sont aussi beaucoup plus accessibles financièrement. Ces derniers t'offrent une meilleure interaction avec ta cible (leurs abonnés). L'avantage de ces pratiques est d'accélérer ta courbe d'adoption (voir les explications sur la courbe d'adoption du produit dans l'encadré ci-après).

4. La marque mise sur la **personnalisation**. L'idée est de personnaliser ton offre en fonction de ton client, car ton client est unique. La première à avoir emboîté le pas à l'industrie du luxe, c'est l'industrie automobile, avec Mini, qui proposait de personnaliser la couleur du toit, des jantes, de l'intérieur… Avant d'imaginer le big data au service de la personnalisation, tu peux aussi t'inspirer de Routine[56], qui dans le domaine de l'horlogerie, te propose de personnaliser ta montre, ou de la marque au swoosh avec son service Nike ID qui crée ta propre paire de sneakers, ou encore d'Alpine, qui numérotait ses voitures en prévente. Même l'industrie alimentaire qui produit en masse le propose : Coca-Cola a adopté la stratégie de personnalisation en proposant des bouteilles portant les 150 noms les plus connus dans l'Hexagone, et Ferrero propose des messages personnalisés à la place du nom du produit sur les pots de Nutella.

5. La marque **se diversifie** pour survivre. À l'origine, les marques de luxe se sont construites sur une activité très spécifique (par exemple, la haute couture, l'automobile…) ou un matériau de luxe précis (par exemple la soie, le diamant…). Mais elles ont réussi à se diversifier : Ferrari, par exemple, a créé des

55. D'ailleurs, selon une étude YouGov, 59 % des influenceurs affirment une sollicitation des marques plus accrue depuis la crise sanitaire (https://www.strategies.fr/actualites/marques/4054110W/59-.html).
56. www.routine.fr

lignes de vêtements ; la haute couture s'est lancée dans le linge de maison… Elles ont aussi réussi à multiplier les canaux de distribution, comme les boutiques éphémères, la vente en ligne… ou encore à signer des partenariats avec d'autres marques. C'est l'exemple de Chanel et Nike, de Karl Lagerfeld et Coca-Cola, de Louis Vuitton et Supreme, ou d'Apple Watch et Hermès. Je pense aussi à la marque Yeezy, lancée par Nike et Kanye West en 2009. En l'espace de quelques minutes, la Nike Air Yeezy 1 était en rupture de stock malgré un prix de 215 dollars. Succès renouvelé avec un deuxième modèle, vendu encore plus cher. Et revendu huit à neuf fois plus cher sur les sites de seconde main…

LA COURBE D'ADOPTION DES NOUVEAUX PRODUITS

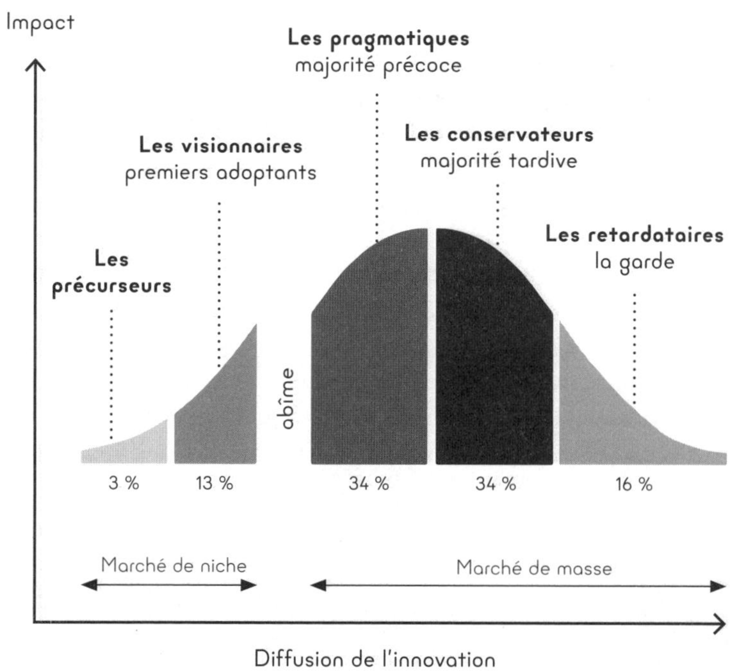

Cette courbe décrit les comportements des acheteurs face à l'innovation. Il y en a cinq :

- Quand un nouveau produit arrive sur le marché, les premiers à l'acheter sont les précurseurs (environ 3 % de la population) : ils sont intéressés par les nouvelles idées, aiment tester les nouvelles fonctionnalités. Pour moi, ce sont tes ambassadeurs.
- Il y a ensuite les visionnaires ou les adopteurs précoces (*early adopters*) : ils ont foi en ton produit et savent qu'il va marcher. Ils représentent environ 13 % de la population.
- Il y a ensuite la majorité des consommateurs, divisés en deux groupes : la majorité précoce (qui se dit : « Tout le monde a ce produit, pourquoi pas moi ? ») et la majorité tardive (ils achètent le produit parce que la majorité en a démontré l'intérêt).
- Et enfin, les réfractaires, qui adoptent le nouveau produit bien après tout le monde.

QUELQUES MÉTHODES DE VENTE POUR T'AMÉLIORER

Une fois que tu as tous ces éléments en tête, comment savoir si ton offre est vraiment irrésistible ? Comment créer un produit minimum viable et comment utiliser certaines méthodes de vente ? On pourrait faire un livre en plusieurs tomes ou même une encyclopédie sur les méthodes de vente. Ici, je vais plutôt te donner quelques éléments pour créer une offre irrésistible, en lien avec ta marque, afin de t'aider à développer ton business avec un minimum de méthode, mais en étant le plus simple possible.

UN BON PRODUIT, C'EST LA MEILLEURE PUB QUI SOIT !

Cela peut sembler une évidence, mais il est important de le rappeler. On a déjà vu ensemble comment créer un « bon produit ». Je voudrais juste te citer l'exemple d'Amazon. Au départ, quand Jeff Bezos a annoncé qu'il voulait être la première librairie en ligne, on lui a ri au nez. Aujourd'hui, c'est LE géant du e-commerce, que tout le monde connaît. Même s'il est décrié, il faut bien reconnaître que l'expérience client proposée par Amazon est extraordinaire : en deux clics, tu peux recevoir chez toi n'importe quel produit. Cela correspond à un vrai besoin. Si toi aussi, tu travailles dans le e-commerce, je t'invite à regarder comment Amazon a fait les choses. Un bon produit est la meilleure pub qui soit, et **le marketing ne suffira jamais à rendre irrésistible ton offre**. Ce n'est pas parce que tu fais un joli habillage que cela va la rendre irrésistible.

Enfin, n'oublie pas que tu n'es pas obligé d'être hyper-innovant. Pour reprendre l'exemple de la pizzeria que j'ai déjà cité à plusieurs reprises dans ce livre, tu peux, pour être remarquable, faire des choses simples : prêter une attention toute particulière à la décoration de ton commerce, mettre en avant le fait que tu as un feu de bois, proposer des pizzas géantes à partager ou encore proposer à tes clients de les composer eux-mêmes, leur donner des noms rigolos ou les noms de tes clients… De cette manière, tu réponds à un besoin et tu as une offre atypique, remarquable, irrésistible. Mais attention de ne pas « habiller la mariée », en d'autres termes, de ne pas survendre quelque chose qui n'existe pas.

ATTENTION AUX TENTATIONS FACILES !

Pour vendre, tu pourrais être tenté de faire des choix qui te semblent faciles, mais qui sont en réalité de mauvaises idées… En voici quelques-uns, à fuir absolument.

- **Vouloir vendre à tout le monde**
Contrairement à ce que tu pourrais croire, vouloir vendre à tout le monde est une mauvaise idée. Pourquoi ? Parce qu'il est impossible de t'adresser à tout le monde en même temps. La preuve : même les grandes marques ne le font pas sur les produits les plus basiques, qui a priori se ressemblent tous. Contrex, Perrier ou Hépar, par exemple, ont chacun **un positionnement différent**. Ils s'adressent à des consommateurs précis : les personnes qui souhaitent garder la ligne pour Contrex, celles qui veulent festoyer pour Perrier, ou encore celles qui veulent prendre soin de leur santé, et en particulier de leur transit, pour Hépar. Cela **permet de concevoir des messages plus pertinents**, qui parlent à ta cible.

Tu pourrais aussi avoir la tentation de vendre à tout le monde en attaquant ton marché par le prix : c'est là encore une mauvaise idée, car tu risques de ne pas être rentable sur le long terme. Un proverbe serbe dit d'ailleurs : « Mieux vaut gagner dans le commerce de paille que perdre dans celui de l'or. » La solution, c'est plutôt de t'adresser à une niche, à des personnes que tu connais, que tu as bien identifiées, voire avec lesquelles tu as déjà échangé. Par exemple, il est plus facile de retrouver un golfeur ou un fumeur de cigares pour lui adresser un message… que de le faire au CSP+ ou à la ménagère de moins de 50 ans, qui reste une population très floue. L'avantage est que tu sauras où trouver ces populations et comment t'adresser à elles.

- **Te focaliser sur le prix**
Le prix n'est pas ton premier argument de vente, car il n'est pas la seule attente de la part de tes clients. Tes clients veulent avant tout que tu répondes à leur besoin.
En matière de prix, il y a deux écoles : soit tu annonces d'emblée ton prix, soit tu ne l'affiches pas. Pour ma part, je n'annonce jamais mon prix avant qu'on me le demande… Tant qu'une personne ne te demande pas le prix, cela veut dire qu'elle n'est pas prête à faire affaire avec toi. Je prends

donc d'abord soin de cerner le besoin et de démontrer comment je peux y répondre avant d'annoncer mes prix. D'ailleurs, je propose les mêmes tarifs quels que soient les clients. C'est plus facile pour moi, cela m'épargne la corvée de faire des devis.

- **Rater le jour de ton mariage (à savoir ton lancement !)**
  Tu pourrais aussi être tenté de tout donner lors de la phase de préparation de ton offre et de ton produit, puis de te relâcher le jour J. Or le lancement, c'est la consécration de tout le travail que tu as accompli. Il faut donc que tu fasses attention à la manière dont tu annonces ton lancement[57]. Comme le dit mon beau-père : « **On n'a pas deux fois l'occasion de faire une bonne première impression.** »

- **Ne te juge pas trop sévèrement (tes clients sont tes juges)**
  La question de la légitimité est fréquente chez les entrepreneurs : Suis-je légitime pour proposer cela, pour dire cela ? En fait, si tu partages du contenu, ton savoir-faire, ce n'est pas à toi de juger de ta légitimité ou de ta crédibilité, c'est à tes clients. Ce sont **tes clients** qui **te diront si tu es légitime** dans la façon dont tu leur parles. Et moi, suis-je légitime à écrire ce livre ? Je n'en sais rien. En revanche, ce que je sais, c'est que je le deviens à partir du moment où je le fais, et à partir du moment où je partage ce que je fais, ce que j'ai expérimenté. Cela ne souffre aucune contestation car j'ai le droit d'exprimer mon point de vue, ma pensée.

- **Faire compliqué…**
  … alors que faire simple, c'est aussi bien, et moins cher ! Tu pourrais par exemple être tenté de chercher de nouveaux clients alors que tu en as déjà. **Acquérir un nouveau client te coûte trois à cinq fois plus cher que de fidéliser** simplement tes clients existants. Comment fidéliser ? En écoutant ses

57. Pour en savoir plus sur le sujet, tu peux lire le livre de Jeff Walker, *Launch*, Alisio, 2020.

nouveaux besoins pour lui proposer, le cas échéant, de nouveaux produits et de nouveaux services (voir aussi le chapitre 20).

- **Ne pas te remettre en question**
  Vérifie si ton offre est toujours valable. Pour cela, suis ta progression avec des données claires. Tu peux appliquer la loi de Pareto, ou la méthode du 80/20. Je l'ai appliquée pour mon agence : en analysant les différentes prestations que j'avais vendues, je me suis aperçu que 80 % de mon activité provenait de 20 % de mes clients. Et donc je perdais un temps fou à essayer de vendre différentes prestations, alors que finalement, en me focalisant sur l'accompagnement, sur ce que j'aimais, sur ce que mes clients attendaient, j'ai pu faire pivoter facilement mon activité, la rendre plus viable et durable, et éviter la faillite.

LA MÉTHODE *USER CENTRIC*

Maintenant qu'on a analysé les différents travers dans lesquels tu peux tomber, je vais te parler d'une seule méthode applicable : celle d'être centré sur ton client-utilisateur (*user centric* en anglais), c'est-à-dire de **ne porter ton attention QUE sur le besoin de ton utilisateur**, d'être en empathie avec ton public. Et de t'appuyer sur cet adage bien connu : le client est roi (en sachant que ROI signifie aussi retour sur investissement). Je te dirais même plus : ton client est ton ami. **Tu dois autant investir sur tes clients que sur ta marque.** Cette méthode repose sur un certain nombre de grands principes, que je développe ici et dans les chapitres à venir.

- **Soigner ton point d'entrée** ou point de contact, afin d'éviter ce que l'on appelle les frictions et de garantir un parcours client le plus fluide possible. C'est ce que l'on voit dans le chapitre 12 (avec l'exemple du coiffeur) et dans le chapitre 19.

- **Soigner l'expérience.** Je te renvoie ici au chapitre 10.

- **Gommer le risque de perte, qu'on appelle aussi l'aversion à la perte.** L'aversion à la perte, définie par Daniel Kahneman comme un biais cognitif, est le fait d'attacher plus d'importance à une perte qu'à un gain du même montant[58]. Ainsi, ton client a naturellement peur de se tromper. Pour éviter que cette peur ne le bloque, il faut que tu élimines toute notion de risque. Cela passe par des astuces très concrètes. Tu peux par exemple :
  - Proposer une garantie satisfaction (type « satisfait ou remboursé », X jours d'essai gratuit...).
  - Faciliter le paiement, par exemple en proposant un paiement en plusieurs fois, un paiement au résultat (en pourcentage) ou encore au forfait. C'est cette dernière solution que j'ai mise en place en coaching : quelle que soit l'utilisation de mon service, tu paies le même prix, que tu m'appelles une fois ou cinq fois.

- **Rassurer ton client,** car ton client peut avoir un doute, ne pas être sûr de son coup. Pour cela, travaille sur tes cas clients, tes avis clients, tes témoignages (ce que je t'ai déjà expliqué dans le chapitre 9). Pour rappel, la meilleure manière de convaincre, ce n'est pas de dire que tu es le meilleur, c'est de faire en sorte que d'autres que toi le disent.

- **Gérer la rareté et l'urgence *vs* la technique de l'abondance.** Ton client étant hyper-sollicité, il faut te demander pourquoi il répondrait à ton offre et en quoi elle serait irrésistible. La solution : créer l'urgence. Par exemple en disant que cette offre se termine tel jour. Tu peux aussi créer la rareté, en ne proposant par exemple que 10 coachings cette année. Il y a encore une autre possibilité : créer de l'abondance. Souvent, quand tu es entrepreneur, tu te demandes : est-ce

58. Sur ce sujet, je t'invite aussi à regarder cette vidéo de Timothy Ferriss : https://www.ted.com/talks/tim_ferriss_why_you_should_define_your_fears_instead_of_your_goals

que je n'en donne pas trop (par exemple la question se pose souvent pour les prestataires de services, les consultants). Est-ce que tu ne donnes pas trop de conseils gratuits sur ton blog ? Je te répondrais que tu n'en donnes jamais assez car ton but est d'**installer une relation de confiance**. Elle se créera si ton interlocuteur a l'impression que tu lui donnes des informations, s'il a l'impression que tu en retiens, il se méfiera. À partir du moment où tu as donné, ton interlocuteur est en confiance et se dit que tu es la meilleure personne capable de l'accompagner. Quand j'ai lancé mon offre de coaching, j'ai organisé un atelier sur la stratégie, puis j'ai proposé à quelques-uns des participants de cet atelier un diagnostic vidéo de 20-30 minutes dans lequel je décortiquais l'ensemble de leur site internet, leur stratégie de référencement, de visibilité, les axes de communication… Je leur donnais toutes les clés pour développer leur activité, et ils n'avaient plus qu'à les mettre en place. En définitive, 90 % des entrepreneurs auxquels j'ai offert ce diagnostic ont ensuite signé un coaching avec moi, les 10 % restants étant des entreprises qui ne se sont jamais lancées.

- **Être clair !** Comme le dit le poète Nicolas Boileau, « Ce que l'on conçoit bien s'énonce clairement, et les mots pour le dire arrivent aisément[59] ». Pour énoncer clairement ta proposition, tu peux t'appuyer sur les techniques de copywriting. Mais au-delà de ces techniques, retiens que tu dois vraiment synthétiser et, comme le préconisait Coco Chanel, retirer un bijou avant de sortir. En d'autres termes, retire tout ce qui est superflu. À partir du moment où cela devient concret, ton offre devient beaucoup plus claire.

59. *L'Art poétique*, 1674.

BONUS

Il existe une multitude de techniques en matière de copywriting. Voyons comment fonctionnent celles qui sont les plus utilisées !

En conclusion de ce chapitre, je te dirais que créer une offre irrésistible n'est pas un mythe… Pourtant, comme Sisyphe, tu peux avoir l'impression de pousser ton projet chaque jour au sommet de ton art, et de devoir recommencer le lendemain, et tous les jours qui suivent. C'est vrai. Mais, avec un business model *clair, la tâche sera plus facile chaque jour.*

CHAPITRE 15

APPUIE-TOI SUR UN *BUSINESS MODEL* CLAIR

Le *business model* (modèle économique) définit la façon dont ton entreprise va créer de la valeur et générer des revenus, la façon dont ton entreprise garantit sa rentabilité. Le *business model* n'est pas ta stratégie de communication sur tes réseaux sociaux, ta tactique pour trouver tes clients, le prix auquel tu vends tes prestations… NON ! Ton *business model* fait en sorte que ton idée soit concrète, rentable et durable. Car avoir une idée ne suffit pas, il faut la mettre en musique pour générer des revenus. Tu dois donc te poser une question essentielle : **quel modèle économique je choisis pour faire en sorte que mon entreprise soit rentable et durable ?**

Aujourd'hui, de nombreuses entreprises se lancent sans *business model*, parce qu'elles ne savent pas où elles vont, ou avec un *business model* beaucoup trop complexe. Or, si les choses ne sont pas claires ni pour toi ni pour ton équipe, comment veux-tu qu'elles le soient pour tes clients ? Si tu es au clair avec la façon dont tu veux développer ton entreprise, ce sera beaucoup plus simple pour avancer et pour te garantir des revenus, de manière régulière. Si tu sais comment générer des revenus sur le long terme, tu auras une vision à long terme de ton entreprise, et c'est un gage de durabilité.

Je présume que si tu es en train de lire ce livre, c'est parce que tu te poses des questions sur ton entreprise, et que tu sens que tu peux améliorer quelque chose. S'il y a un point qu'il ne faut absolument pas négliger, c'est **ton *business model*** : il **va** te permettre de **fixer ton cap, ta direction**, de savoir ce qui est important et de débloquer des freins (le plus souvent psychologiques). À partir du moment où tu sais où tu vas, ce sera plus simple d'avancer. Mais avant de poursuivre ce chapitre, je voudrais dire STOP à la connerie des *business models* préremplis proposés sur Internet. Ne tombe pas dans cette facilité ! Pourquoi ? Tout simplement parce que personne d'autre que toi ne peut savoir comment tu as envie de porter ce projet. Si tu télécharges ce type de document, tu mets en péril ton entreprise, son identité propre et sa durabilité. Alors fais-toi confiance, je te donne toutes les clés ici pour construire un business model simple, efficace et, plus important que tout, qui te ressemble.

BUSINESS MODEL OU *BUSINESS PLAN* ?

La confusion étant fréquente, il me paraît utile de mettre les choses au clair. Le *business model* est le concept qui permet à ton entreprise de gagner de l'argent ; le business plan (plan d'affaires) est la déclinaison concrète, opérationnelle et chiffrée de ton *business model*. Ce dernier explique comment tu vas mettre en application ta stratégie globale. Il présente une situation financière future (bilan prévisionnel) et les prévisions de ton activité (compte de résultat prévisionnel).

Le *business model* va surtout t'aider à clarifier ton offre.

- Il englobe ta proposition de valeur (que l'on a vue au chapitre précédent).
- Il te permet de connaître ton marché, les gens à qui tu t'adresses et avec lesquels tu as envie de commercer.

- Il explique comment tu te différencies de tes concurrents et ce que tu apportes sur ton marché.

- Il met en évidence tes générateurs de revenus et la rentabilité qui en résulte.

- Il t'aide à bien communiquer sur ton projet, en proposant une présentation dynamique, claire et synthétique, sans détails techniques.

En d'autres termes, ton *business model* résume la stratégie de ton entreprise tandis que ton business plan résume la stratégie commerciale. **Ton *business model* est une stratégie à long terme, qui te permet d'éviter les chocs** ; ton business plan est une tactique à court terme qui te permet juste de colmater les brèches. C'est un peu comme quand tu conduis une moto : pour prendre un virage, tu ne dois pas regarder la roue, tu dois regarder l'horizon. Ton business plan, c'est ta roue ; ton *business model*, c'est ton horizon, tu sais lequel il te faut pour bien prendre ton virage. Je ne suis pas expert en pilotage de moto, mais si tu ne regardes pas à l'horizon, tu risques de louper ton virage et te planter. Pour ne pas te planter, regardons l'horizon ensemble.

VIVE LE *BUSINESS MODEL* HYBRIDE !

Il existe un certain nombre de *business models* existants. L'idée n'est pas ici de faire une liste exhaustive, mais d'en citer quelques-uns que je trouve remarquables. Et de te faire comprendre que tu peux les combiner pour créer de nouveaux modèles.

- La vente de produits : tu échanges un produit contre de l'argent ;

- La vente de services : tu échanges ton temps contre de l'argent ;
- La ressource partagée : tu mets à disposition une ressource, par exemple une salle de sport, que tu vas partager avec d'autres personnes *via* un système d'abonnement ou autre ;
- L'abonnement : c'est le *business model* de Netflix, des journaux périodiques ou encore des boxes ;
- L'achat-revente : tu achètes en lot pour revendre à l'unité (comme les grossistes, les supermarchés…) ;
- La location : je te prête ce produit (mon appartement, ma voiture…) et en échange, tu me payes un revenu locatif ;
- Le commissionnement : tu es chargé par quelqu'un de vendre ses produits ou ses services (comme les représentants commerciaux, les agents d'artistes, de joueurs…).

Voilà pour les principaux modèles de base. Il existe ensuite des modèles plus complexes, voire hybrides, comme :

- Le commissionnement/affiliation : je fais la promotion du produit X et si tu l'achètes, je touche une commission. Exemple : les liens sponsorisés sur les blogs, les sites type Groupon qui prennent un pourcentage sur l'intermédiation ;
- Les enchères : je fixe un prix qui augmente si d'autres personnes sont intéressées (les œuvres d'art par exemple) ;
- Le financement par la publicité : ma production est financée par des partenaires qui profitent de ma notoriété à travers des encarts pubs (comme la presse) ou des placements de produits (comme les films ou les influenceurs) ;

- Le modèle freemium : ce modèle consiste à proposer un produit ou un service en accès gratuit, puis à faire payer les services additionnels (voir aussi p. 211) ;

- Le *business model* de l'imprimante, ou de la machine à café à capsules (Nespresso par exemple) : l'idée est de vendre la machine à bas prix, voire à perte, puis de se rattraper sur les fournitures (cartouches d'encre, dosettes de café…), ce qui permet également de fidéliser le client.

Le monde bouge perpétuellement et les *business models* sont eux aussi en mutation. Plein de nouveaux modèles ou de modèles hybrides apparaissent. Je t'en cite quelques exemples.

- **Bankin' : changer de modèle pour accélérer son développement**
Cette application permet d'agréger l'ensemble de ses comptes bancaires. C'est, à la base, un modèle économique freemium : les utilisateurs ont accès à une version gratuite (ce qui fait grimper rapidement ton nombre de clients), puis on leur propose des services supplémentaires payants. Pour accélérer son développement, Bankin' a ensuite intégré un autre modèle, et présenté à sa communauté des offres de certaines banques en ligne, *via* un système de parrainage qui permet aux utilisateurs de gagner de l'argent quand leurs amis ouvrent eux aussi un compte. L'application négocie aussi des tarifs et développe les achats groupés auprès de partenaires complémentaires (boxes internet, de fournisseurs d'électricité…) qui récupèrent des clients facilement en échange d'une commission versée à Bankin'.

- **1083, Asphalte, Bonne gueule : la force du collaboratif**
Ces marques de mode ont intégré dans leurs *business models* le *crowdfunding* (c'est-à-dire la prévente : zéro stock, zéro avance de trésorerie) mais aussi le *crowdsourcing*. La communauté est invitée, *via* un système de questionnaire, à choisir les nouveaux produits qui vont sortir, à sélectionner les matières, le design, etc. Ainsi, quand le produit est prêt,

il est unique et validé par la communauté, ce qui représente déjà un pas de géant pour la vente. On retrouve cette idée de l'importance du feedback, développée dans le chapitre précédent. Voilà donc un *business model* complètement inverse à ce que faisait l'industrie textile jusqu'alors, à savoir : créer une collection, élaborer une stratégie, mettre la collection en vente et en fin de compte, espérer du profit et un retour sur investissement. Ces nouveaux business hybrides, eux, permettent de générer du cash avant même d'avoir fabriqué quoi que ce soit. Le risque est réduit à néant, ou presque. Cette technique permet aussi de servir la mission de l'entreprise, comme une démarche éthique et responsable (pour 1083), remercier sa communauté fidèle d'être « le 1er site de mode masculine » (pour Bonne Gueule), ou proposer de belles fringues « sans craquer son PEL » pour Asphalte.

- **Netflix : un modèle qui s'adapte au monde en mutation**
  À l'origine, à la fin des années 1990, l'entreprise fait de la location de DVD livrés à domicile. Elle lance ensuite un système d'abonnement mensuel, avant de développer le service de vidéo à la demande que l'on connaît aujourd'hui. Au départ, elle fonctionne sur un système de partage de revenus : j'intègre ton film dans notre catalogue, et en échange, je te paie des royalties. Sauf que pour développer une plate-forme de vidéos en streaming, il faut beaucoup de contenus. Face aux projets concurrents et à la surenchère, Netflix décide alors de produire son propre contenu. Ainsi est née *House of Cards*, la première série Netflix, en 2013. Cette histoire montre bien comment la marque a sans cesse adapté son *business model* pour réussir. La preuve avec le lancement à venir d'un service de jeux vidéo en ligne.

- **Amazon Prime : définir des priorités**
  Encore un autre exemple de *business model* intéressant. En effet, le service de vidéo en streaming d'Amazon n'est pas du tout rentable. Mais Amazon s'est rendu compte que les clients qui s'abonnaient à ce service de VOD achetaient 30 à

40 % fois plus sur le site Amazon (qui propose notamment pour les abonnés Prime une livraison des commandes en 24 heures). L'entreprise a compris que la plateforme de streaming permettait de fidéliser ses abonnés Prime. Même si elle perd de l'argent sur la production de contenus, elle augmente son nombre de vente sur le site e-commerce, ce qui est sa priorité, et ce qui lui permet d'atteindre une belle rentabilité.

- **Citron Bien (mon entreprise à moi !) : quatre modèles, un équilibre**
  Mon entreprise repose sur quatre modèles économiques complémentaires :
  1. une activité de vente de services : je vends mon temps contre de l'argent ;
  2. un système de royalties : sur chaque exemplaire vendu de ce livre que tu as entre les mains, je vais toucher un pourcentage ;
  3. la vente de tuto (des modules pratiques de formation en ligne sur un outil) : je le produis une fois, et il se vend tout seul *via* ma boutique ;
  4. la location de mes bureaux, qui sont un peu grands pour moi tout seul, et que je loue régulièrement pour des tournages ou des séminaires.

Chacun de ces modèles de revenus a ses avantages et ses inconvénients. Le premier fonctionne bien mais si je ne suis pas disponible, ou si je suis blessé et incapable de travailler (ce qui m'est arrivé l'an dernier), je n'ai plus de revenus. Pour le deuxième et le troisième, j'ai passé beaucoup de temps à écrire ce livre et produire les contenus, mais une fois terminés, ils généreront des revenus automatiques (et je l'espère sur plusieurs années). Enfin, le système de location de bureaux fonctionne un peu tout seul, que je sois là ou pas. L'avantage de cumuler différents modèles est de pouvoir limiter la casse en cas d'accident de la vie ou d'être en adéquation avec son style de vie (être digital nomade ou pouvoir partir en vacances quand tu as envie, par exemple).

COMMENT FAIRE ÉVOLUER TON *BUSINESS MODEL* ?

La question que tu dois te poser, c'est : Comment faire évoluer ton *business model* pour être plus rentable et surtout durable ? Mais aussi, comment faire en sorte que ton entreprise soit au service de ta vie et pas l'inverse ? Voici une liste de questions qui devraient t'aider à faire évoluer ton *business model* :

- Qu'est-ce que tu vends ? *ou plutôt* Comment tu le vends ?
- Quel est ton objectif quand tu vends ?
- Sur quel modèle repose la vente de tes produits/services ?
- Ton activité est-elle rentable ?

Pour répondre à ces dernières questions, un bilan de ton activité s'impose. Pour bien faire, liste l'ensemble de tes revenus depuis ta création, puis applique l'une de ces grilles de lecture.

> **ÉTAPE 1 :**
Trie tes revenus en fonction de l'activité vendue. Par exemple, si tu es coiffeur-barbier, tu peux séparer boutique, coupe, barbe. Cela te permettra de voir quelle activité est la plus vendue et ensuite quelle est la plus rentable, pour la développer ou la mettre en avant. Tu pourras peut-être appliquer la loi de Pareto. Pour ma part, je me suis aperçu que 22 % de mes clients me rapportaient 83 % de mon chiffre d'affaires. Et donc que la majeure partie de mon activité me demandait beaucoup d'énergie et d'investissements pour un résultat insatisfaisant tant en termes de chiffre d'affaires, que de temps, de mobilisation technique et de matériel nécessaire.

> **ÉTAPE 2 :**

Analyse le temps passé sur chacune de ces activités, afin de vérifier leur rentabilité. Ici, tu peux ajouter des critères supplémentaires : le temps, la difficulté ou la douleur à faire telle ou telle tâche, la technicité qu'elle demande, la rareté sur son marché…

> **ÉTAPE 3 :**

Vérifie la rentabilité de tes activités sur le long terme. Je prends l'exemple de ce livre : l'avance sur droits que m'a accordée mon éditeur n'est absolument pas à la hauteur du temps que j'ai passé sur l'écriture. En revanche, c'est un investissement qui va me permettre de générer des revenus pendant dix ans (je l'espère). Et surtout, il m'apporte une autre forme d'épanouissement personnel et de notoriété professionnelle qui peut m'aider à augmenter mes prix par exemple. Il s'agit ici de trouver ton seuil de rentabilité.

> **ÉTAPE 4 :**

Observe la provenance de ces clients : viennent-ils grâce au bouche-à-oreille, grâce à Facebook, à ton site internet, à une recherche Google, etc. ? Cela va te permettre de savoir sur quoi tu dois porter tes efforts, ce que tu dois améliorer ou au contraire ce que tu dois abandonner. Par exemple : si tu constates qu'aucun de tes clients ne vient d'Instagram, que tu ne développes aucune notoriété, est-il utile que tu y passes autant de temps ? Moi, par exemple, je kiffe raconter des histoires sur Instagram, même si cela ne m'apporte aucun business concret… Je me fais plaisir ! Et pour durer, tu as intérêt à te faire plaisir. Aristote disait déjà : « Le plaisir dans le travail met la perfection dans le travail. »

FACEBOOK *VS* MYSPACE, OU L'INTÉRÊT D'AVOIR UN *BUSINESS MODEL* CLAIR

Pourquoi Facebook a-t-il réussi là où MySpace (dont je t'ai déjà parlé p. 175) a échoué ? À mon humble avis, la question du *business model* a été la différence centrale. Quand Mark Zuckerberg a lancé son projet, son modèle de lancement était assez simple. Il a suivi les différentes étapes dont je t'ai déjà parlé : trouver une idée, la lancer, bien s'entourer, itérer, se lancer, accélérer. Alors que, dans le même temps, Tom Anderson et son associé, eux, sont restés englués dans des modèles anciens. On ne saura jamais qui, de Mark Zuckerberg ou des frères Winklevoss, a eu l'idée du réseau social, mais une chose est sûre : Mark Zuckerberg a lancé l'idée alors que les frères Winklevoss ont tergiversé. Je l'ai déjà dit dans ce livre, une idée ne fait pas tout, le plus important est de la mettre en musique. Mark Zuckerberg, tout comme Ray Kroc, le fondateur de McDonald's, avaient **un *business model* clair** sur lequel ils ont su se déployer, tester des innovations mais toujours en gardant le cap. **C'est le secret de la réussite de ces super-puissances.**

PARTAGER SON ENTHOUSIASME : UN SUPER *BUSINESS MODEL* !

Il y a quelques mois, Laurie a commenté l'un des articles de mon blog intitulé : « Être heureux et le dire va booster ta marque et tes ventes. »[60] Elle venait de fermer son entreprise. « Quand j'analyse mes dernières années de boulot où je n'ai pas été heureuse 100 % du temps, écrit-elle, je comprends que c'est parce que je voulais faire des choses pour répondre à une demande, mais qui n'étaient pas forcément ce que j'aimais faire. Il me semble qu'on est vraiment compétent (et qu'on apporte une VRAIE valeur

60. https://citronbien.com/ce-qui-te-rend-heureux/

ajoutée) quand on est passionné, non ? » Au-delà des mécaniques traditionnelles qu'on connaît sur le *business model*, j'ai envie de te dire dans ce chapitre que ce qui te rend heureux est sans doute ce qui va booster ta marque et tes ventes. Winston Churchill, lui, disait : « Un pessimiste voit la difficulté dans chaque opportunité, un optimiste voit l'opportunité dans chaque difficulté. » **Cette forme d'enthousiasme communicatif est le meilleur *business model* qui soit, et je suis la preuve que cela fonctionne**. Tu dois te poser la question : qu'est-ce qui me rend heureux ? Le fait de t'apporter mon aide précieuse pour développer ta marque, trouver des nouveaux clients, mieux communiquer sur tes produits et organiser ta stratégie. Écrire ce livre a été un challenge hyper-complexe pour moi, mais je me suis dit que cela pourrait t'aider de façon complètement différente de ce que tu as déjà pu lire par ailleurs. Ce livre est donc aussi une manière de partager mon enthousiasme. Car, j'en suis convaincu, **entreprendre est une super façon de s'épanouir.**

En répondant à la question « Qu'est-ce qui me rend heureux ? », non seulement **tu détermines les axes forts de ta marque**, mais en plus tu les mets en lumière.
C'est ÇA que tu dois partager avec tes clients !
C'est ÇA que tes clients veulent savoir de ta marque !
C'est ÇA qui va transformer un simple prospect en client !
En partageant tout cela, tu peux vraiment **faire la différence et devenir remarquable**.

Pour t'aider à répondre à cette question délicate quand on s'y penche de plus près, et compléter ton discours pour te présenter, voici d'autres questions qui vont t'aider :

- Pourquoi as-tu monté ce projet ?
- Où seras-tu dans cinq mois ? Et dans cinq ans ?
- Qu'est-ce qui te motive dans ce projet ?

Si tu veux **entrer dans le cercle vertueux « plus on est heureux, et plus on le devient** », tu vas appliquer des petites choses simples : partager ton quotidien, parler de tes victoires, échanger sur tes ambitions, mettre en avant ta mission pour faire avancer les choses… Au-delà de déterminer ton cap, partager ton bonheur va également te permettre de mieux vendre et de créer des rencontres, échanger avec un public. L'enthousiasme est un super *business model* car ton client lui aussi veut être heureux. Si ta marque dégage cette culture « happy » et qu'en plus tu lui apportes LA solution à ses problèmes, c'est un duo gagnant. Ainsi, ton client sait d'emblée si ta marque est authentique ou non. **En parlant de tes valeurs, tu donnes du sens à ta marque, et tu crées une connexion réelle et sincère avec ton client**. Le bonheur est une émotion puissante, c'est même l'émotion nº 1 pour vendre… plus que l'amour, la peur ou le dégoût ! Si le bonheur est contagieux, pourquoi s'en priver ? D'ailleurs tu es l'exemple parfait : je sais que tu as déjà craqué pour quelque chose qui te faisait du bien ! (Ne t'inquiète pas, je garderai ton secret !)

COMMENT « PASSER À L'ÉCHELLE » ?

En général, le développement d'une activité se fait étape par étape : tu progresses très vite au début, puis tu es sur un plateau, avant de progresser à nouveau, et de te retrouver sur un autre plateau, et ainsi de suite.

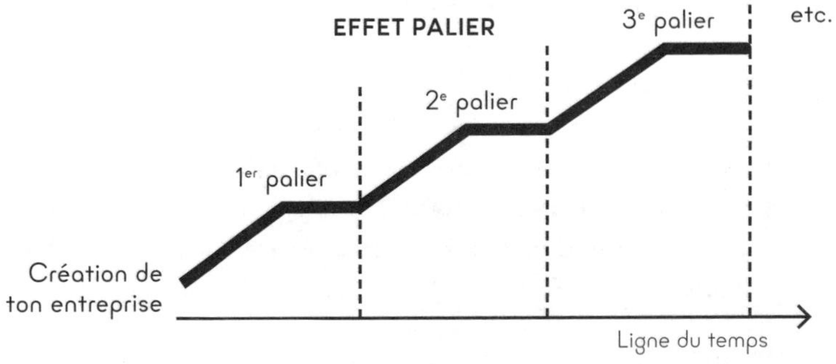

Dans ton activité, tu rencontres peut-être ce genre de plafond de verre. Pour l'exploser, il te faut « passer à l'échelle ». Alors, si tu veux scaler, comme on dit en langage start-up, il faut :

- **Avoir un *business model* clair, t'y tenir** (tu l'as vu avec l'exemple de Facebook ou celui de McDonald's) et surtout le tester le plus vite possible pour vérifier s'il fonctionne.

- **Gagner du temps, en t'organisant** (voir p. 128), en mettant en place des process), en automatisant certaines tâches, en déléguant les tâches les plus compliquées pour toi, celles pour lesquelles tu ne prends pas de plaisir. Cela te permettra de rester focalisé sur ton *business model.*

- **Adopter la philosophie du « lean start-up** », c'est-à-dire la stratégie des petits pas. C'est ce que nous avons vu dans le chapitre 11 : observer, réfléchir, décider, effectuer les changements, vérifier leur impact. Plus tu vas avancer dans ton projet, plus tu enchaîneras rapidement ces différentes étapes. Quelle que soit la taille de ton entreprise (et encore plus si tu es seul), je t'invite à être une entreprise agile capable d'actionner les choses rapidement plutôt qu'un vieux paquebot difficile à manœuvrer.

- **S'intéresser à l'avis de tes clients**, et donc faire en sorte d'avoir du feedback et donc te mettre en contact direct avec tes prospects, afin de lever les barrières à l'achat.

JOUE-LA COMME MCDONALD'S !

Si je cite cette marque à plusieurs reprises dans ce livre, c'est parce qu'elle a réussi à trouver un *business model* solide, dès ses débuts. Quand elle s'est lancée, sa philosophie était ***Launch fast, learn fast* (« Lance vite, apprends vite »)**. Pour faire évoluer ton *business model*, tu dois t'appuyer sur des données chiffrées (qui sont tes indicateurs de performances), mais aussi sur le feedback de tes clients. Rien de pire que d'avancer de manière aveugle, et la grille de lecture que je viens de te donner est hyper-importante. L'autre force de l'entreprise, c'est son passage à l'échelle ou *scalability* (c'est-à-dire sa faculté à changer de taille ou de volume selon le besoin), qu'elle a mis en œuvre en multipliant les magasins, *via* la franchise. Mais surtout, sais-tu ce qui permet à McDonald's d'être une superpuissance ? Sais-tu quel est le produit qui lui permet d'être hyper-rentable ? Ce n'est ni le burger, ni le sundae, ni les licences qu'ils vendent, c'est le business de l'immobilier ! Aujourd'hui, la stratégie de McDonald's repose sur l'achat de ses magasins, dans des zones à très forte fréquentation. Ils sont propriétaires de tous les murs, ce qui leur permet de les louer aux franchisés. Pour résumer, le succès de McDonald's repose sur :

- un nom qui sonne très américain ;
- une vision : McDonald's comme temple de la consommation (symbolisé par ce M géant qui rappelle le fronton d'une église) ;
- une stratégie long terme (système de franchise) ;
- une offre qui répond à un besoin, une attente ;
- et enfin une attitude : y croire et ne rien lâcher. Comme le disait Ray Kroc : « L'important, c'est de gagner. »

En conclusion, la meilleure stratégie qui soit, c'est un modèle simplifié, mais aussi un modèle business souple : tu dois rester ouvert aux possibilités de l'améliorer. Et si tu le changes, tu dois le faire vite, le tester rapidement, et l'améliorer.

BONUS

Le *business model canvas* est un outil qui permet de retranscrire de manière simple le modèle économique d'une entreprise. Je t'invite ici à une masterclass sur le sujet !

Tu peux aussi tout simplement reprendre l'exercice de la p. 185 pour synthétiser ta stratégie.

Pour conclure ce chapitre, et cette troisième partie, ta stratégie pourrait se résumer à trois réactions, qui sont celles que ton cerveau a face à la peur : flight, freeze *ou* fight. *Soit tu fuis, pour éviter de voir l'évidence, soit tu te figes, en refusant de changer quoi que ce soit, soit tu fonces, tu décides de changer les choses. Aujourd'hui, la situation nous oblige à revoir nos modèles économiques, la façon de penser nos entreprises, notre façon de consommer. Ma grand-mère disait souvent : « À quelque chose malheur est bon. » Tu dois accepter de voir les changements qui s'opèrent afin de les implémenter dans ton business model. Les marques ont le pouvoir de changer les choses, mais sans stratégie, elles ne pourront rien faire. Il est important d'être clairvoyant, et surtout de trouver des solutions pour améliorer le quotidien de ta communauté, de ta tribu, avec laquelle tu dois nouer des relations authentiques durables. Ce que nous allons voir ensemble dans la prochaine partie.*

MA SYNTHÈSE POUR LA PARTIE 3 : MES ASPIRATIONS, MA STRATÉGIE

Cette page est faite pour toi !
Notes-y tes idées, profites-en pour en faire une synthèse, ou dévoile ton plan pour l'avenir !

PARTIE 4

LA PROMESSE ENVERS TON PUBLIC EST CE QUI TE MOTIVE

La meilleure façon de réussir, de développer sa marque et d'être remarquable, c'est d'être centré sur ses clients. Selon Marty Neumeier, expert des marques, du design et de la créativité : « Le *branding* est un processus créatif visant à relier une bonne stratégie à une grande créativité » ; et j'ajouterais « à son public ».

Aujourd'hui, **les marques doivent composer avec une défiance croissante des consommateurs**. Le succès des marques distributeurs et les scandales à répétition ont jeté le discrédit sur les grandes enseignes. Les consommateurs, eux-mêmes, semblent perdus : alors que 56 % d'entre eux affirment que les soldes ne servent à rien[61], près de la moitié des vêtements, sacs, chaussures ou articles de maison sont achetés en promotion. Alors que divers mouvements s'insurgent contre cette société de surconsommation, certaines marques, elles, jettent de l'huile sur le feu en brûlant ou en mettant au rebut des milliers d'invendus. Ainsi, en 2017, la marque Burberry a reconnu avoir détruit pour plus de 31 millions d'euros de vêtements, cosmétiques et parfums !

La révélation de ces pratiques donne l'opportunité de changer les choses, et je pense que la société d'aujourd'hui a déjà opéré un certain nombre de changements. Certaines avancées sont acquises : la transparence, la traçabilité, l'encadrement de la publicité ou de certaines pratiques commerciales trompeuses, les systèmes d'information nutritionnelle (type nutri-score) ou sur la durabilité (indice de réparabilité), mais aussi le retour de certaines tendances ancestrales (le « fait maison », le zéro

61. *Promotions et ventes en ligne. Observatoire des comportements de consommation*, sondage réalisé pour Emakina et BFM Business, octobre 2018.

déchet, l'écodurabilité des produits, la lutte contre l'obsolescence programmée...), etc. Je suis convaincu que les marques ont le pouvoir de réenchanter la société et de changer le monde en bien.

Nous sommes passés d'une société de surconsommation à une société de communication, voire de connexion, dans laquelle on échange, on partage... et nous entrons dans une société de reconnexion (avec soi-même, avec les autres, avec la nature...). Cela a un impact sur les entreprises, qui tendent une oreille attentive à ce que disent les réseaux sociaux et les pousse à maîtriser la communication de crise, le cas échéant. Tous ces mouvements obligent la marque à revenir à des fondamentaux : **garantir la qualité de ses produits, montrer patte blanche** (c'est-à-dire être authentique, transparente, digne de confiance) **et assumer la nécessité d'être vraiment remarquable** (avoir une offre différenciante). Le but est de susciter la confiance. Car la confiance est la base du commerce. S'il n'a pas confiance en toi, en ton produit, en ta marque, ton client n'achètera pas.

« Les produits sont fabriqués dans les usines, mais les marques naissent dans les esprits », disait Walter Landor, designer de renom et pionnier de la création de marques. Alors comment créer cette confiance ? « Montrer l'exemple n'est pas le meilleur moyen de convaincre, c'est le seul », disait Gandhi. En tant qu'entrepreneur, tu dois montrer l'exemple en créant du lien, en proposant des échanges et surtout en écoutant. L'écoute est à la base d'une connexion fiable, rentable et durable. **L'idée n'est plus de vendre plus mais de vendre mieux**, de travailler de manière plus saine, et de poser les bases d'une relation amicale. Je te le répéterai plusieurs fois dans ce livre, **tu dois considérer ton client comme un ami**, imaginer que tu vends ton produit ou ton service à un ami. Cela ne te viendrait pas à l'idée de lui mentir, de le flouer, de lui vendre plus cher qu'à un autre ami ? C'est en participant à une relation équilibrée et sincère, que tu pourras réenchanter les relations, et construire une connexion durable et vraie. **Les marques influentes, remarquables, sont celles qui sauront faire l'histoire**, et pas juste raconter le passé, assumant leur part d'utopie. Telle est la promesse que tu dois faire à ton client.

CHAPITRE 16

PARTAGER UNE HISTOIRE COMMUNE QUI CHANGE LE MONDE

Au début de ce livre, je t'ai expliqué l'importance du *storytelling* pour faire exister ta marque (voir le chapitre 5). Ici, il s'agit d'aller un peu plus loin : partager une histoire commune. Il s'agit de faire un pas de côté et de prendre de la hauteur sur le pacte qui nous lie… et de partager **l'histoire qui va nous permettre de réenchanter le monde.** La raconter et la partager va te permettre de te rapprocher de ta communauté, des personnes avec qui tu vas faire affaire, de nouer le lien de confiance fort… En partageant ce récit commun, tu captes l'attention, car tu crées un moment, un espace dans lequel vous pouvez, ensemble, échanger sur cette histoire qui permet de vous connecter. Tu crées l'occasion idéale qui va pousser chacun à sortir de sa routine et de ses habitudes et à prendre le temps de t'écouter. Pierre Rabhi, par exemple, a réussi à embarquer une communauté active et activiste vers la sobriété heureuse. Pionnier de l'agriculture biologique en France, il a initié de nombreux mouvements dont celui des Colibris, qui prône la frugalité dans un monde plus écologique et solidaire.

Aujourd'hui **plus que jamais, nous avons besoin de sens** (il n'y a qu'à regarder les chiffres du burn-out ou ceux de la consommation d'antidépresseurs) **ET de liens** (les confinements successifs nous ont rappelé leur importance). Les marques peuvent jouer le rôle de marqueurs forts de la société car elles peuvent apporter ce sens, et ces relations, en partageant une histoire commune avec leur communauté. C'est ainsi qu'elles peuvent être des lieux de partage et des lieux où l'on réenchante le monde. Je fais partie de ceux qui croient que les marques ont la capacité d'embarquer l'Homme pour créer un monde meilleur. Une pensée idéaliste sans doute, mais une pensée partagée, notamment avec l'Institut des futurs souhaitables[62] qui s'attache à propager une propagande positive sur notre avenir. À la lumière de l'American Way of Life, que les États-Unis ont largement véhiculée à travers le cinéma, il est possible de rassembler autour d'une histoire commune[63].

UNE BONNE HISTOIRE COMMUNE PARLE DE TOI ET DE TA COMMUNAUTÉ

Très souvent, on me pose cette question : Est-ce que je dois me mettre en avant, moi, en tant que créateur de la marque ? Oui ! Car plus ta marque va être identifiée, plus elle a un visage humain, et plus elle véhiculera des sentiments, des valeurs, des émotions qui se rapprochent de celles de tes interlocuteurs. C'est d'ailleurs l'un des axes forts du marketing tribal (voir aussi le chapitre 17). Ton client veut savoir comment ton produit ou ton service s'intègre dans ta vie et comment tu l'utilises pour résoudre ton problème, et donc le sien. Bien sûr, il ne s'agit pas non plus de tout dire de ta vie personnelle. Pour ma part, j'ai déterminé un cadre de ce qui est intime et de ce qui ne l'est pas. Par exemple, j'ai décidé de ne

62. https://www.futurs-souhaitables.org
63. Je défends d'ailleurs cette idée du « Nature Way of Life » avec le projet cinéma « les Mal-Aimés » que je produis par ailleurs, avec ma société de production de films.

jamais publier de photo de mon intérieur ou de mes proches… En revanche, je raconte beaucoup de choses de ma vie, par exemple l'accident que j'ai eu avec mon chien. C'est à toi seul de placer ce curseur ! Mon filtre par exemple, avant de partager quelque chose est de me demander : est-ce utile pour d'autres entrepreneurs ? À toi de décider, si telle ou telle information que tu partages est pertinente pour parler de l'ADN ou des valeurs de ta marque. En ce qui me concerne, le fait de partager les enseignements de cet accident, la façon dont j'ai décidé de le vivre (en restant positif) parle aussi de ma philosophie d'entrepreneur. En en parlant, j'ai partagé mes valeurs et mes apprentissages. Et c'est en faisant cela que tu vas **toucher la fibre émotionnelle de ta tribu, qui peut ainsi s'identifier.** Certains disent « authentique », je dirais que tu es vrai, que tu ne joues pas.

En d'autres termes, une bonne histoire, c'est ton histoire, et l'histoire de ton client, une histoire commune, une histoire partagée qui permet de rendre ta solution meilleure et ta marque remarquable. Et si tu veux aller encore plus loin, cette histoire commune doit mettre en valeur le fait que ton produit, ton service ou ta solution aide ton client à être meilleur. Tu dois lui montrer en quoi il sera meilleur, et comment tu vas l'aider à lever les blocages et les frustrations qui l'empêchent d'être heureux. Mais bien sûr, sans créer de fausses attentes. Pour l'illustrer, je m'inspire beaucoup de Gunter Paoli, le Steve Jobs du développement durable, qui rêve d'un monde sans déchet, défend le « faire plus avec moins » en s'appuyant sur la Blue Economy (l'économie bleue)[64]. Son projet propose un système économique basé sur le vivant et notamment l'utilisation des déchets pour créer de nouvelles richesses. Les nombreux exemples de l'économie circulaire montrent que ses idées sont reprises aujourd'hui… mais surtout que ça marche.

En tant qu'entrepreneur, tu es le catalyseur des connexions que tu crées au sein de ta communauté. Tu vas permettre à des gens de se regrouper sous une même bannière, de développer

64. Plus d'infos sur https://www.gunterpauli.com/the-blue-economy.html

des marqueurs communs. C'est la raison pour laquelle tu dois aussi parler de toi, de tes choix, de tes théories, de tes envies, etc. Traditionnellement, on représente la marque de cette façon : toi qui pousses vers la marque, et ta tribu qui pousse vers la marque.

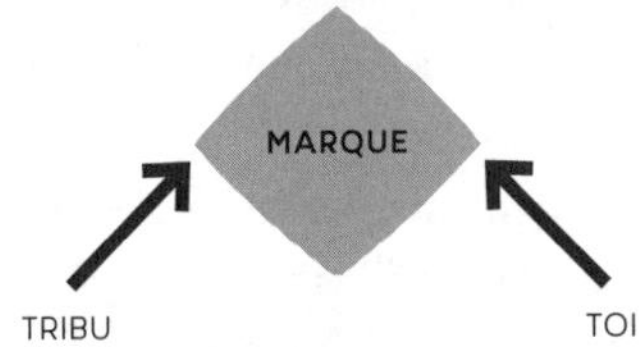

Or, je pense au contraire que la marque est plutôt un espace où toi et ta tribu êtes sur un pied d'égalité.

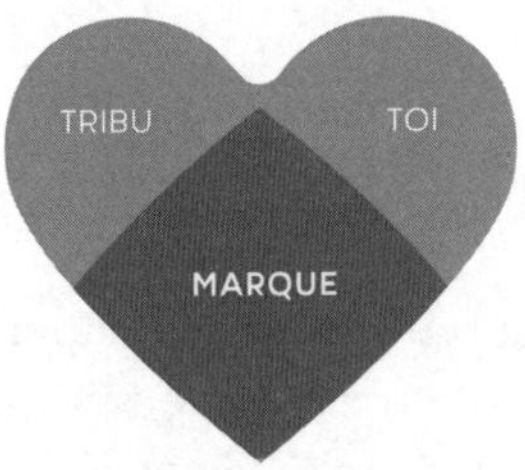

D'ailleurs, Howard Schultz dit : « Si les gens croient qu'ils partagent des valeurs avec une entreprise, ils resteront fidèles à la marque. » En tant qu'entrepreneur, c'est toi qui distilles les valeurs. Donc tu dois personnellement les partager au sein de ta communauté. Tu as peut-être déjà croisé des gens qui ont l'impression de te connaître parce qu'ils te suivent sur les réseaux sociaux : c'est ce que j'appelle **l'effet *Loft Story***[65]. En effet, le fait de parler de tes valeurs, de ta vie ou de tes goûts sur les réseaux sociaux est intéressant car cela fait partie des marqueurs forts de ce que tu imprimes de ton identité. Ce qui en fait des points d'accroche avec ta communauté.

Peut-être as-tu peur de défendre ta différence, parce que tu crains de te couper de certaines personnes qui seraient contre telle position ou tel point de vue ? Sache au contraire que c'est

65. Première émission de télé-réalité, diffusée en 2001.

ce qui fait ta force. Dans un monde individualiste, le fait de **montrer que tu es différent te permet d'attirer à toi les personnes qui sont, elles aussi différentes**, et donc de créer de l'affinité. Ces personnes vont pouvoir devenir tes premiers ambassadeurs, tes premiers *adopters* (voir la courbe d'adoption p. 197), tes premiers fans, comme de vrais amis. Elles vont te suivre « à la vie à la mort » (même si l'expression est peut-être un peu forte). Cette différence que tu affiches, c'est justement cela qui te permet de capter leur attention, d'être entendu et d'être, à terme, légitime, et ainsi créer un mouvement profond. De la même manière, dans ce livre, je vais à l'encontre d'un courant de pensée majoritaire, notamment sur les notions de persona ou de cible (voir le chapitre suivant). C'est ainsi que je marque ma différence, que je vais créer des débats, des réactions positives ou négatives. Comme dit Léon Zitrone (Zitron bien ! ;-)) : « Qu'on parle de moi en bien ou en mal, peu importe. L'essentiel, c'est qu'on parle de moi. » **Alors n'aie pas peur de tes convictions et de ta capacité à penser de manière différente.**

Pour pouvoir partager ton histoire, tu dois te mettre dans la peau de celui à qui tu la racontes : que veut-il entendre ? De quoi a-t-il peur ? Quelles sont ses passions ? Ses centres d'intérêt ? Une fois que tu as compris les aspirations des gens auxquels tu t'adresses, tu peux utiliser des techniques de *storytelling* (voir le chapitre 5) mais aussi de copywriting (voir le bonus proposé dans le chapitre 14), afin d'écrire une histoire commune qui touche les personnes. Tu peux aussi travailler la forme et le contenu : texte, audio, vidéo, dessin… (voir le chapitre 18). Et quoi qu'il arrive, n'essaie pas de copier ce que font les autres mais, au contraire, **fais confiance à ton instinct, à ta capacité à raconter ce que tu ressens.**

Pour donner du corps à ton histoire commune, tu peux utiliser ces cinq questions pour alimenter ton *storytelling* :

- Qui es-tu au début de l'histoire ?
- Qu'est-ce qui t'a poussé à changer, à te remettre en question ?

- Contre quoi tu te bats ?

- Quelle est la théorie, la technique ou la méthode qui te permet de relever ce défi ?

- Qui es-tu aujourd'hui et à qui apportes-tu ton expertise ?

Tu peux illustrer ton propos avec des anecdotes, des photos, des expériences… Cette histoire commune peut être la tienne, en tant qu'individu ou entrepreneur, celle de tes collaborateurs, celle de tes clients de ta cible… **Il y a toujours plusieurs histoires à raconter, à toi de choisir la tienne.** Pour t'inspirer, je te recommande de regarder le discours d'Emmanuel Faber, ex-P.-D.G. de Danone[66], qui demande aux diplômés d'HEC de « rendre le monde meilleur », et celui de Steve Jobs[67] qui explique aux étudiants de Stanford ses clés du succès.

Certaines marques ont parfaitement relevé le défi. On peut citer l'exemple de Justine Hutteau, qui a lancé la marque Respire. Elle raconte que c'est après avoir découvert une tumeur bénigne à la poitrine s'est interrogée sur ce qu'elle mettait sur sa peau. Elle est alors partie en guerre contre la nocivité de certains cosmétiques, a créé sa marque et lancé un déodorant 100 % naturel. Laëtitia Van de Walle, créatrice de la marque Lamazuna, l'une des pionnières de la cosmétique zéro déchet, raconte qu'un matin, elle a eu l'idée de son premier produit, des lingettes nettoyantes réutilisables. « Le caractère polluant, inefficace et agressif d'un coton jetable qui m'avait arraché les cils, sans me démaquiller vraiment, a achevé de me convaincre qu'il y avait un marché. »

66. https://youtu.be/x4rj4MfNkys
67. https://youtu.be/UF8uR6Z6KLc

TESTE TON HISTOIRE

Pour vérifier que ton histoire commune est la bonne, teste-la (c'est le même principe que pour ton offre). J'ai l'exemple de plusieurs clients qui se sont lancés, à qui j'ai demandé de s'affirmer en matérialisant leurs engagements à travers leur histoire dans un post Linkedin, en disant qu'ils lançaient telle ou telle marque, en expliquant simplement comment ils voyaient les choses, quel avait été l'élément déclencheur, ce qui leur donnait envie de se lever chaque matin, qui les inspirait ou ce qui leur donnait la banane à l'idée de changer le monde... (Linkedin est pratique quand tu n'as pas de site ou de communauté où le faire). Anna, Marion, Sandrine, Pauline ont reçu de nombreux retours souvent très inattendus et des propositions de collaboration, ce qui a marqué le point de départ de leur aventure entrepreneuriale. **Dès l'instant où tu inspires des réactions**, où tu questionnes, invites à remettre en question, si tu bouscules, suscites de l'émotion : c'est là que **tu vérifies que ton histoire fonctionne**.

La question que tu dois te poser : qu'est-ce que je fais pour que mon audience rejoigne ma communauté ?

Un bon moyen de t'entraîner : imagine une discussion à l'apéro et fais en sorte de raconter une histoire à tes amis (pour te sentir à l'aise). Ton histoire, celle de ta marque, de ton produit. Je t'invite à t'enregistrer et à noter les mots-clés que tu utilises, l'intonation, les expressions : cela te permet de trouver le bon ton et d'être toi-même. Et à partir du moment où tu es toi-même, la personne qui t'écoute le perçoit comme un message authentique, sincère et donc qui ne souffre d'aucune contestation. On ne peut pas contester le sentiment que tu as en développant tel produit, ta capacité à vouloir trouver des solutions à tel problème. À partir de là, c'est plus simple de trouver ton style ! Tu auras l'expression de ta marque, et la concrétisation de l'histoire commune que tu as envie de raconter.

UNE HISTOIRE QUI PARLE À QUELQUES PERSONNES PLUTÔT QU'À TOUT LE MONDE

De nombreux entrepreneurs croient qu'en s'adressant à tout le monde, ils vont vendre à tout le monde. Mais c'est faux : si ton offre est trop large, **si tu es trop général, tu ne touches personne**. Tu as donc plutôt intérêt à **miser sur l'effet boule de neige** : tu commences petit, puis tu grossis, tu grossis… Pour l'histoire que tu racontes, c'est le même principe : elle doit parler à une petite communauté, et pas essayer de rassembler tout le monde. Pourquoi ? Parce que tu as beaucoup plus d'impact, de poids dans un petit groupe que dans un grand groupe. J'ai longtemps habité dans un immeuble où il y avait une bonne trentaine d'appartements. Je n'ai jamais vraiment eu de contacts avec mes voisins, sauf avec ma voisine de palier qui venait me demander de l'aide quand elle avait un problème avec sa télé. Depuis, j'ai déménagé dans une petite rue qui compte à peine sept maisons. Tout de suite, les échanges se sont mis en place, une forme de solidarité s'est installée. On se prête des choses, on s'offre même des cadeaux, et on parle d'une même voix quand on va proposer des améliorations à la mairie. En tant qu'entrepreneur, tu peux toi aussi avoir un impact rapide et réel sur une petite communauté interconnectée plutôt que dans un grand ensemble dans lequel tu es anonyme. Cela nous renvoie d'ailleurs à la loi de Dunbar, qui est le nombre maximum d'individus avec lesquels une personne peut entretenir simultanément une relation humaine stable. Concrètement, ce nombre est de 150. Une forme de bon sens que rappelle d'ailleurs Yuval Noah Harari dans *Sapiens. Une brève histoire de l'humanité.* L'auteur raconte que lorsqu'un groupe d'humains dépasse les 150 individus, il décide de créer un autre village.

Pour attirer des clients et créer une communauté, tu n'as pas besoin d'une histoire complexe. **Une bonne histoire,** ce n'est pas forcément une belle histoire, même si elle peut faire rêver, **c'est avant tout une histoire qui va créer de l'émotion, qui va**

te permettre de créer des discussions. À partir du moment où tu déclencheras des discussions, il te sera beaucoup plus simple de partager cette histoire commune. Et, à terme, tu n'auras plus besoin de « vendre » car ta communauté se sera inscrite avec toi dans un vrai projet qui permet d'améliorer votre vie commune en société (sur ce point, je te renvoie au chapitre 5). C'est en ayant cette ambition forte pour ta marque que tu pourras faire d'elle une marque remarquable.

Une histoire commune, on l'a vu, ça se rêve, ça s'écrit, ça se vit… et ça se partage ! Tu commences à comprendre que pour développer ton activité et réussir, tu dois créer des connexions. Et si nous allions plus loin que ce lien « direct et humain » qui nous connecte ? Et si pour nous élever, progresser, rester « connectés » aux réalités, et nous développer, nous cultivions ce don naturel de partager et nous regrouper ?

CHAPITRE 17

DÉVELOPPE TA TRIBU

Une marque est d'abord une relation entre une organisation et un public. Cette relation peut être sérieuse, passionnée, complexe, cordiale, terrible ou même indifférente. Mais c'est une relation parce que c'est la façon dont nous, en tant qu'êtres humains, nous nous identifions intuitivement à des produits, des organisations et des idées.

Or aujourd'hui, dans le marketing traditionnel, on a tendance à l'oublier. On préfère parler de cible, d'audience, d'utilisateur, de lead (simple contact), de prospect (client potentiel), de persona (portrait-robot de la cible), d'avatar (client idéal)… et j'en passe ! Mais tous ces termes ont-ils vraiment du sens pour un entrepreneur ? Dans mon quotidien de coach, je rencontre souvent des entrepreneurs qui sont bloqués par tous ces concepts, qui sont à leurs yeux trop théoriques, trop techniques ou trop complexes. Mais est-ce vraiment en utilisant ces termes qu'on réenchante le monde, ce qui est à mon sens le cœur de la mission de l'entrepreneur ? Est-ce ainsi qu'on apporte de la valeur ? Qu'on inspire de la confiance ? **N'aurait-on pas plutôt intérêt à créer du lien et à remplacer tous ces termes par celui de « personne » ?** Car ce que je veux te montrer dans ce chapitre, c'est comment te connecter à ta communauté, comment te connecter à tes clients mais surtout à ces « personnes » qui existent vraiment, qui ont une vraie vie. C'est aussi la raison pour laquelle je t'ai invité, à plusieurs reprises déjà dans ce livre, à considérer tes clients comme tes amis.

Pour ma part, je préfère le terme tribu à celui de communauté (parce qu'il peut faire penser au communautarisme). La tribu a donné le marketing tribal. Je ne suis pas en train de te dire que tu n'as pas besoin de tous ces termes, mais le risque, en essayant de développer ton persona, en essayant de t'adresser à un lead ou en affinant ton avatar, est que tu perdes l'essence même de ton projet et t'empêche de passer à l'action. **Ta marque est une relation et elle ne vaut rien s'il n'y a pas d'action concrète dans la mise en place de cette relation.**

TA TRIBU, TU LA CONNAIS DÉJÀ PAR INSTINCT

Le principal problème auquel tu vas être confronté, et auquel ta communauté est également confrontée, est celui du temps (le grand mal du XXIe siècle !) : tu penses que tu n'as pas le temps d'échanger avec les personnes avec lesquelles tu veux commercer – ou en tout cas tu ne prends pas le temps de le faire – et d'autre part, tes clients n'ont pas le temps non plus de t'écouter. J'ai déjà évoqué cette crise de l'attention que nous vivons (voir p. 80).

Imagine que tu débarques dans une soirée où tu ne connais personne. Pour t'insérer dans une discussion, tu vas intervenir en utilisant ce que l'on appelle un « brise-glace », *icebreaker* en anglais. De la même manière, en tant qu'entrepreneur, tu vas **trouver des *icebreakers* pour entrer en relation avec des gens avec lesquels tu as envie de discuter et de commercer.** Pourquoi ? Parce que l'être humain est un être social, qu'il apprécie les relations et qu'aujourd'hui plus que jamais, on est tous interconnectés. Au-delà de ce besoin fondamental d'être connecté (encore plus dans une époque où l'on parle de distanciation sociale et de confinement), l'avenir, ce sont les solidarités. Pour Pablo Servigne, le créateur de la « collapsologie », ce sont les solidarités qui vont nous permettre de surmonter les crises, pas la concurrence. L'idée, c'est donc de créer une vraie solidarité avec ta tribu.

Je rejoins en cela une autre vision qui dit que si l'on travaillait tous de manière collaborative, on pourrait vraiment faire changer les choses.

Pour capter l'attention de tes potentiels clients, choisis d'être remarquable. Comment faire ? Une nouvelle fois, sois à l'écoute de ton instinct. Qu'est-ce que ton instinct te dit ? En fait, tu sais instinctivement si la personne en face de toi te fait confiance ou si elle doute, a les moyens d'acheter ou non ton offre, par quels moyens de communication tu dois passer pour t'adresser à elle, etc. Car cette tribu à laquelle tu t'adresses, tu la connais bien : il s'agit de tes amis. Si tu imagines que tes clients sont tes amis, tu sais ce qu'ils font pour te trouver : rechercher sur Google, demander à un ami ou vérifier les réseaux sociaux.

J'en reviens au problème du temps, qui est essentiellement un problème d'attention. **Pour capter l'attention, il est important de créer le dialogue.** Et c'est ce que permet la tribu car, avec ses amis, on prend le temps d'échanger. Créer le dialogue te permet aussi de contrer de façon durable tous les messages environnants qui utilisent le système pervers de la récompense immédiate, libère de la dopamine, brise la volonté et te rend dépendant aux likes. Les géants du Net l'ont bien compris, avec les systèmes pervers comme le scroll, le like, ou le lancement de la prochaine vidéo en une fraction de secondes.

LE POUVOIR DE CONSTITUER UNE TRIBU

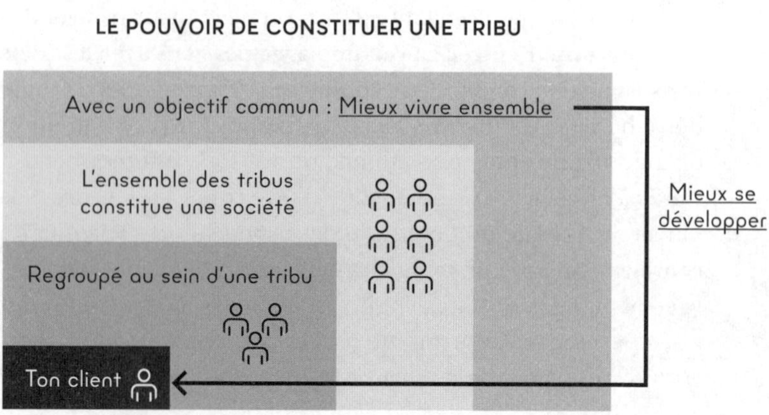

C'est en constituant des tribus autour d'elle que chaque marque a la possibilité de changer le monde : tu rends les personnes meilleures, et elles-mêmes, collectivement, vont rendre le monde meilleur.

Maintenant que tu sais comment t'adresser à tes amis, je te demande d'être également attentif à leurs émotions. Dans le chapitre 10, je te parlais de tes émotions à toi ; je te propose ici d'avoir la même grille d'analyse pour tes clients, et d'imaginer les effets émotionnels positifs mais aussi négatifs qu'ils peuvent éprouver. Par exemple, si tu annonces à ton client que sa période d'essai est terminée et que maintenant, il va devoir payer s'il veut continuer à utiliser ton service, qu'est-ce que cela va engendrer chez lui ? Et quelle action peux-tu mettre en place pour atténuer cette émotion négative. **Si tu gardes en tête que ce n'est pas un avatar qui va réagir, mais une vraie personne, cela te permettra aussi de répondre de manière unique, personnalisée, à ton client**. Ainsi, tu gagneras en sympathie et en confiance car il saura que tu as pris en compte ses attentes (voir aussi le chapitre 19). Si ton client reçoit de façon positive ce que tu lui donnes, tu crées de la valeur. Je t'invite à réfléchir à cette citation de Warren Buffett : « Il faut vingt ans pour se construire une réputation, et 5 minutes pour la détruire. Si vous gardez cela à l'esprit, vous vous comportez différemment. » Car n'oublie pas : **tu ne peux pas avoir de contrôle sur ce que pensent et disent tes amis**. Cela rejoint la citation de Scott Cook, cofondateur de Intuit (entreprise de gestion qui développe des solutions à destination des petites entreprises) : « Une marque n'est plus ce que nous en disons au consommateur — c'est ce que les consommateurs en disent entre eux. » C'est ce que l'on appelle la réputation. **Tu ne peux pas entièrement contrôler ta réputation ; en revanche, tu peux créer les bonnes conditions d'une remarquable réputation.** Si tu as créé des relations durables, ta tribu pourra entendre ce que tu as à dire et éviter le *bad buzz* en cas de problème. Ce qui est impossible si la marque ne s'implique pas et qu'elle ne joue pas le jeu.

Si nous devions réfléchir de façon collective à la personnalité idéale d'un membre de notre tribu (en reprenant quelques éléments évoqués dans ce livre), ce serait une personne avec des émotions, qui aurait des hauts et des bas, qui serait capable de partager ses échecs mais aussi ses victoires. Elle aurait une vie équilibrée, et l'envie d'avancer, car en tant qu'être humain, on a tous envie d'être meilleur et de réussir. Voilà une bonne base sur laquelle construire tes propres modèles, un moyen de faire la différence entre un avatar qui n'a aucune émotion et une vraie personne.

Là tu vas me dire, Pierre, t'es gentil, c'est un peu utopiste, tu vis dans le monde des bisounours. En réalité, il y a de nombreux exemples qui montrent qu'on s'inscrit dans cette dynamique : placer l'humain et les émotions au cœur de nos entreprises et du business. Beaucoup d'entreprises l'ont inscrit dans leur ADN ou l'affichent. Kodak partageait d'ailleurs ce slogan : « Toutes vos émotions se partagent en image. » Et Martin Lindstrom, spécialiste danois du neuro-marketing, précisait : « **Une marque, c'est juste de l'émotion. On ne peut pas la toucher, on ne peut pas la sentir. C'est dans notre tête.** »

POURQUOI LES RELATIONS VONT DEVENIR LA NORME

Cette tendance de fond s'inscrit dans notre relation au temps. Depuis peu, on a la possibilité de demander le droit à l'oubli, c'est-à-dire d'effacer une partie de notre vie numérique. Face à l'intelligence artificielle et au pouvoir des algorithmes, les mouvements de ralentissement ou de déconnexion numérique ont le vent en poupe, notamment avec les retraites méditatives ou encore le minimalisme digital[68]… Tous ces moments de

68. Lire à ce propos *Réussir (sa vie) grâce au minimalisme digital,* Cal Newport, Alisio, 2020.

déconnexion vont permettre de regagner du temps et de créer une relation durable, un espace de confiance, un lieu dans lequel tu peux échanger avec ta tribu, ce que Miguel de Cervantès écrivait dans *Don Quichotte* : « Il faut donner du temps au temps. » Car **c'est en reprenant la main sur notre rapport à l'autre que nous pourrons ainsi constituer des relations durables** (sans dépendre des algorithmes qui nuisent aux marques durables). Le documentaire *Social Dilemna* (*Derrière nos écrans de fumée,* en français) nous montre bien les effets de la dépendance à toutes ces « tétines numériques », au-delà de l'exploitation des données, du risque d'hyper-connexion virtuelle, ou de guerre de l'attention que se livrent ces géants du Net…

On parle beaucoup du « monde de demain », piégé entre l'angoisse écologique, les difficultés économiques et la peur du changement. Ce qui paraît paradoxal face à l'obligation d'innover pour se réinventer. C'est embourbée dans ces paradoxes que **notre société va se chercher ses nouveaux leaders**… que tu incarnes en créant ta marque. **Mener ton projet d'entreprise, c'est aussi mener un projet de société, dans l'intérêt du collectif.**

Dans ce contexte mouvant, en me lisant, tu vas te demander comment trouver ta tribu ? Le poète et philosophe américain Ralph Waldo Emerson te répondrait : « Vos actions parlent si fort que je ne peux pas entendre ce que vous dites. » Tu commences à me connaître, il n'y a pas de recette toute prête pour lancer ta tribu… mais tu sais que tout grand voyage commence par un premier pas. Alors : Action !

- Partage publiquement tes idées sur tes médias ou ceux des autres.
- Cherche les tribus existantes avec lesquelles tu peux interagir.
- Organise le lieu de rencontre de ta tribu : l'espace où l'on peut s'asseoir à tes côtés pour échanger et discuter.

C'est sur ce dernier point, qui est primordial et que beaucoup oublient, que tu dois porter ton attention. Ainsi, tu pourras créer de vraies relations avec des personnes qui choisissent de te faire confiance.

Alexandre Dana, de LiveMentor, est pour moi une référence en la matière. En l'espace de quelques années, il a réussi à fédérer une communauté de plusieurs milliers d'entrepreneurs qui interagissent, s'entraident au quotidien dans un groupe Facebook et un forum. En installant une communication régulière avec chaque personne de son écosystème, Alexandre a réussi à insuffler une autre manière d'envisager son métier (la formation). En créant du lien, il a construit un suivi de ses élèves par le coapprentissage (comme dans la philosophie de Montessori). En retour, cette communauté fidèle et impliquée l'a soutenu pour porter de nombreux projets : tester les nouvelles formations, lancer un carnet du temps, un magazine, un livre…

De manière concrète, il faut te montrer disponible, créer une caisse de résonance pour partager tes idées et te faire entendre : ton site, tes réseaux sociaux, ta liste e-mail… Ensuite, tu peux investir des communautés existantes : les groupes Facebook de ta thématique, les réunions d'entrepreneurs locaux, le syndicat de ta branche d'activité… Enfin, tu regroupes toutes ces personnes dans un espace réel ou virtuel pour créer des rendez-vous (un groupe Facebook, WhatsApp ou Discord), tu lances un événement récurrent avec des partenaires ou sur Meetup, tu proposes des masterclass sur Zoom ou Clubhouse, tu streames sur Twitch…

Les façons de faire sont très différentes :

- Tu peux construire ta tribu par étapes. Par exemple, Lucile[69], artiste, a utilisé son compte Instagram pour se rapprocher de ses fans, en leur écrivant un e-mail chaque

69. Retrouve son cas pratique sur mon site : https://citronbien.com/dire-non-pour-avancer/

mois, puis elle a réussi à les réunir sur son Tipeee, avant d'imaginer son espace d'échange bien à elle.

- Tu peux trouver tes premiers clients, en activant uniquement une des étapes. Par exemple, Jeanne, *personal traveler*, a réussi à capter l'attention de ses futurs clients, sur les groupes Facebook de voyages, en apportant de la valeur au groupe sur les destinations qu'elle connaît très bien.

- Tu peux réactiver ta communauté. Par exemple, Gregory Pouy[70], consultant en marketing, a lancé le podcast Vlan pour retrouver la communauté de son blog qu'il a délaissé durant ses années à New York. Son podcast lui apporte aujourd'hui un espace d'expérimentations pour mieux comprendre notre société en mouvement.

- Tu peux aussi réaliser tes rêves. Par exemple, Maxime Barbier, entrepreneur, crée une bucket list avec 12 rêves pour sortir de sa zone de confort, la partage sur ses réseaux, kiffe l'expérience, l'explore avec 100 expériences et lance TimeLeft[71], un réseau social où partager ses conseils, trouver des mentors pour se « reconnecter à tes rêves et t'aider à les réaliser ».

Sur ce sujet, je t'invite à regarder d'un peu plus près les communautés qui émergent, notamment avec l'arrivée de nouveaux réseaux sociaux, comme TikTok, un super levier pour toucher la communauté des millenials, ou ClubHouse, le nouveau réseau social basé sur la voix. Par exemple, ClubHouse (qui confirme l'attrait pour les échanges vocaux) est un outil simple pour émettre tes idées dans les rooms que tu lances ou qui abordent tes sujets de prédilection. L'autre tendance concerne le développement des échanges privés, favorables au développement de ta communauté.

70. www.gregorypouy.fr
71. https://tmlft.com

Il existe un fourmillement d'idées sur les nouveaux outils comme Discord, WhatsApp, Telegram. La création de contenus créatifs est aussi un bon moyen (voir le chapitre suivant).

LA THÉORIE DES 1 000 FANS

Cette théorie a été élaborée par Kevin Kelly, ancien rédacteur en chef du magazine *Wired*, en 2008, dans un article que tu peux lire sur le Net[72]. Selon lui, tu n'as pas besoin de millions de clients pour développer ton chiffre d'affaires et avoir une entreprise rentable, tu as juste besoin de 1 000 vrais fans. Selon Kevin Kelly, un vrai fan est une personne qui a confiance en toi, qui croit en tes idées et à ta façon de penser, qui te suit et te soutient, qui est présent aux événements que tu organises, qui te recommande à son cercle… presque les yeux fermés. Par exemple, dans le domaine de la musique, le vrai fan est celui qui a le tee-shirt à l'effigie du groupe qu'il aime, qui connaît tous les morceaux par cœur, qui lit toutes les interviews qu'il donne, qui va à tous ses concerts, qui va acheter tous les produits dérivés, qui regarde tous les bonus sur la vie de ce groupe, affiche les posters du groupe chez lui… En adoptant cette théorie, tu vas pouvoir toi aussi devenir remarquable auprès d'une niche suffisante pour pouvoir être rentable. Cette théorie pose deux conditions pour que cela fonctionne :

- Avoir une relation directe et authentique avec tes fans.
- Faire en sorte que chaque fan génère 100 € de revenus par an chacun, ce qui te fait un revenu de 100 x 1 000 = 100 000 € de revenus.

L'idée que je développe dans ce livre (le fait de devenir remarquable), et qui rejoint aussi l'idée de la marque personnelle (plus connue sous le nom de *personal branding)*, est largement inspirée

72. https://kk.org/thetechnium/1000-true-fans/

de cette théorie des 1 000 fans parce que, en étant toi-même, tu noues une relation sincère avec tes vrais fans. Cette idée rejoint aussi celles de la niche et de la micro-influence ou de la micro-célébrité. **Si tu as 1 000 vrais fans dans une niche, tu seras une microstar dans la niche dans laquelle tu évolues**. La question à te poser est : veux-tu être un gros poisson dans une petite mare, ou un petit poisson dans un océan (voir aussi le chapitre précédent) ? Paul Jarvis, auteur de *Company of One. Why staying small is the next big thing for business*, défend d'ailleurs cette idée de « rester petit ». À toi de voir comment adapter cette théorie à ton propre projet.

Car, comme pour toutes les théories, il faut l'adapter, l'implémenter dans ta façon de mener ton business. On peut imaginer que tes produits coûtent plus de 100 €, et donc que tu auras besoin de moins de 1 000 fans ; ou que tu ne proposes que des microproduits, que tes fans achètent en plusieurs exemplaires ; ou encore que tes fans soient prêts à te suivre quel que soit le produit ou le service que tu leur proposes… Si par exemple tes produits coûtent 1 000 € et que ton objectif est d'arriver à 100 k€ : de combien de vrais fans as-tu besoin ? Certains entrepreneurs appliquent cette théorie avec succès. Comme Antoine BM qui vend des mini-formations à moins de 100 € chaque mois à plusieurs milliers de fans, et qui compte – je n'en doute pas – au moins 1 000 « vrais fans ».

Ici, ton objectif est de développer une « audience minimum viable », comme le décrit Seth Godin dans son livre *This is marketing*. C'est la condition pour capter l'attention, instaurer une relation saine et durable et donc de la confiance, qui est la condition pour vendre. C'est un cercle vertueux qui s'installe. L'auteur américain Zig Ziglar disait d'ailleurs : « **Si les gens vous aiment bien, ils vous écouteront. Et s'ils vous font confiance, ils feront affaire avec vous.** »

Ce système fonctionne si et seulement si tu n'as pas d'intermédiaire. 100 000 €, c'est effectivement un bon résultat si tu travailles seul et/ou si tu ne fais que vendre ton temps. En revanche, si tu travailles avec des intermédiaires (équipe, fournisseurs…) ou des matières premières importantes, c'est beaucoup moins intéressant. La solution, c'est de s'inspirer de ce que font certains artistes, à savoir réduire le nombre d'intermédiaires.

Prenons l'exemple du prix de ce livre que tu as entre les mains[73], 5,5 % vont à l'État (c'est la TVA), 11 % reviennent à l'auteur (en moyenne, car dans mon cas, c'est 8 %), 16 % à l'imprimeur, 11 % au distributeur, 6,5 % au diffuseur, 14 % à l'éditeur et 36 % au libraire. Donc si tu imagines bien que même si j'ai 1 000 vrais fans, je ne vais pas atteindre mon objectif de 100 000 € avec tous ces intermédiaires ! Je vais donc l'adapter. Calcule avec moi le nombre de livres que je dois vendre pour gagner 100 k€… et partage ton résultat avec moi !

LES BASES DU MARKETING TRIBAL

En pratique, pour mettre en application cette théorie et avoir une entreprise rentable, il y a trois règles à respecter :

1. **Produire du Lien** – ce qui signifie produire beaucoup de contenu (voir le chapitre 18) pour te faire connaître, et créer un maximum de connexions. Par exemple, Gary Vaynerchuk crée plus d'une trentaine de contenus par jour sur ses différents réseaux et a développé des communautés d'entrepreneurs, de *wine-lover* ou de collectionneurs de cartes de sports.
2. **Agir en Leader** – ce qui signifie d'interagir avec tes fans. Ici, je t'invite à passer 10 heures de ta semaine avec tes clients. Si tu n'as qu'un client, passe 10 heures avec lui pour tout apprendre de lui, pour comprendre ses problématiques, ses émotions, ses attentes, comment tu peux lui apporter de la valeur. Plus tu auras de clients, moins tu passeras de temps avec chacun d'eux (1 heure avec chacun si tu as

73. Source de ces chiffres : SNE.

10 clients, etc.) Garde en tête ces 10 heures par semaine au développement de ta communauté, à la connaissance de ta tribu. C'est la raison pour laquelle tu vois beaucoup de marques portées par l'image de leur dirigeant. Certains répondent même en commentaire ou en chat aux questions des clients.

3. **Créer un Mouvement** – en partageant ton travail, c'est-à-dire montrer et expliquer ce que tu fais, et la façon dont tu le fais… pour instituer une harmonie de groupe, un comportement, des codes communs. Pour prendre l'exemple de ce livre, tu as peut-être suivi son élaboration si tu faisais déjà partie de ma communauté ; tu m'as peut-être connu entre l'écriture et la sortie du livre, car j'ai travaillé sur la promotion et développé un certain nombre d'outils et de messages qui t'ont fait découvrir ce livre ; ou alors tu l'as découvert après sa sortie et tu pourras découvrir de manière rétrospective son processus d'élaboration… et tu sais qu'on se dit TU et qu'on partage tout !

J'ai découvert récemment que, lorsque je travaillais dans l'industrie du disque au milieu des années 2000, j'avais mis en application ces trois règles avant même de les connaître. Cela rejoint la question de l'instinct dont je te parlais au début de ce chapitre. On produisait énormément de microcontenus, on partageait beaucoup avec notre communauté, on montrait les petites galères des tournées comme le camion qui tombait en panne… En tant que manager, j'avais compris que **le lien direct avec les fans avait beaucoup plus d'impact pour négocier avec nos partenaires** (médias, labels, salles de concert…). Pour ton produit ou pour ton service, c'est exactement la même logique, quel que soit ton secteur d'activité. À toi maintenant de te poser la question : combien me faut-il de visiteurs sur mon site, de likes sur mes réseaux sociaux pour créer des fans, et combien me faut-il de fans pour avoir de vrais fans ? C'est la méthode de l'entonnoir sur laquelle je reviendrai au chapitre 20.

L'exemple le plus marquant du marketing tribal, c'est Harley-Davidson. La marque se caractérise par des rites, des codes (les gestes quand on se croise, le code vestimentaire), des comportements communs, voire des marqueurs sociaux. C'est en cela qu'il s'agit d'une tribu et pas d'une simple communauté. Et c'est pour ces rites et ces codes que tu as plutôt intérêt à développer une tribu qu'une communauté, car ceux-ci auront beaucoup plus d'impact pour la faire grandir. La tribu permet de renforcer les convictions, le sentiment d'appartenir à un groupe de manière réelle, et non pas d'être une personne parmi tant d'autres.

Pour conclure ce chapitre, je te dirais qu'au-delà de l'innovation technique (dont je t'ai parlé dans le chapitre 11), une marque peut aussi devenir remarquable grâce à l'innovation sociale, en créant des relations différentes avec ses clients, des lieux d'échange et de partage. Autre innovation possible pour se démarquer : la façon de créer des contenus, d'emporter ton audience dans ce que tu fais ou ce que tu dis.

CHAPITRE 18

LE CONTENU DE MARQUE, AU SERVICE DE TON HISTOIRE ET DE TA TRIBU

Dans un monde où l'on est sollicité de toute part, ton salut, pour devenir remarquable, est de capter l'attention. La meilleure façon de t'adresser à ta tribu, d'échanger avec eux, de susciter des conversations, c'est de partager ton histoire commune (je t'en ai déjà parlé au chapitre 16). Le contenu de marque te permet, lui, de véhiculer cette histoire sous différentes formes. C'est ce que l'on appelle le *brand content*, que je préfère pour ma part nommer « contenu de marque ». Le premier exemple de contenu de marque date du siècle dernier : c'est celui de Michelin, qui a créé le *Guide Michelin* pour inviter ses clients au voyage… et donc à user leurs pneus ! Mais ce qui a donné ses lettres de noblesse au contenu de marque, ce sont les films lancés par les marques de luxe. *L'odyssée* de Cartier est selon moi le premier exemple remarquable d'utilisation d'un univers qui va bien au-delà de son produit. Le film a été diffusé pour la première fois juste après le journal de 20 heures de TF1, en version courte puis dans les salles de cinéma en format long. Ce court-métrage extraordinaire raconte l'histoire et les voyages de la créatrice de la marque, symbolisée par la panthère. D'autres marques, comme Dior ou encore Guerlain, ont suivi cet exemple… Les marques de luxe ont souvent été des précurseurs en matière de tendances et aujourd'hui, le contenu de marque est une norme établie, que je t'invite à adopter ! **Le contenu de marque** revêt en effet une importance centrale dans un monde où l'on est sollicité de toute part et où la publicité traditionnelle est largement rejetée. Il **permet de créer des expériences et des liens au sein de la tribu, de faire découvrir l'univers de la marque, de partager et d'échanger**.

Certains pionniers l'ont déjà compris et ont mis en place une stratégie d'*inbound marketing*, qui consiste à créer du contenu qui va attirer les lecteurs *via* les moteurs de recherche et les médias sociaux (ce qui s'oppose à l'*outbound marketing*, qui consiste à aller chercher le client *via* des outils publicitaires). Tout cela, tu peux le faire à travers différents moyens (vidéos, tutoriels, articles, forum, jeux, reportages, expositions…) et différents canaux (Internet, télévision, papier, rue…). En résumé, le contenu de marque va permettre à ta marque d'exister, et ce de manière durable. Il est la solution à la communication éphémère d'Internet et des réseaux sociaux, où ton message risque d'être balayé en quelques minutes ou quelques heures, voire de ne pas être vu du tout. Selon une étude[74], la durée de vie d'un message est de 18 minutes sur Twitter, de 5 heures sur Facebook, de 20 jours sur YouTube, et j'imagine qu'au moment où tu liras ces lignes, cela aura encore diminué. À l'inverse, ton propre média (comme ton blog, ton magazine…), lui, n'a pas de date de péremption, à condition de créer du contenu *evergreen* (c'est-à-dire toujours frais, indémodable car il n'est pas daté).

L'objectif de ton contenu de marque est de fédérer ta tribu sur le long terme, afin d'obtenir une forme de retour sur investissement. Car évidemment, la création de contenu demande du temps (et aussi un peu de technique et de savoir-faire). Son intérêt est d'affirmer l'expertise de ta marque sur ton marché, et ton positionnement. Bref, c'est ce qui fait de toi une marque remarquable. Le contenu de marque peut aussi délivrer

74. Source : Mamsys.

de la valeur. Par exemple, si tu vends un produit, tu pourrais avoir l'idée d'envoyer une vidéo d'explication de ses différentes fonctionnalités ou une FAQ, plutôt que de le livrer avec une simple notice papier que personne ne lit. Autre exemple : celui de Timothy Ferriss, auteur du livre best-seller *La Semaine de 4 heures* qui l'a fait connaître à travers son blog, alors qu'il était un parfait inconnu. Pour t'en convaincre, certains entrepreneurs vivent de la création de contenus, comme Garance Doré[75], Deedee[76], Kenza[77], ou se sont lancés grâce à la création de contenus, comme MyLittleParis[78]. Pendant ce temps, d'autres rêvent de devenir « influenceurs ».

Welcome to the Jungle[79] – qui se définit comme un guide de l'emploi – a totalement réinventé le secteur du recrutement que beaucoup perçoivent comme une jungle. En partageant les nouvelles façons de travailler sur son média online avec des vidéos, des interviews, des dossiers, la marque participe au changement de la conception du travail. C'est aussi la stratégie que Charlotte Appietto a choisie pour propulser sa marque « Pose ta Dem' » pour libérer les salariés malheureux et les aider à s'épanouir à 100 % dans leur vie professionnelle en posant leur démission. Aujourd'hui, le média de Charlotte, qui raconte beaucoup d'histoires, sous forme d'interviews[80], lui permet d'inspirer une tribu pour proposer ses programmes d'accompagnement.

Pour créer de bons contenus de marque, c'est-à-dire des contenus qui vont te permettre de te différencier de la concurrence et ainsi d'être remarquable, les deux principales clés sont : **être original et proposer du contenu de qualité**. Tu dois comprendre que ta marque ne s'adresse pas à tout le monde. Elle touche un public qui se retrouve dans ta marque, et c'est ça qui fait vendre. Ton contenu doit permettre une vulgarisation de ta marque,

75. www.wearedore.com
76. www.deedeeparis.com
77. www. larevuedekenza.fr
78. www.mylittleparis.com
79. www.welcometothejunge.com
80. Tu trouveras la mienne à cette adresse : https://posetadem.com/pierre-communication-citron-bien-20190128

c'est-à-dire faire en sorte que ta marque existe dans la vraie vie, qu'elle soit une vraie solution dans le quotidien de tes interlocuteurs. Tout l'inverse de la publicité traditionnelle qui parle aujourd'hui à tout le monde, et donc finalement à personne. Dans les chapitres précédents, on a vu l'importance du besoin et de la proposition de valeur : le contenu de marque va te permettre de concrétiser cela. Je t'explique comment faire dans ce chapitre.

DÉFINIS LES OBJECTIFS DE TON CONTENU DE MARQUE

Une fois que ta stratégie est clairement définie (ce que l'on a vu dans la partie 3), il faut que tu définisses les objectifs de tes contenus de marque. Par exemple, leur but est-il de développer ta notoriété ? Ton audience ? De conquérir de nouveaux clients ? De fidéliser tes clients existants ? Une fois tes objectifs clarifiés, tu sauras à qui tu parles et dans quel but, et il te sera plus facile de créer le contenu qu'il te faut.

Pour t'aider à clarifier les objectifs de ce contenu de marque, tu peux t'aider de cette grille d'analyse qui détermine trois grands axes : l'objectif cognitif, l'objectif affectif et l'objectif conatif.

OBJECTIF COGNITIF	OBJECTIF AFFECTIF	OBJECTIF CONATIF
S'ADRESSER AU CERVEAU	S'ADRESSER AU CŒUR	S'ADRESSER AUX MUSCLES
• Volonté = informer • Objectif = la notoriété • Contenu = donner des informations sur la marque ou le produit	• Volonté = émouvoir • Objectif = l'image de la marque • Contenu = chercher à faire aimer le produit, ou te rapprocher émotionnellement de ta tribu	• Volonté = actionner • Objectif = créer un comportement, activer la conversion, transformer un spectateur en acteur • Contenu = faire la transition entre le désir d'achat et l'action d'achat, ce qui est souvent l'étape la plus complexe dans n'importe quel business

Attention ! Lorsque j'ai demandé à ma tribu, quel contenu de marque était pour elle le plus remarquable, beaucoup m'ont parlé de publicités. Il est essentiel de bien faire la différence : le contenu de marque est au service d'une marque qui mise sur la puissance narrative quand la publicité se focalise sur un de ses aspects pour vendre. Il existe une quantité d'exemples de contenus de marque dans notre quotidien. Voici quelques bonnes stratégies, qui te donneront sûrement quelques idées…

1. **Donne vie à un personnage ou à une mascotte**… pour véhiculer ton message, tes valeurs. Par exemple, la *brand content* saga de Oasis avec ses personnages fruités lancée en 2008. Ou le musée de la Grande Guerre à Meaux qui a lancé la page Facebook de Léon Vivien, un poilu qui racontait chaque jour son quotidien dans les tranchées.

2. **Raconte avec un *storytelling* de l'émotion**… pour mettre en avant l'humain, ton équipe, ton savoir-faire. Par exemple, les films de Monoprix « Lait drôle la vie », et d'Intermarché « L'amour l'amour », repris par d'autres grandes marques comme Ikea.

3. **Associe-toi avec des partenaires**… pour te raconter sous un angle inattendu. Par exemple, la marque Havana Club a sorti en salles, le film *7 jours à La Havane*, réalisé par 7 réalisateurs, et présenté hors compétition au Festival de Cannes 2012, grand prix du *brand content* décerné par l'hebdomadaire *Stratégies*.

4. **Partage le quotidien de ton audience**… en lui parlant de façon créative. Par exemple, Apple qui choisit le clip pour le lancement de son HomePod. Originalité et contenu de qualité lui ont permis de se différencier de la concurrence. Un visage (FKA Twigs) inconnu du grand public mais bien connu du milieu de la danse et de la musique parle à une cible précise : la femme exténuée après une journée de travail et qui souhaite se détendre en musique. Ce clip permet de jouer sur l'émotion et de parler à sa cible avec

la promesse d'ouvrir de nouveaux horizons en ouvrant les murs de sa routine. Le personnage va littéralement pousser les murs de chez elle… avec une identité de la marque réaffirmée par la réalisation de Spike Jonze (*Her, Dans la peau de John Malkovich…*).

5. **Deviens mémorable**… en poussant les limites de l'extrême. Par exemple, Redbull avec l'opération Red Bull Stratos, qui le 14 octobre 2012 a poussé Felix Baumgartner de la stratosphère dans une chute de 9 minutes et 3 secondes brisant quatre records, dont celui de saut en parachute le plus haut du monde et celui de chute libre. Cet exploit illustre parfaitement (et sans le dire) le slogan de la marque « Redbull donne des ailes ».

De manière générale, retiens que ton contenu de marque a pour but de :

- générer du trafic ;
- développer de l'engagement ;
- créer un réseau d'influence ;
- convertir ta tribu en clients.

Pour une meilleure efficacité de ton contenu, n'oublie pas qu'il peut s'appuyer sur cette tendance dont je t'ai déjà parlé un peu plus haut : *Make things people want.* En d'autres termes, **crée du contenu que les gens veulent** (voir p. 160).

UN FEU DE CHEMINÉE PLUTÔT QU'UN FEU D'ARTIFICE !

Un bon contenu de marque doit instaurer un échange gagnant-gagnant avec la personne qui le reçoit, ce qui te permettra de construire une relation client forte. À l'inverse d'une prospection commerciale qui vient t'interrompre dans tes activités, où l'on sollicite ton temps sans que tu n'aies rien demandé, sans que tu n'aies formulé le moindre besoin (tu reconnais peut-être là la stratégie de certains opérateurs de téléphonie mobile qui veulent te vendre un nouveau forfait !), le contenu de marque n'interrompt rien, il te propose de t'accompagner, de te donner des clés pour essayer de résoudre ton problème, et cela de manière créative. C'est la différence entre un feu de cheminée, qui ne s'éteindra jamais si tu l'alimentes de manière constante, et un feu d'artifice, qui fait des étincelles avant de s'éteindre définitivement. Pour faire de ton contenu de marque une stratégie gagnante, tu dois t'inspirer du feu de cheminée. En d'autres termes, **alimenter ta tribu avec du contenu pertinent et régulier plutôt que de chercher à faire le buzz**. Tes clients viendront ainsi volontiers s'asseoir autour du feu avec toi, pour discuter, échanger, et te demander de résoudre leurs problèmes. C'est aussi la différence avec le démarchage commercial qui installe une relation immédiate et opportuniste, alors que ton contenu de marque au contraire va construire une relation solide, durable, de confiance.

TA MARQUE DOIT DEVENIR UN MÉDIA

Je me dis que je ne peux pas t'effrayer davantage avec un titre pareil. Mais que dirais-tu de devenir une référence dans ton domaine et de générer des marques d'intérêts entrantes pour ton entreprise ?

Les médias le font déjà. Et c'est ce que tu vas faire avec ta marque. En devenant un média, tu fais venir à toi des personnes intéressées par ce que tu racontes, **ce qui te permet de créer ta tribu**. Plus précisément, ta stratégie est de devenir ce que l'on appelle un *owned media*.

Il existe aujourd'hui de très nombreux canaux de communication et, pour s'y retrouver, on peut les classer en trois grandes familles, regroupées sous l'acronyme POEM : *paid*, *owned* et *earned media*. Ce sont des moyens complémentaires que tu peux actionner dans ta stratégie de contenu de marque.

- **Le *paid media* :** c'est l'ensemble des supports de communication qui appartiennent à des tiers, et que tu vas payer pour promouvoir tes contenus, en l'occurrence la publicité, les posts sponsorisés, les bannières pubs, les articles invités…

- **Le *owned media* :** ce sont les supports de communication que tu possèdes et donc que tu contrôles. L'avantage est que tu vas pouvoir maîtriser la diffusion de tes contenus, et surtout récupérer automatiquement les bénéfices de cette communication. Il s'agit en l'occurrence de ton site internet, de ta newsletter, de tes contenus éditoriaux, de tes vidéos, etc.

- **Le *earned media* :** c'est une stratégie média mais dont tu ne maîtrises pas le contenu et le message. En l'occurrence, il s'agit de la presse, des blogs tiers qui parlent de toi, des commentaires sur les réseaux sociaux, des recommandations… Ce type de média permet à ta marque d'exister, mais elle est assez difficile à maîtriser.

En créant ton *owned media*, tu maîtrises ce que tu dis, et surtout tu maîtrises la diffusion de tes contenus. Si, un jour, Facebook ferme ou Google se crashe, ton contenu t'appartiendra toujours, et tu sauras où il se trouve (chez toi !). Autre avantage de taille, tu te libères du diktat des algorithmes de ces plateformes.

COMMENT DÉVELOPPER TON CONTENU DE MANIÈRE CRÉATIVE ?

Créer du contenu, c'est à la fois facile et compliqué. Facile car tu laisses libre cours à tout ce que tu as appris dans ce livre, tu mets en musique tout ce que tu es ; compliqué parce que cela peut paraître technique sur certains aspects, et que tu peux rapidement faire quelques erreurs. Si tu rencontres quelques freins ou que tu as peur, je te renvoie aux différents conseils donnés dans les chapitres précédents pour te rassurer, et je t'invite à respecter ces quelques étapes à mes yeux essentielles.

On dit souvent : « une image vaut mille mots »… et le développement fulgurant d'Instagram et TikTok te donnerait raison… mais, il existe une quantité d'autres moyens pour produire du contenu de façon créative.

S'APPUYER SUR LES PILIERS CONVERSATIONNELS

Les piliers conversationnels sont la mise en mots de ce qui soutient ta marque. Si la marque représente les fondations de ta maison, les piliers conversationnels en sont les murs. Ils vont venir soutenir ta stratégie, en « créant de la conversation » (d'où le mot conversationnel). **Ils sont composés d'une accroche forte** (qui capte l'attention), **d'une promesse** (les solutions que tu proposes en échange de cette attention), **et de l'assurance que tu tiendras ta promesse.** Ces piliers doivent se retrouver dans ta stratégie de contenu.

La guerre entre Coca-Cola et Pepsi incarne bien cette idée. En choisissant la position du challenger et non celle du leader, Pepsi engage des conversations. Dans sa stratégie de contenu, la marque ne répond pas directement à ses haters, mais laisse à ses ambassadeurs le soin de le faire. Burger King a adopté la même position de challenger face à McDonald's : la marque active ses fans, ses ambassadeurs dans cette guéguerre. Tes piliers conversationnels s'appuient sur tes valeurs et cela peut aussi se traduire par la convivialité, ce que défend la marque de cidres Sassy, ou encore la créativité, comme le fait Shanty Biscuits, le décalé comme Popee (marque de papier toilettes), ou la classe et le sérieux de Angell (marque de vélos connectés).

COMMUNIQUER AU BON MOMENT

Une bonne communication se fait au bon moment, elle **doit prendre en compte les événements et le contexte**. C'est l'exemple type d'Oréo lors du Super Bowl 2013. Cette année-là, une panne de courant plonge le stade dans le noir pendant plus de 30 minutes en début de seconde période de la finale entre San Francisco et Baltimore. La marque poste alors très rapidement le tweet « Power Out? No Problem », accompagné d'une photo légendée « You can still dunk in the dark ». Ce que l'on pourrait traduire par : « Panne de courant ? Pas de problème », « Vous pouvez toujours "tremper" (ou "marquer"[81]) même dans l'obscurité ». Une référence au biscuit que l'on peut tremper dans le café (noir), et que l'on peut grignoter même quand il n'y a plus de lumière. Ce tweet très largement partagé a volé la vedette aux spots télé, à commencer par le spot de la marque Oréo lui-même, et a permis de confirmer le talent créatif de la marque. Il permet surtout de comprendre qu'**être présent au bon moment permet de toucher les bonnes personnes** et d'avoir une communication durable. Autre exemple : celui de la marque de locations de véhicules, Sixt, en janvier 2014, qui a communiqué après les photos de François Hollande, le président de la République de l'époque, se rendant en scooter chez sa maîtresse Julie Gayet, publiées par *Closer*. Leur publicité disait : « Monsieur le Président, la prochaine fois, évitez le scooter. Sixt loue des voitures avec vitres teintées. » La morale de l'histoire ? **Quand tu arrives au bon moment, tu deviens viral !**

---

81. *To dunk* signifie aussi marquer au football américain.

À ton niveau, tu peux, bien sûr, vérifier sur tes réseaux sociaux à quel moment ton audience est la plus présente pour poster tes messages au bon moment. Mais au-delà de la date, **le plus important est de sentir ce qu'il se passe autour de toi**. Tu peux ainsi profiter des événements de l'année (jour de l'an, Saint-Valentin, Chandeleur, Noël…) ou des jours où il y a moins de monde pour communiquer et s'emparer de la journée mondiale du rangement de bureau, de la neutralité ou du ninja… Par exemple, durant le premier confinement, il était complexe de communiquer pour exister. Avec beaucoup de créativité, le message de Burger King a émergé en partageant des photos d'ingrédients pour se faire les burgers de la marque à la maison.

UTILISER LA BONNE MÉCANIQUE

Si le fond de ton message est important, la mécanique qui permet de le faire passer l'est tout autant. La mécanique peut être par exemple de donner la parole à ton public. C'est l'exemple du *crowdsourcing*, qui montre que tu es à l'écoute de tes clients. Lacoste l'a par exemple utilisée pour imaginer le polo du futur. Une manière de montrer que, même si elle est une marque iconique, elle sait innover et écouter ses clients.

Autre exemple : celui du créateur de la marque de jeans et de chaussures 100 % *made in France* 1083, Thomas Huriez. En 2014, il avait mis au défi les internautes : s'il obtenait plus de 1 083 commandes, il se lançait à vélo avec sa femme dans la fameuse traversée des 1 083 kilomètres, qui relient les deux villes les plus éloignées de l'Hexagone : Menton, dans les Alpes-Maritimes, et Porspoder, dans le Finistère.

La mécanique que tu choisis te permet de faire passer tes valeurs, le bon message. J'ai aussi en tête l'exemple de Faguo, une marque française qui se définit comme « carbone positive ». Son message : face à l'urgence climatique, la mode doit être responsable. Sa stratégie : un article acheté = un arbre replanté. Pour symboliser cette replantation, un arbre est représenté par un petit bouton sur chacun de leurs produits. À ce jour, le site indique 1,7 million d'arbres plantés.

À CHAQUE SUPPORT SES CODES

Tes contenus doivent être clairs, pérennes et surtout adaptés à ton public et aux différents supports : tu ne vas pas dire la même chose sur tes réseaux sociaux et sur ton blog, sur Facebook et sur Twitter, à la télé et en presse écrite... **Si le message véhiculé est le même, sa mise en place est différente.** Par exemple, en télé, tu pourras faire passer des émotions visuelles, et pas à la radio ; sur Twitter, tu seras limité en nombre de caractères, alors que tu auras toute la place que tu souhaites sur un blog. Tu devras aussi prendre en compte les durées de vie de tes messages (comme je te l'expliquais au début de ce chapitre) : par exemple, sur Twitter, tu devras être concis et régulier car ce sont des messages éphémères (*short-term*) alors que sur YouTube, tu pourras faire du contenu plus pédagogique et durable (*long-term*).
Petite astuce : **pense à créer des contenus persistants** (ou *evergreen*). Ce **qui** signifie qu'ils ne meurent pas, **ne se périment pas** avec le temps... parce qu'ils sont de qualité, originaux, intemporels.

EXPLIQUER TON « POURQUOI »

Les contenus créatifs créés par la marque doivent mettre en avant l'intention, le « pourquoi » de la marque. J'ai déjà développé cette idée à plusieurs reprises dans le livre, mais il est bon de le rappeler. Certaines marques l'appliquent au pied de la lettre, comme Patagonia qui lance le programme Worn Wear (que l'on pourrait traduire par « vêtements usés »), qui permet d'acheter des vêtements d'occasion de la marque, elle l'a accompagné par une campagne originale, le Worn Wear Tour. Une caravane de la marque sillonne une région, et propose aux gens de faire raccommoder gratuitement leurs équipements. Depuis, de nombreuses autres marques ont adopté elles aussi cette logique d'upcycling ou d'économie bleue (voir aussi p. 227), comme La Redoute avec La Reboucle.

MISER SUR LA PROXIMITÉ, L'AUTHENTICITÉ

La proximité et l'authenticité te permettent de développer un lien direct avec tes interlocuteurs. On est bien loin ici de la vieille publicité à papa qui te force à acheter un truc dont tu n'as pas besoin ! Car **le but est de** vulgariser ta marque, c'est-à-dire de **faire en sorte qu'elle existe dans la vraie vie**, qu'elle s'ancre dans le quotidien de ta tribu.

On se rapproche ici de la *cultural brand*, de la *brand culture*, autrement dit de la culture de marque. **Les marques vont avoir une influence presque aussi intéressante que certains courants** musicaux, ou que certains films, en ce sens que la marque permet d'afficher son appartenance à tel ou tel mouvement qui transforme le monde de manière positive. Par exemple, le *What Else* de Nespresso, la marmotte de Milka, la marque « C'est qui le patron ? » sont **devenus des références culturelles**, tout comme le *Yes We Can* de Barack Obama, un symbole fort de sa campagne électorale appuyé par l'affiche *Hope* créée par Obey pour symboliser l'audace d'espérer. Au contraire, on va aussi pointer du doigt les marques qui perdent de la consistance parce qu'elles n'auront pas répondu à ces enjeux. En un mot, être crédible et engagé.

Je t'invite donc vraiment à passer du temps sur ton contenu pour créer des vraies relations. Cela te permettra **d'intégrer une *brand culture*,** un mouvement global d'entrepreneurs engagés qui veulent changer le monde en bien. L'objectif n'étant pas forcément de pousser les gens à s'engager, mais plutôt de **chercher à porter des valeurs. Ton objectif,** avant d'être vu, entendu, ou reconnu, **c'est de créer des conversations.** Sur 100 personnes à qui tu t'adresses, une seule va interagir avec toi. Donc l'idée est de toucher ces 1 % et de les transformer en porte-voix, en ambassadeurs. Cela rejoint la règle des 1 000 vrais fans (voir p. 242). D'ailleurs, Emmanuel Faber, le P.-D.G. de Danone, disait lors de l'événement Sustainable Brands Paris en 2019 : « Nos marques disparaîtront si elles ne s'engagent pas… Une entreprise n'existe pas si elle n'est pas utile. Il est important d'affirmer son engagement… » Ce qu'a bien intégré Hopaal en défendant « **chaque achat est un vote** »… qu'elle explique ainsi : « En tant que consommateur, notre pouvoir est bien réel. Acheter permet de soutenir une démarche, un engagement, un écosystème. À l'inverse, ne pas acheter est tout aussi puissant et permet d'inviter au changement. Derrière chaque achat il y a un prix qui, à première vue, peut souvent paraître froid et opaque. Se renseigner, poser des questions et exiger plus de transparence de la part des marques permet de comprendre ce qu'il implique. Ensuite, c'est à nous, consommateur, de décider de soutenir, ou non. »

Tu l'auras compris, pour créer tes contenus, tu dois te faire confiance, choisir des supports que tu kiffes et que tu maîtrises, et faire simple. La communication avec ta communauté étant aujourd'hui multicanale, multisectorielle, tu dois aussi multiplier les points de contact pour espérer développer ton activité. Cela pose la question du parcours client : il est important de savoir où ils se trouvent, où ils vont, à quel moment ils vont consommer tel ou tel contenu et surtout à quel moment ils vont acheter tes services ou tes produits. Un parcours client le plus fluide possible est la clé pour mieux vendre.

CHAPITRE 19

BIEN VENDRE, AVEC UN PARCOURS CLIENT SAIN ET BALISÉ

Si tu as lu les chapitres précédents, tu as maintenant compris que ta marque doit arrêter de chercher à vendre, mais plutôt créer une relation pour mieux vendre. Le monde change, les moyens de communication évoluent, **l'information** circule vite et facilement… Tout cela **a modifié le rapport de force entre le client et la marque**. Celle-ci ne communique plus du haut vers le bas (genre « Achète ma lessive, elle lave plus blanc que blanc ») ; désormais la marque et les consommateurs discutent, échangent, partagent.

Et surtout, j'aimerais que, dans ce chapitre, tu comprennes que **la vente est quelque chose de simple**, et pas le parent pauvre d'une marque. À quoi bon être remarquable si tu n'as pas de clients ? Et pour avoir des clients, il faut vendre. Selon moi, on ne met pas suffisamment l'accent sur ce point dans les écoles de commerce (quand on explique ce qu'est un entrepreneur) ! Et, souvent, les entreprises qui démarrent oublient l'essentiel : pour qu'une entreprise marche, elle doit savoir vendre, c'est-à-dire, on le verra, **identifier les points de contact** (les points d'entrée de ta marque), **et les points de friction** (là où ça coince). Tu peux être remarquable, attirer des clients à toi, mais si tu les perds au cours du parcours, tu ne seras pas durable, et tu feras faillite. En tant qu'entrepreneur, tu as beaucoup d'énergie, mais tu en perds aussi peut-être beaucoup à faire des choses inutiles. Si tu te concentres sur **l'amélioration du parcours client**, pour faire en sorte qu'il soit sain et balisé, tu gagneras du temps et **économiseras de l'énergie**, que tu pourras utiliser pour améliorer d'autres choses, ton produit, ton service, ta vie de famille... Et ton client aussi y gagnera.

Une fois qu'on a compris l'importance de la vente, comment fait-on pour bien vendre me diras-tu ? (Je perçois d'ici ton air anxieux, je sais bien que tu n'aimes pas vendre, mais ne referme pas ce livre tout de suite, tout va bien se passer, je vais essayer de rendre tout cela plus simple...). Si tu es déjà allé dans un magasin Ikea, tu as sûrement constaté que le parcours client est simple et efficace ! Tu entres, en totale liberté, tu suis un parcours... et tu ressors souvent avec un tas d'accessoires dont tu n'avais pas besoin en entrant : une petite lampe trop mignonne, un super accessoire pour ton bureau, un support pour tenir ta tablette dans la cuisine, un coussin hyper-design... Bien sûr, l'objectif de ce chapitre n'est pas de t'aider à vendre des choses dont tes clients n'ont pas besoin mais de t'inspirer de ce parcours client exemplaire pour mieux vendre.

PEUT-ON OU DOIT-ON COMPRENDRE CE QUI FAIT VENDRE ?

On l'a dit – l'entreprise de demain (aujourd'hui donc) est à l'écoute de ses clients... Mais est-ce que le fait d'attendre des clients fait de toi un bon vendeur ? Et si les clients ne viennent pas, que dois-tu faire ? Comme je te l'ai déjà expliqué un peu plus haut, pour prouver que tu es à l'écoute de tes clients, tu dois montrer la valeur réelle que ces derniers peuvent tirer de tes produits. Pour cela, tu dois **travailler sur une plus grande personnalisation de la relation**, ce qui va déboucher sur le retour d'une forme d'artisanat. On passe du paradigme des clients qui donnent de l'argent au paradigme d'une tribu, des fans qui donnent de l'amour. (Sauf qu'ici, tu vas vivre d'un peu plus que d'amour et d'eau fraîche.)

Et donc, qu'est-ce qui fait un bon vendeur ? Son discours, sa niaque, sa technologie avancée, sa publicité efficace ? Il existe aujourd'hui de nombreuses théories pour mieux vendre. Et si, pour changer, la meilleure attaque, c'était la défense ? Et si tu attendais que les clients viennent à toi pour faire autrement, changer les choses et te faire remarquer ? Bien sûr, sur ce point, il est difficile de théoriser car toi seul connais tes clients, ce qui fonctionne pour eux. J'aimerais à ce titre te citer l'exemple d'un designer contemporain qui a eu de nombreux articles dans la presse généraliste et les magazines de déco. Ces articles n'ont généré aucune vente car pour lui, c'est le bouche-à-oreille qui fonctionne. À l'inverse, une entreprise d'aménagement a fait de la publicité dans le journal local, ce qui lui a permis d'attirer de nouveaux clients. Ces deux techniques différentes fonctionnent mais elles jouent sur des temps différents, la première fonctionnant à plus long terme sur sa notoriété, et la seconde à plus court terme, sur les ventes directes. À toi de voir si tu peux activer l'une ou l'autre, même si je te conseille d'activer l'une et l'autre. De **travailler le temps court pour te rassurer vite, et le temps long pour durer**.

À l'âge de pierre des marques, la stratégie de vendre était de multiplier les points de contacts (qu'on pourrait définir comme toutes les situations où tes clients sont exposés à ta marque, du début à la fin de leur expérience). Ainsi, en contactant 1 000 personnes, on espérait en toucher 100 intéressées, pour 10 qui sont prêtes à acheter, pour finalement obtenir 1 acte d'achat. Dans une autre vie (pas si ancienne puisque c'était au début des années 2000), j'ai fait partie de la force commerciale d'une entreprise. L'objectif était le volume, il fallait donc frapper à toutes les portes. Aujourd'hui encore, certaines marques fonctionnent ainsi, en misant sur la publicité télé ou radio, les e-mails non sollicités ou les messages automatisés sur tes réseaux sociaux. L'objectif : taper fort, en utilisant des médias de masse et donc des messages impersonnels qui touchent beaucoup de monde.

Or, tu commences à comprendre le propos que je développe dans ce livre : pour être remarquable, ce n'est pas la bonne stratégie. Et même si aujourd'hui, tu as les moyens techniques de faire de la masse (en récupérant des listings de contacts, en les « scrappant » ou en automatisant ta prospection...), que va-t-il se passer ? Imagine, tu regardes un film, tu lis un magazine, tu surfes sur le Net, et tu es coupé par une publicité qui ne t'est pas directement adressée (par exemple, une publicité immonde pour des cache-sexes pour chiens... alors que tu n'as même pas de chien !). C'est ce que Seth Godin, grand pape du marketing, appelle la théorie de la « permission marketing[82] ». Elle se traduit simplement par : « Si tu n'as pas l'autorisation de ton interlocuteur, n'essaie pas de le solliciter. » Aujourd'hui, l'*opt-in* fonctionne ainsi, renforcé par la RGPD[83]. L'*opt-in* consiste à obtenir l'accord du destinataire du message : s'il n'a pas dit « oui », cela veut dire « non ». En pratique, cela passe par des formules comme : « Si vous souhaitez recevoir des propositions commerciales de nos partenaires, cochez cette case. » Cette méthode te permet de mieux cibler les personnes avec lesquelles tu discutes, et de n'envoyer de la publicité qu'aux personnes qui en font expressément la demande, et qui sont donc potentiellement intéressées : ta tribu ! Tu l'auras donc compris : **plus le ciblage est petit, plus il est efficace**.

À une époque où la digitalisation a multiplié de façon exponentielle les points de contacts potentiels des marques (et où tu ne sais plus vraiment qui contacter car il y a tellement de possibilités), et où **66 à 90 % du parcours de tes clients se fait sans toi**, tu as intérêt à soigner tes points de contact et améliorer ton parcours client.

---

82. *Permission marketing*, Seth Godin, Maxima/Laurent du Mesnil, 2011.
83. Règlement général sur la protection des données.

TRANSFORME TON PARCOURS CLIENT EN UN VOYAGE IDÉAL…

Imagine que tu fais un voyage durant lequel chaque étape se déroule à la perfection. Tu es pile à l'heure, la porte de ton train s'ouvre juste devant toi, tu as de l'eau quand tu as soif, le menu servi correspond à ce que tu voulais, il y a toujours une personne pour te renseigner quand tu en as besoin, la météo est au beau fixe, la chambre est encore mieux que tu ne l'imaginais, il n'y a pas de file d'attente devant le musée, les chauffeurs de taxi sont tous sympas… Cette expérience serait complètement dingue, non ?

Imagine maintenant que ton client puisse faire le même voyage parfait et que la destination finale soit ton produit ou ton service. As-tu déjà pensé aux différentes étapes qu'il doit parcourir, et que dirais-tu qu'on lui facilite chacune de ses étapes ? Au bout de ce parcours, lui vendre ton produit ou ton service serait tellement facile et agréable, n'est-ce pas ? C'est justement le but que tu dois te fixer : **déterminer les différentes étapes de son parcours**, qu'elles se fassent avec ou sans toi, **puis imaginer les scénarios pour faciliter chacune d'elles**.

En soignant l'expérience client, tu vas :

- faciliter les chances de transformer un visiteur en prospect ;
- augmenter ton taux de transformation de *lead* en client ;
- améliorer la satisfaction de tes clients (et donc les fidéliser) ;
- et pourquoi pas les transformer en ambassadeurs.

C'est particulièrement important quand ton business consiste à vendre des petits produits de façon récurrente (par exemple si tu es un petit commerce de proximité), plus que si tu vends du conseil premium par exemple. Que tu vendes des petits produits ou du coaching premium, l'expérience est importante… mais n'est pas perçue de la même façon : un petit commerçant qui vend des petits produits peu chers doit être bon sur la récurrence et faire revenir régulièrement son client pour être rentable, alors qu'un consultant a plutôt intérêt à soigner l'avant-vente car son service coûte plus cher et la décision est plus difficile à prendre pour l'acheteur.

Prendre du temps pour étudier ton parcours client te permettra, en plus d'augmenter tes résultats, de comprendre ce que font tes clients, et donc d'élaborer ou d'affiner ta stratégie, de mieux concevoir tes contenus (comme on l'a vu au chapitre 18), et de mettre le focus au bon endroit : as-tu plutôt intérêt à te concentrer sur l'acquisition de prospects, à travailler sur le référencement de ton site pour avoir plus de visiteurs, à améliorer le taux de transformation de tes prospects en clients, ou d'augmenter la conclusion de tes ventes ?

Voyons comment l'amélioration de tes points de contact peuvent avoir une répercussion significative sur tes résultats.

Imagine un entonnoir : sur 1 000 personnes qui visitent ton site, 100 personnes vont être intéressées, 10 vont te demander un devis et 1 seule va signer pour devenir ton client, ce qui va te générer un chiffre d'affaires de 1 000 €. Si tu souhaites atteindre un chiffre d'affaires de 3 000 €, tu as deux possibilités :

- augmenter le nombre de visiteurs. Si tu augmentes ton trafic par 3 (3 000 clients au lieu de 1 000), tu peux mathématiquement espérer multiplier ton chiffre d'affaires par 3 (en obtenant trois clients au lieu d'un seul).

- travailler sur un des points de ton entonnoir – pour améliorer ton taux de transformation des étapes de ton parcours d'achat. Par exemple sur tes 1 000 visiteurs, tu intéresses 300 personnes au lieu de 100. Ou tu transformes 3 devis sur 10 (au lieu de 1). Mathématiquement tu obtiens 3 clients au lieu d'un seul.

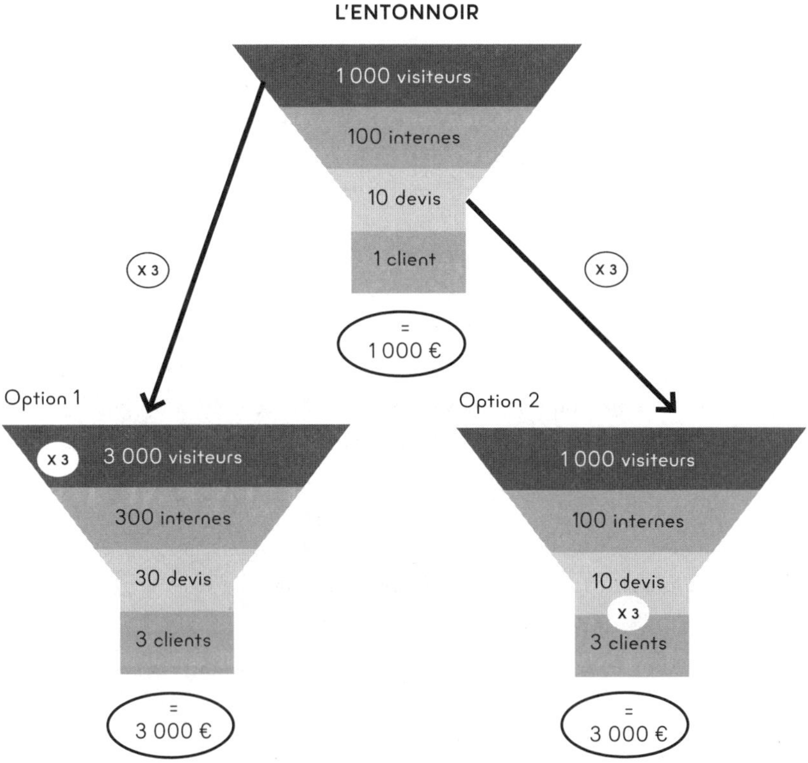

PETIT ÉLOGE DE LA SIMPLICITÉ

Pour améliorer ton parcours client, il existe des tas d'outils proposés par les experts du marketing… Je pourrais te parler de tofu, de mofu et de bofu[84] (si, si ça existe !), de *lean nurturing*[85]… Mais en fait, tu commences à me connaître, je suis plutôt un adepte du *less is more* (« moins, c'est plus »), si cher à l'architecte allemand Ludwig Mies van der Rohe. En d'autres termes, je t'invite à faire preuve de simplicité ! John Maeda, webdesigner de renommée internationale et auteur de différents livres dont *The Laws of Simplicity*[86], disait :

84. Étapes clés de la stratégie de contenu : *top of the funnel* (TOFU), *middle of the funnel* (MOFU), *bottom of the funnel* (BOFU).
85. Élevage ou mise sous couveuse de prospects.
86. *De la simplicité*, John Maeda, Payot, 2009.

« Simplicité n'est pas synonyme de rabat-joie. Simple ne veut pas juste dire minimaliste et fonctionnel. On peut faire simple tout en véhiculant beaucoup d'émotion. » **Je crois profondément que, pour être durable, l'entreprise de demain doit être plus mobile, plus simple, aussi bien dans son organisation, dans son process de vente, dans ses méthodes que dans ses produits ou ses services.** Je préconise des entreprises plus petites et plus flexibles pour surfer sur les fluctuations du marché, pour lutter face à l'ubérisation, pour être plus adaptables.

Tes clients étant tes amis, je t'invite à simplifier les relations que tu as avec eux, à ne pas empiler des couches et des couches de stratégies pour mieux vendre. Cela te permettra de gagner du temps et donc de l'argent, d'augmenter ta marge, d'avoir un impact environnemental moindre et de travailler avec des personnes plus impliquées (salariés, partenaires, clients). Dès l'instant où tu simplifies un certain nombre de choses, tu pourras aussi décider d'autopiloter ton entreprise, de déléguer, voire de faciliter la mise à l'échelle de ton entreprise si tu le souhaites (voir p. 217).

L'ART DE SOIGNER SES POINTS DE CONTACT

Le parcours client commençant par les différents points de contact avec ta marque, il est important de les soigner tout particulièrement. Pour rappel, **les points de contact, ce sont toutes les situations où tes clients sont exposés à ta marque, du début à la fin de leur expérience.** Par exemple, un client peut découvrir ta marque *via* une annonce, il va sur ton site internet et lit des avis clients, il achète tes produits et, s'il a une question ou une difficulté, peut contacter le service clients. Ainsi, les points de contact peuvent donc avoir lieu avant, pendant ou après l'achat d'un de tes produits ou d'un de tes services. Il est essentiel d'identifier ces différents points de contact pour établir un suivi de l'expérience client et t'assurer que tes clients sont satisfaits à chacune de ces étapes. Si tu es bon à chacune de ces étapes, tu fluidifieras le processus et tu vendras mieux.

EXERCICE : LISTER MES POINTS DE CONTACT

À toi maintenant de passer à l'action : prends une feuille et un crayon et dresse la liste de toutes les situations dans lesquelles ton client peut entrer en contact avec ta marque.

Voici quelques exemples de points de contact, que tu peux adapter selon ton secteur d'activité.

Imaginons que tu tiennes **une pâtisserie** :

- ton prospect voit de belles photos de tes gâteaux sur les réseaux sociaux (*avant l'achat*) ;
- il se rend en boutique pour acheter l'une de tes pâtisseries (*pendant l'achat*) ;
- son ticket de caisse lui apporte une petite information qui lui donne envie de revenir, par exemple des points de fidélité, l'impact carbone de son achat, l'adresse de ton site internet où il peut commander 24 heures/24 et 7 jours/7 *(après l'achat).*

Imaginons que tu aies développé **une application** :

- ton prospect lit les avis des autres utilisateurs sur le store en ligne (*avant l'achat)* ;
- il se rend sur le site web de l'appli pour l'acheter *(pendant l'achat)* ;
- il reçoit un e-mail d'*onboarding*, destiné à faciliter sa prise en main de l'application *(après l'achat).*

Imaginons que tu sois **un e-commerçant** :

- ton prospect a entendu parler de ton site *via* un ami *(avant l'achat)* ;

- il se rend sur ta boutique en ligne où il va scroller ton catalogue. Il découvre une promotion : les frais de livraison sont offerts pour sa première commande (ce qui te permet de récupérer son e-mail au cas où il déciderait de repartir sans avoir acheté). Il reçoit plusieurs e-mails qui lui expliquent les bénéfices de tel ou tel produit (*avant l'achat*) ;
- il se décide à acheter, en profitant de la livraison offerte (*pendant l'achat*) ;
- le client va ensuite recevoir des e-mails lui demandant son avis sur le produit ou sur son expérience d'achat (*après l'achat*).

Imaginons que tu tiennes **un café-galerie** :

- ton prospect a vu un article qui parle de ton lieu dans le journal local (*avant l'achat*) ;
- il vient prendre un café et visiter l'expo (*pendant l'achat*) ;
- ton client repart avec une carte fidélité, et le programme des futures expositions (*après l'achat*).

LES 3 ÉTAPES DU PARCOURS CLIENT

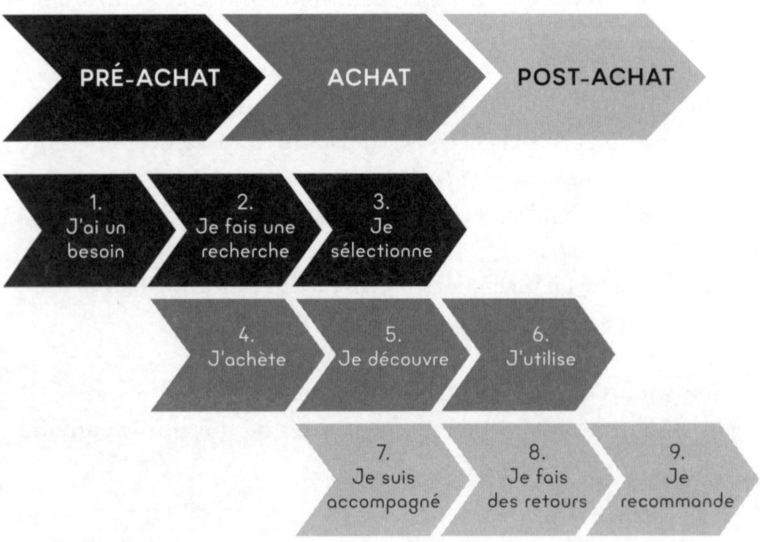

Une fois que tu as identifié les différentes étapes de ton parcours client, l'objectif est de les améliorer, pour garantir une expérience parfaite à tes clients. Comment faire ? Encore une fois, tu devras faire preuve d'empathie, c'est-à-dire te mettre à la place de ton client pour répondre à la question suivante : quelles sont ses attentes à chacun de ses points de contact ? N'oublie pas, à chaque étape, d'intégrer les émotions qui comptent énormément dans l'expérience client, selon plusieurs études. Déjà en 1999, dans *The Experience Economy*, Joseph Pine et James Gilmore défendaient l'idée que **les produits et services devaient céder la place aux expériences. Le consommateur rationnel devient alors un consommateur émotionnel**. Pour savoir comment intégrer les émotions à ta réflexion, à quel moment l'utiliser et comment l'intégrer, je t'invite à te servir de la roue des émotions de Plutchik[87]. Personnellement, je m'inspire beaucoup des exemples de Mama Shelter sur l'expérience globale, de Disney dans ses magasins physiques, de Innocent sur ses produits, et de So Good (le média qui vous aide à changer le monde) pour sa communication client.

En pratique, ta feuille et ton crayon ne suffiront peut-être pas, alors n'hésite pas à faire des tests grandeur nature. Par exemple, si tu as un commerce, tu peux imaginer de faire venir des clients mystères. Tu peux aussi demander à tes ambassadeurs de tester le nouveau parcours client de ton site internet. Autre idée : faire tester ton site avant son ouverture à quelques clients (en leur demandant de t'excuser s'il y a quelques ratés). **Ces bêta-tests doivent te permettre de vérifier la pertinence de chacun de tes choix.** Par exemple, est-ce que tel ou tel bouton est au bon endroit ? Est-ce que le panier est bien validé quand on clique ici ? Est-ce que la facture est envoyée de manière automatique ? Bien entendu, tu peux aussi te faire accompagner par des experts. J'ai personnellement utilisé cette technique pour faire relire ce livre à des bêta-lecteurs qui m'ont challengé sur les points à améliorer ou m'ont conforté dans certains choix ou exemples.

87. https://en.wikipedia.org/wiki/Robert_Plutchik

LE PARCOURS IDÉAL CRÉE DES RELATIONS VERTUEUSES

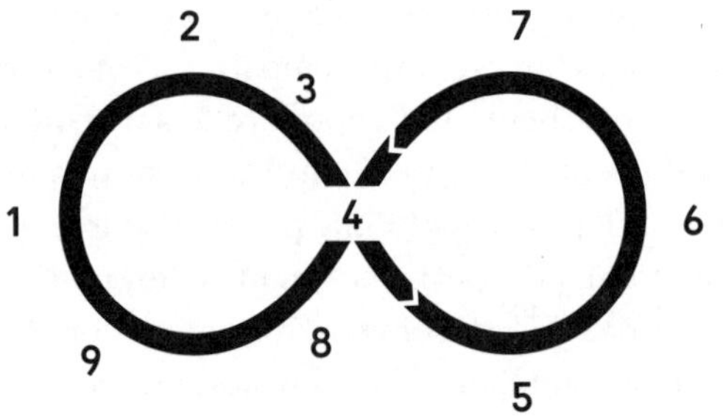

1. J'ai un besoin
2. Je fais une recherche
3. Je sélectionne
4. J'achète
5. Je découvre
6. J'utilise
7. Je suis accompagné
8. Je fais des retours
9. Je recommande

L'EMBALLAGE, UNE ÉTAPE À NE PAS NÉGLIGER

Le soin que tu apportes au packaging de tes produits est aussi une étape clé dans ton parcours client (que tu vendes des produits physiques ou digitaux). Apple, par exemple, est une référence sur ce sujet : la marque a même travaillé sur le bruit émis lorsque le client déballe son smartphone. Autre exemple : celui de Wopilo, une marque de e-commerce qui vend des oreillers ergonomiques et dont la promesse est d'améliorer ton sommeil. Le fait de ne pas pouvoir les tester avant l'achat est un vrai point de tension pour la marque. Qu'elle réussit à contourner grâce au soin apporté par l'emballage. Ce parcours d'ouverture du packaging, durant lequel le client reçoit plusieurs messages d'accueil, a aussi été pensé par la marque pour rassurer le client dans son achat, et ce, à chaque étape de l'ouverture. Le soin accordé à l'emballage dit aussi beaucoup de choses sur toi, le soin que tu accordes à tes produits et la place que tu donnes à tes clients.

Pour faciliter ton parcours, pose-toi ces questions : « Que fais-tu ? » et « Comment fais-tu », dans les quatre cas suivants :

- Quel problème es-tu en train de résoudre ?

- Comment vas-tu résoudre ce problème ?

- Qu'est-ce qui permet à tes clients de prendre une décision d'achat ?

- Comment peut-on te contacter après l'achat ?

Ces questions sont bien sûr générales, je t'invite à les adapter en fonction de ton parcours client. Par exemple, on peut imaginer faciliter la prise de contact de ton service après-vente par tes clients. Tout l'inverse de ce qu'ont fait les plateformes de téléphonie mobile lorsque Free a débarqué sur le marché avec des forfaits à prix cassés : elles ont alors planqué leur numéro tout au fond de leur site pour éviter d'être submergées d'appels de consommateurs mécontents. Pour l'anecdote, quand Free a proposé ses forfaits en illimité, les trois opérateurs téléphoniques historiques ont tous adopté des stratégies différentes face à la colère des consommateurs : Bouygues a retiré la possibilité de faire des commentaires, SFR n'a jamais répondu aux commentaires de ses utilisateurs, et Orange a choisi d'y répondre avec humour et décalage. À toi de voir de quelle manière tu souhaites faciliter les points de contact avec ta marque.

Après les points de contact, tu peux aussi t'intéresser aux points de fuite. À quel moment la baignoire de tes ventes est-elle en train de fuir ? Ou en d'autres termes, **qu'est-ce qui fait que tu perds des clients à telle ou telle étape du parcours ?** Pourquoi tes paniers sont-ils abandonnés avant le paiement ? Est-ce que les frais de livraison sont trop élevés ? Ou s'agit-il d'un bug de ton site internet ? Si tu ne te poses pas ce type de questions, tu ne sauras pas comment améliorer les éventuels problèmes.

Une fois que tu as fait tout ce travail, il est important de **faire un bilan.** Tu vas pouvoir vérifier quelques données clés : le nombre de visiteurs sur ton site, le nombre de personnes qui se sont inscrites à ton webinaire ou qui ont téléchargé ton ebook, le nombre de prospects qui t'ont laissé un commentaire, demandé plus d'informations, ceux à qui tu as envoyé un devis, et bien sûr le nombre de clients et le chiffre d'affaires généré. Ainsi, tu vas pouvoir **détecter les étapes à améliorer, et savoir où concentrer ta stratégie de communication**, mais aussi vérifier les différents domaines qui génèrent la part la plus importante de ton chiffre d'affaires afin d'adapter ton offre de services (voir p. 213).

Pour t'aider à affiner tes points de contact, imaginons que tu tiens un restaurant. Il te faudra t'adapter en fonction des clients que tu souhaites attirer. Si tu t'adresses aux personnes qui connaissent ta ville, tu devras concentrer tes efforts sur les plateformes type Tripadvisor ou Google. Si tu t'adresses à des prospects qui ne connaissent pas ta ville, tu auras plutôt intérêt à privilégier la signalisation ou le référencement de ton site, afin d'arriver dans les premiers restaurants de ta ville. Si tu veux fidéliser la clientèle locale, tu peux mettre en place une carte de fidélité, sans oublier de récupérer les contacts e-mails de tes clients pour les informer que tu proposes de la vente à emporter (en cas de confinement). De la même manière, je t'invite à multiplier le nombre de scénarios pour ne rien oublier. Une fois que tu les as imaginés, tu peux les analyser : quel est le canal d'acquisition qui génère le meilleur résultat ? Quel est celui qui t'amuse le plus ? Celui qui te permet d'être le plus efficace ? Ensuite, il ne te reste plus qu'à les implémenter pour améliorer ces différents circuits.

L'IMPORTANCE DES RECOMMANDATIONS ET DU BOUCHE-À-OREILLE

L'activation du bouche-à-oreille est très importante pour te faire connaître et développer ta notoriété. Pour cela, tu peux par exemple **demander à tes clients de t'écrire des recommandations.** Plusieurs de mes clients, par exemple, m'ont dit qu'ils avaient décidé de faire appel à mes services car ils avaient lu sur mon site un cas pratique qui les avait rassurés (voir p. 136). Je t'invite toi aussi à mettre en valeur l'avis de tes clients : sur ta page d'accueil, lors du premier contact, lorsque tu envoies le devis... À toi de choisir la meilleure place (*Holofy*[88] est un super outil pour les implémenter en vidéo sur ton site). Pour ma part, je le fais lors du premier contact : je n'hésite pas à donner des exemples d'autres entreprises que j'ai accompagnées dans le même secteur d'activité. Retiens que ton client a du mal à se projeter, et que la recommandation permet de lever ses barrières de l'entrée jusqu'à la transformation.

Si tu débutes, tu peux aussi demander à tes clients de **parler de toi à leur entourage**, moyennant certains avantages : c'est le système du parrainage. Si tu as trouvé la solution à leur point de douleur, qu'ils sont convaincus que tu es la solution, et que tu les valorises pour cette mission, ils la rempliront. Je pense notamment à Dropbox qui a explosé grâce à cette méthode : plus tu parrainais de nouveaux utilisateurs, plus tu disposais d'espace disque. Imagine les avantages pour ton business si tu vends une prestation à plusieurs milliers d'euros. Pour la faire connaître, tu vas dépenser beaucoup de temps et d'énergie. Si tu donnes quelques dizaines ou une centaine d'euros à un client pour qu'il t'en ramène un autre, tu gagneras beaucoup de temps ! **Un client satisfait est le meilleur ambassadeur qui soit**, ne l'oublie pas. La preuve, je suis très satisfait des placements financiers que j'ai confiés à la start-up MonPetitPlacement[89], j'en ai parlé autour de moi, sur mes réseaux sociaux... et j'ai pu échanger directement avec le

88. https://www.holofy.io/
89. En utilisant ce lien de parrainage, tu réduis tes commissions : https://bit.ly/placement-bien

P.-D.G. reconnaissant de ma démarche (créant ainsi une relation de confiance entre nous !).

À ce propos, **n'hésite pas à offrir des cadeaux à tes clients pour les fidéliser !** Offrir des cadeaux après l'achat, c'est aussi important qu'en offrir avant. On a en effet un peu tendance à oublier que le parcours du client ne se fait pas uniquement avant et pendant l'achat, il est tout aussi important après l'achat, car cela permet d'activer le bouche-à-oreille qui est la meilleure stratégie qui soit pour développer ta notoriété.

De la même façon, si tu vends des prestations de consulting par exemple, tu peux imaginer envoyer une petite carte ou un goodie à ton client après l'acceptation du devis, afin de le remercier et de lui souhaiter la bienvenue dans ta tribu. Cela permet de rassurer ton client mais aussi d'activer le bouche-à-oreille. Pour rappel, **un client satisfait en parle à cinq personnes, un client insatisfait en parle à dix** (voir p. 120). Donc je t'invite à soigner ce parcours client, même en bout de chaîne, avec les personnes qui sont déjà clientes.

Au-delà de l'empathie, ton rôle en tant qu'entrepreneur est de faciliter le parcours de tes clients, afin de les rassurer à chacune de leurs étapes. C'est la condition sine qua none *pour créer des relations clients durables. Une fois que tu as amélioré ton parcours client, tu vas pouvoir créer des relations clients durables.*

CHAPITRE 20

COMMENT CRÉER DES RELATIONS CLIENTS DURABLES ?

Aujourd'hui, sur un marché où les clients peinent à percevoir les différences entre les produits, seule **l'expérience client peut permettre à une marque de gagner la guerre du choix.** Au-delà d'un service ou d'un produit de qualité, la qualité du service que tu proposes autour est tout aussi importante. Il est indispensable de renforcer le lien émotionnel que tu as avec ton client pour espérer le fidéliser. Pourquoi le fidéliser ? Parce que l'acquisition d'un nouveau client coûte sept fois plus cher que de fidéliser un client existant ! Cet argument fort est malheureusement assez peu souvent exploité. En coaching, je rencontre régulièrement des entrepreneurs qui peinent à trouver de nouveaux clients, alors qu'ils ont dans leurs fichiers des centaines, voire des milliers de coordonnées de clients qu'ils n'ont jamais exploitées. Créer des relations durables avec ses clients existants a pourtant de vrais avantages. Comme cela te prend moins d'argent et moins de temps, tu peux les consacrer à de nouveaux projets. De plus, tu t'adresses à des personnes qui te connaissent déjà. Inutile de leur redire ton positionnement, ta valeur, tes avantages produits, puisqu'ils les connaissent déjà. C'est déjà un grand pas de fait et une sacrée énergie économisée !

La fidélisation qui se définit comme un ensemble de stratégies qui te permet de conserver tes clients le plus longtemps possible, rejoint celle du marketing relationnel. C'est une stratégie à long terme dans le sens où elle te permet de créer des relations durables avec tes clients. Elle est différente du marketing direct qui entraîne plutôt une réaction immédiate et éphémère. Plutôt qu'une démarche de masse, on adopte une démarche individuelle. Dans les chapitres précédents, je t'ai déjà parlé de certains outils qui te permettent de créer des relations clients durables, par exemple le *storytelling* (et notamment l'exemple de Big Moustache, qui est pour moi un exemple parfait de la façon dont il te permet de créer des relations durables) ou encore le contenu de marque (voir le chapitre 18). Dans ce chapitre, je développe trois autres axes pour fidéliser tes clients : renforcer la confiance en ta marque, partager la culture de ta marque et te connecter avec tes clients.

RENFORCER LA CONFIANCE EN TA MARQUE

La première condition pour renforcer la confiance de ton client envers ta marque est simple : tu dois être irréprochable sur le produit/service que tu vends. Tu connais sûrement ce dicton : la meilleure manière de gagner de l'argent, c'est de ne pas en perdre. De la même façon, je te dirais : **le meilleur moyen de gagner des clients, c'est de ne pas en perdre.** Pour cela, prête une attention toute particulière à la relation que tu entretiens avec chacun de tes clients.

Ensuite, tu dois aussi **créer un « environnement de confiance »** dans l'expérience client, le parcours d'achat, la façon de communiquer de manière régulière avec tes clients. Pour gagner la confiance, tu peux par exemple envoyer des messages contextuels : une carte de vœux au moment des fêtes, des alertes en cas de promotion, un questionnaire de satisfaction quelques mois après un achat, une invitation à des événements de l'entreprise, un message le jour de l'anniversaire de ton client… Yves Rocher est passé maître dans l'art de t'envoyer des courriers qui t'invitent à revenir en magasin. Tu peux aussi créer une relation de confiance en partageant les histoires ou les expériences de certains de tes clients *via* ton blog, ton site, une newsletter… L'abonnement à une newsletter ou l'adhésion à un programme de fidélité te permettent également de recontacter régulièrement le client de façon « légitime ». Dans tous les cas, pense à personnaliser tes messages, en utilisant les informations du fichier client. L'objectif est de **montrer que tu t'adresses de manière personnelle à ton client, et pas à une masse**. Un peu comme tu le ferais avec un ami : s'il aime le foot, tu vas lui parler de foot, ici c'est pareil.

Pour renforcer la confiance, répondre aux besoins de tes clients est plus que jamais la bonne posture à adopter. Aujourd'hui, le prix et le descriptif de tes produits ne suffisent plus pour choisir une marque. La confiance témoignée envers ta marque compte comme un critère important dans l'acte d'achat. Et ce, d'autant que le rapport qualité-prix est un critère très subjectif. En pratique, comment inspirer et donner des preuves de confiance ?

1. Tu **donnes la parole à ton client** en le mettant en avant (*via* les avis, les témoignages, les cas pratiques, voir p. 136). La marque de meubles et de décoration Made, par exemple, le fait très bien, tout comme Plum Kitchen avec ses reportages chez ses clients.
2. Tu peux aussi adopter **la stratégie du *user generated content***, c'est-à-dire du contenu généré par l'utilisateur. Tu vas ainsi utiliser les contenus créés par ta tribu, ce qui a par exemple fait la réputation de GoPro ou la promotion de *Stranger Things 2*, par Netflix. Les avantages sont nombreux : tu as moins besoin de produire du contenu, car tes clients le font pour toi ; tes clients se sentent valorisés ; et il y a une forme de preuve sociale qui installe une relation de confiance. Ça fonctionne aussi quand tu partages les stories où tes followers te mentionnent.
3. Tu utilises **le parrainage**, dont je t'ai parlé dans le chapitre précédent (voir p. 275). C'est l'exemple du nouveau réseau social ClubHouse : lors de son lancement, l'inscription n'était possible que sur invitation envoyée par les personnes déjà membres.

À toi de voir de quelle manière tu peux valoriser tes clients pour développer ton activité avec leur aide dans le but d'installer une relation gagnante et durable.

PARTAGER LA CULTURE DE TA MARQUE ET DE TON ENTREPRISE

Mettre en valeur ta marque, c'est tout l'objectif de ce livre. Pour ce faire, tu as besoin de mythes fondateurs explicites, incarnés, ritualisés et vivants, afin d'embarquer tes clients et pourquoi pas aussi tes salariés, qui vont avoir un fort pouvoir d'engagement. Les valeurs de l'entreprise doivent être mises en forme de façon actionnable et mémorable, et être communiquées très fréquemment.

Je te cite ici l'exemple de BlaBlaCar, qui s'appuie sur des principes forts pour créer une culture d'entreprise solide, en interne jusqu'aux consommateurs. L'entreprise, n° 1 du covoiturage, rembourse tous les trajets en covoiturage de ses salariés. Ce qui leur permet de bénéficier de deux grands avantages. D'une part, la marque profite de retours d'expérience : chaque salarié va pouvoir améliorer l'expérience client en étant lui-même utilisateur. D'autre part, les salariés deviennent des ambassadeurs, qui est le plus haut niveau d'usage. Un tiers des salariés ont ce label sur la plateforme… ce qui renforce la cohésion du groupe qui grandit vite et développe ainsi une culture de marque, tant en interne qu'en externe. Une application du principe défendu par Peter Drucker, théoricien du management : « **La culture mange la stratégie au petit déjeuner.** »

Voici ce que BlaBlaCar diffuse en interne (et en externe), pour rendre la marque unique :
Be the member : l'entreprise considère ses clients comme les membres d'une communauté, ils cocréent l'expérience à travers la plateforme qui les met en relation ;

Be lean, go far : l'entreprise a un ADN de startup et elle doit garder son agilité pour continuer de grandir vite dans une croissance durable et dans le temps ;
Share more, learn more : la culture de la marque encourage le partage d'informations et permet d'apprendre de ses collaborateurs, tout en véhiculant des valeurs de respect et d'humilité ;
Dream, decide, deliver : l'entreprise encourage l'innovation, la prise de décisions à travers une organisation horizontale tout en mettant en œuvre les moyens de ses ambitions ;
Fail, learn, succeed : si la finalité reste le succès de l'entreprise, la prise de risque implique l'échec, qui fait partie du processus et son apprentissage va permettre aux collaborateurs de rebondir en partageant leur expérience. Et Verena Butt D'Espous, VP Communications de BlaBlaCar, de justifier lors de son intervention au Marketing Remix 2020 : « La collaboration humaine est dans notre ADN depuis l'*homo sapiens.* L'entreprise comme toute autre organisation humaine a besoin de mythe pour fédérer. » **Cette force culturelle de la marque permet une adhésion forte des utilisateurs**, au-delà même du simple covoiturage.

En pratique, tu peux afficher sur ton site internet ton manifesto, ton cri de ralliement, tes valeurs et les raisons pour lesquelles tu développes ton entreprise. Tu peux aussi la diffuser dans tes e-mailings, tes supports de com', tes prises de parole… Objectif : mettre en valeur ta culture d'entreprise en partageant tes joies et pourquoi pas aussi tes difficultés.

Note : si tu es seul, les valeurs que tu as déterminées partie 2 vont t'aider à partager ta culture aux membres de ta tribu.

TE CONNECTER AVEC TA TRIBU

Une fois que tu as partagé la culture de la marque et de ton entreprise, tu vas te connecter avec les membres de ta tribu. Tes clients aussi recherchent une relation durable et personnalisée, en payant le bon prix pour un service adapté à leurs besoins, ce qui leur fera gagner du temps et vivre une agréable expérience.

Je croise beaucoup d'entrepreneurs qui se justifient avec l'adage du « cordonnier le plus mal chaussé ». Une posture que je refuse. Parce que tu dois être le premier de tes clients. Tu dois **travailler** sur toi, **comme si tu étais le meilleur, le plus fidèle de tes clients.** Avec cet état d'esprit, tu seras plus connecté, avec toi-même, ta marque et tes clients.

Fréquentes-tu tes amis par intérêt ? Sans doute pas... En te coupant de cette notion d'intérêt, tu te rapproches d'eux. Tu peux aussi te connecter à eux, en leur montrant à quel point ils sont importants. Pourquoi ne pas les féliciter, les remercier, les récompenser ? Sans client, il n'y a pas de marque, et sans marque, on ne change pas le monde. C'est pourquoi il est important de **remercier** tes clients pour la confiance qu'ils t'accordent. Ce n'est pas vraiment dans la culture française, mais il est important de voir autrement cette relation. **Récompenser tes clients** fidèles **est une excellente façon de les valoriser et de pérenniser ta relation avec eux.** En pratique, pour créer des connexions saines et valoriser tes clients, tu peux leur offrir des cadeaux, développer un service client performant qui utilise le bon canal pour tes clients : e-mail, chat, téléphone, etc. (par exemple, les néo-banques en ligne sont dispos le soir après 18 heures par chat), créer une carte de fidélité... Toutes ces petites attentions te permettront de créer une relation pérenne. À toi aussi de te poser la question de ce que tu aimerais avoir si tu étais le client de ta marque, et tu trouveras de nombreuses solutions sur ce que ton client attend.

Je voudrais aussi tordre le cou à l'adage « loin des yeux, loin du cœur ». Un client qui ne revient pas, ce n'est pas forcément parce qu'il n'aime pas ton produit ou ton service. Peut-être n'a-t-il pas le temps ? Peut-être a-t-il vécu des difficultés dans sa vie ? Peut-être n'a-t-il pas les moyens ? Le fait de le relancer ou de voir de quelle manière tu peux faciliter son quotidien va être appréciable pour lui. Par exemple, quand tu envoies un devis, n'hésite pas à faire une relance (dans la plupart des cas, il n'y a pas de relance voire, pire, le devis n'est jamais envoyé, ce qui est un autre sujet). Personne n'aime faire ou recevoir une relance, mais il existe des astuces pour faire **une relance efficace**. Comment ? **En apportant de la valeur**, une nouvelle réponse à tes clients avec du contenu. Par exemple, Lucie, une décoratrice d'intérieur que j'ai accompagnée en coaching, relance les clients à qui elle a envoyé un devis en les informant qu'elle a écrit un article de blog sur leur besoin, et les réponses qu'elle peut apporter. Si tu travailles dans la communication par exemple, tu peux aussi relancer un client en partageant avec lui les résultats d'une campagne que tu viens de monter avec succès. Ainsi, tu relances la discussion, tu lui montres à nouveau ton expertise, que tu es la bonne personne pour répondre à son besoin, et surtout, tu lui fais comprendre que tu es fiable, et que tu es déjà intéressé par son projet avant même de signer le contrat. Bref, tu lui apportes déjà de la valeur, ce qui renforce le lien de confiance. En pratique, ton objectif va donc être de développer ta stratégie de contenu en créant un planning éditorial dans lequel tu vas partager avec tes clients ce qu'ils veulent entendre, et leur donner ce qu'ils veulent recevoir (voir le chapitre 18).

Une autre manière de te connecter à tes clients est d'anticiper leurs besoins. En pratique, tu peux leur proposer de nouveaux services, de bêta-tester ton nouveau site ou tes nouveaux produits, les informer d'un nouveau produit révolutionnaire, leur faire découvrir un outil efficace que tu utilises. Par exemple, mon assureur avec qui j'ai eu quelques difficultés en fin d'année dernière m'a envoyé, pour s'excuser, une boîte de chocolats. Comme je suis gourmand, cela m'a permis de me reconnecter avec lui. Octave-Assure (un de mes clients) m'a, lui, envoyé un pot de miel de sa propre récolte, valorisant son message et sa passion. Les réseaux sociaux sont à ce titre un super moyen pour apprendre à connaître tes clients. Bien évidemment, tu le feras plus facilement si tu n'as qu'une poignée de clients… Ceci dit, tu peux aussi, dans une situation très précise, si tu as un client vraiment insatisfait, adopter cette méthode pour personnaliser au maximum ta relation.

Pour faire court : **le client recherche une expérience et non plus un simple acte d'achat.** Ta relation client doit apporter une véritable valeur ajoutée !

LE CRM, ARME DE CONSTRUCTION MASSIVE

Comment mesurer la satisfaction de tes clients ? Par la confiance que tu leur inspires ? Ta proximité ? Selon moi, il existe trois différents groupes de clients :

- les clients insatisfaits, dont la marque ne répond ni aux besoins fonctionnels ni aux besoins émotionnels ;
- les clients satisfaits d'un point de vue fonctionnel uniquement ;
- les clients satisfaits et engagés d'un point de vue émotionnel.

Tu l'auras compris, c'est la troisième catégorie de clients que tu dois chercher à développer. **Ce qui a de l'importance, ce n'est pas tant ce que tu fais (ton produit ou ton service), que la manière dont tu le fais.** C'est là qu'entrent en jeu une partie des compétences de ton équipe et sa capacité à traiter chaque client comme un individu unique.

Il existe un outil qui te permet de le faire assez facilement : c'est le CRM (*customer relationship management* ou gestion de la relation client). Il en existe beaucoup, et j'en ai testé plein. Le meilleur CRM est évidemment celui qui est adapté à ta situation : il ne sera pas le même selon que tu gères une poignée de clients ou plusieurs milliers. Pour ma part, j'utilise Trello, dont la prise en main est très simple.

BONUS

Construire son CRM simplement et gratuitement avec Trello

Selon moi, le CRM est une arme de construction massive, car il te permet de construire une relation client dans la durée, de limiter les points de friction et la volatilité croissante des clients. En pratique, il te permet de regrouper toutes les informations de tes contacts : nom, adresse, téléphone, date de naissance, e-mail, origine du contact (publicité, réseaux sociaux, bouche-à-oreille…)… Son principal avantage : il te permet de mieux communiquer avec ton client (car tu as déjà toutes les informations nécessaires) et de mesurer l'impact de ton travail, ta notoriété… Cela te permet de garder précieusement les échanges précédents, ce qui te fait gagner du temps, facilite ton outil de vente : tu notes d'où tes clients viennent, quel est leur budget… Tu peux mettre en place un rappel de tes prospects une fois par semaine ou par mois, ou noter que tel ou tel contact t'a demandé de le recontacter d'ici X semaines. Tu l'as compris : **un CRM te permet de regrouper de précieuses informations pour interagir et fidéliser tes clients en un seul outil**.

Tu as besoin d'un tel outil aussi parce que la transformation digitale des entreprises a fait disparaître la notion de zone de chalandise. Autrefois, le simple fait d'exister dans la rue te permettait d'avoir de la visibilité et de générer du trafic. Aujourd'hui, tous les sites web du monde sont à la même distance du client : 1 clic.

Par ailleurs, l'uniformisation des offres et le raccourcissement des délais de mise sur le marché t'obligent à être beaucoup plus réactif et à accélérer le parcours client. **Un client qui ne se décide pas rapidement ne se décidera jamais.** Par exemple, je sais que quand une personne me dit « je vais y réfléchir », elle ne revient jamais. Tu dois donc « battre le fer quand il est chaud » et faire en sorte que la décision soit prise rapidement. Car plus le délai de décision s'allonge, plus le coût d'acquisition d'un client est élevé : tu passes du temps pour le relancer, le rappeler, lui réexpliquer à nouveau les avantages de ta marque…

Le CRM te permet aussi de faire une sacrée différence avec tes concurrents. **La mise en place de cette relation personnalisée est un marqueur fort,** ce qui te permet d'être remarquable. Cela te **permet aussi de développer des actions d'*up-selling*** (tu vas vendre plus à ceux qui achètent déjà, c'est l'exemple type du menu complet dans les fast-foods) **et de *cross-selling*** (tu proposes un produit complémentaire ou un accessoire, par exemple une coque de protection à ton client qui achète ton smartphone). Ces termes sont surtout utilisés en e-commerce, mais je t'invite vraiment à réfléchir à la façon dont tu peux accompagner le cycle d'achat de ton client, quelle que soit ton activité, qu'il s'agisse d'assurances, de prestations de conseil, de produits de première nécessité, de vêtements ou autre. Selon une étude de la FEVAD, la fréquence d'achat sur Internet augmente mais le panier moyen baisse (en dix ans, il a baissé de 90 € à moins de 62 € aujourd'hui). C'est la raison pour laquelle les entreprises de e-commerce ont développé ces techniques.

Pour conclure ce chapitre et cette dernière partie, retiens que ta promesse s'appuie sur une histoire commune que tu partages avec ta tribu. Ta meilleure alliée, c'est l'empathie, et retiens que tu dois travailler certains outils comme la relation clients, le parcours client et les contenus créatifs. En t'appuyant sur ces valeurs fortes, tu installeras un mode de fonctionnement léger et intuitif, qui te permet de fidéliser tes clients, d'en attirer de nouveaux et de mieux vendre. C'est cela aussi le propre d'une marque remarquable.

MA SYNTHÈSE POUR LA PARTIE 4 : MA PROMESSE ENVERS MON PUBLIC

Cette page est faite pour toi !
Notes-y tes idées, profites-en pour en faire une synthèse,
ou partage tes idées pour ton cercle d'amis !

CONCLUSION

J'espère que ce livre t'a apporté un maximum de motivation, et que tu es désormais convaincu qu'il te faut devenir remarquable pour changer le monde. Personnellement, j'éprouve une certaine satisfaction au fait d'avoir écrit ce livre même si, je ne te le cache pas, cela a été un véritable challenge ! Je suis également content de n'avoir cité le mot marketing qu'à peine dix fois dans ce livre. Quant aux premiers retours de mes bêta-lecteurs, que j'ai reçus juste avant de rédiger cette conclusion, ils m'ont conforté dans l'idée que ce livre répondait à un véritable besoin. Car oui, j'ai fait appel à ma tribu pour relire les premières épreuves de ce livre, afin de pouvoir l'améliorer et d'en faire le texte que tu lis aujourd'hui. J'espère qu'il deviendra un guide que tu vas relire, dont tu vas corner les pages, sur lequel tu vas griffonner, surligner des passages en jaune… J'aimerais que tu en fasses un livre durable qui t'accompagnera tout au long de ta vie d'entrepreneur. Je n'ai pas de boule de cristal, je ne sais pas lire l'avenir, mais **je suis convaincu que l'entrepreneur du futur créera le monde tel qu'on le souhaite**.

Pour moi, les trois mots-clés qui résument l'entrepreneur du futur sont : artiste, humble et minimaliste.

Artiste. Chaque entrepreneur est un artiste qui s'ignore, et chaque artiste est un entrepreneur qui s'ignore. Comme le disait Picasso : « Dans chaque enfant, il y a un artiste. Le problème est de savoir comment rester un artiste en grandissant. » Comme je te l'ai déjà expliqué, on résoudra les problèmes de ce monde avec la créativité. Alors comment développer ton âme d'artiste ?

Tout simplement en faisant quelque chose de nouveau chaque jour. Cela te permettra de te sentir plus léger et de semer les graines de la créativité.

Humble. Au fil de ces pages, tu as compris qu'il fallait que tu travailles sur toi, sur ta marque, sur tes clients. Si tu es un entrepreneur aguerri, tu sais que c'est une lourde tâche, que cela demande beaucoup de travail. Cependant, agir avec humilité ne doit pas t'empêcher d'avoir de l'ambition. Mark Twain disait : « Ils ne savaient pas que c'était impossible, alors ils l'ont fait. » Comment ? C'est très simple : il suffit d'oser ! Ainsi, tu te sentiras plus fort, plus confiant.

Minimaliste. Entreprendre se fait sur le temps long, alors tu dois ménager ta monture. Les victoires à court terme ne te mèneront nulle part, tu dois être durable pour espérer vivre pleinement ton projet d'entreprise. Antoine de Saint-Exupéry disait : « La perfection est atteinte, non pas lorsqu'il n'y a plus rien à ajouter mais lorsqu'il n'y a plus rien à enlever. » Pour l'appliquer, le maître-mot est d'aller à l'essentiel. Concrètement, cela se matérialise de multiples façons dans ton quotidien, dans ta manière de faire, de communiquer… Plus tu es souple, plus tu vas vite, et donc plus tu peux durer longtemps.

Maintenant, c'est à toi ! Mais je ne compte pas t'abandonner ici, sur cette dernière page. Je souhaite t'aider à mettre en place tout ce qui est écrit dans ce livre, et suivre tes progrès, étape par étape. Pour cela, je te propose de rejoindre ma tribu. Cela te permettra de faire les exercices avec d'autres, d'échanger, de partager, d'avancer ensemble. J'espère que tu te détacheras rapidement de l'horizon des marques et que tu prendras conscience à quel point tu es REMARQUABLE.

Avant de refermer ce livre, je t'invite à te poser cette question : quelle est l'action que je vais mettre en place là, maintenant, tout de suite ? En tournant la page, c'est à toi de jouer maintenant. À très bientôt, et en attendant, porte-toi bien !

J'ai beaucoup pensé à toi pendant le processus d'écriture de ce livre... Alors, gardons le contact, discutons de tes réflexions, partageons tes photos et tes avancées en ligne ou par e-mail, avec le hashtag #JeSuisRemarquable

bonjour@citronbien.com
www.linkedin.com/in/pierredron/
www.instagram.com/pierredron/

Rejoins le groupe de travail et accède à la liste des bonus sur

www.pierredron.com/bonus-remarquable

POSTFACE

GRÉGORY
POUY

Remarquable ! Qui n'a jamais souhaité l'être ou le devenir et d'autant plus lorsqu'il ou elle lance un projet ? Que ce soit un livre comme ici, un podcast, une entreprise, une œuvre artistique, le fait de le montrer au monde est par définition un désir d'être reconnu et apprécié.

Comment devenir remarquable alors ? Le mot est fort et possède en lui-même tout un imaginaire qui peut changer d'une personne à l'autre. C'est la première chose qu'il faut réaliser, je crois !

C'est un terme qui a beaucoup évolué pour moi. Si j'ai, comme Pierre, grandi dans l'idée que le succès était synonyme d'accumulation (de biens, de pouvoir et d'argent), aujourd'hui, je me concentre à toucher des âmes, à transmettre et à guider. Alors que, plus jeune, je rêvais de célébrité sans même comprendre ce que cela impliquait, en grandissant, j'ai déconstruit mes idéaux et réalisé que ce n'était pas nécessairement le bon chemin.

Remarquable : une personne qui accumule ou une personne qui permet grâce à ses créations de changer la perception du monde ? Remarquable : une personne qui a du pouvoir ou une personne qui prend soin des malades dans un hôpital de campagne ?

Malgré tout, une réalité demeure, il faut réussir à toucher des personnes d'une manière ou d'une autre et quelle que soit son ambition profonde ! C'est là que la méthodologie et les questionnements que Pierre proposent sont fondamentaux. Ils le sont d'autant plus que vous abordez cette notion de manière saine. Je le sais d'autant mieux que c'est aussi mon travail d'accompagner des personnes ou des marques dans ces problématiques.

Un des conseils de Pierre qui me semble essentiel, c'est celui de ne pas hésiter à demander son avis à un ou une amie qui vous semble sensible à ces questions et qui vous connaît bien. C'est toujours difficile de travailler sur ces sujets tout seul, d'avoir le recul nécessaire sur son propre travail. D'ailleurs, bien que ça soit mon travail, j'ai du mal à le faire pour moi-même alors j'imagine que c'est d'autant plus difficile pour une personne qui ne serait pas habituée à faire ces exercices.

C'est un fait, nous n'avons pas toujours les moyens de payer des agences pour réfléchir avec nous à ces problématiques. Attention toutefois, il s'agit de travailler « avec » et non de demander à une personne de réfléchir à notre place à ces questions. Trop souvent, j'ai vu des marques demander à des agences de publicité ou autres consultants de réfléchir à ces questions à leur place. Or, si vous regardez un petit peu les questions que Pierre propose, vous comprenez bien qu'il est impossible pour un tiers d'y répondre.

Mais je crois qu'avant tout, il est essentiel quand on crée un projet de ne pas réfléchir à devenir remarquable justement. Il faut le faire d'abord avec le cœur. Un projet doit nous porter tout entier, nous transporter, nous donner envie de nous lever le matin ou la plupart des matins. Quand on découvre cette énergie au sein de soi, alors on peut déplacer des montagnes.

C'est le début de l'aventure, c'est ce qui me donne envie d'aller plus loin et donc de faire en sorte que mon projet devienne remarquable afin qu'il touche plus de personnes. Plus de personnes car cela me semblait important de pouvoir sensibiliser des personnes à travers mon travail, mon désir de partager. C'est essentiel de faire cette nuance entre « devenir remarquable » et faire en sorte que son projet le soit.

Encore une fois, on en revient à l'ambition initiale. Quoi qu'il en soit, je suis certain qu'en lisant ce livre, vous arriverez à mieux comprendre ces questions, à y répondre pour vous et à transformer le monde car l'humanité en a profondément besoin.

Grégory Pouy,
analyste culturel, conférencier, auteur et podcasteur

INDEX DES EXERCICES

INDEX DES BONUS

BIBLIOGRAPHIE

Tu trouveras dans ce livre de nombreuses références bibliographiques… Je préfère te lister ici les douze livres qui m'ont aidé à cheminer vers celui que je suis aujourd'hui.

(Dans l'ordre d'apparition dans ma vie.)

Celui par lequel tout a commencé :
Miracle Morning. Offrez-vous un supplément de vie !, Hal Elrod, First, 2016.

Celui qui a définitivement tout remis en question :
La Semaine de 4 heures, Timothy Ferris, Pearson France, 2010.

Celui qui m'a confirmé la possibilité de travailler autrement :
ReWork. Réussir autrement, Jason Fried et David Heinemeier Hansson, Maxima, 2010.

Celui qui m'a réorganisé comme jamais :
S'organiser pour réussir. La méthode GTD, David Allen, Alisio, 2015.

Celui qui m'a aidé à identifier mes pensées limitantes :
Les Quatre Accords toltèques. La voie de la liberté personnelle, Miguel Ruiz, Jouvence, 1999.

Celui qui m'a aidé à me relâcher :
L'Art subtil de s'en foutre, Mark Manson, Eyrolles, 2017.

Celui qui m'a rappelé à l'ordre :
Tout le monde n'a pas eu la chance de rater ses études, Olivier Roland, Alisio, 2016.

Celui qui m'a aidé à fixer mes priorités :
Heureux comme un Danois, Malene Rydahl, Grasset, 2014.

Celui qui m'a fait accélérer :
E-Myth. Le mythe de l'entrepreneur revisité, Michael E. Gerber, Alisio, 2017.

Celui qui m'a donné envie d'écrire :
Donner du Sens. Pourquoi les marques engagées ont plus de succès, David Hieatt, Pyramyd, 2019.

Celui qui me pousse encore plus vers le minimalisme :
The One Thing – Passez à l'essentiel, Gary Keller et Jay Papasan, Alisio, 2020.

Celui qui m'a aidé à tout refaire (vite) :
Sprint. Résoudre les problèmes et trouver de nouvelles idées en cinq jours, Jake Knapp, Eyrolles, 2017.

Celui qui m'a réconcilié avec le marketing :
C'est ça le marketing, Seth Godin, Diateino, 2019.

Celui qui n'est pas arrivé par hasard :
C'est l'histoire d'un zèbre, William Réjault, Leduc, 2020.

Celui qui devrait être dans toutes les mains :
Insoutenable paradis. Écologie et mode de vie, Grégory Pouy, Dunod, 2020.

REMERCIEMENTS

Si l'écriture d'un livre est une aventure solitaire, son résultat est une enthousiasmante et indispensable aventure collective, faite de belles rencontres, d'échanges riches, de discussions endiablées, de doutes perturbants… et d'un avenir impactant.

Alors :
MERCI à toi, mon.a cher.e lecteur.rice pour faire de ce livre une réalité,
MERCI à toi, ma douce Hélène, pour m'accompagner et faire de moi quelqu'un d'un peu plus remarquable chaque jour,
MERCI à toi, mon Baptiste, pour m'inspirer ta force et ton courage malgré ton départ,
MERCI à toi, mon.a client.e préféré.e, pour ta confiance et la possibilité de m'élever à tes côtés,
MERCI à toi, mon lumineux mentor, pour me challenger dans mes propres réussites,
MERCI à toi, mon partenaire de route, pour tes éclairages durant cette aventure,
MERCI à toi, mon ami.e d'un jour ou de toujours, pour être là au bon moment,
MERCI à toi, Clémence, pour ce coup de pied au cul, que je n'oublierai jamais,
MERCI à toi, salarié et partenaire de Citron Bien, pour soutenir mes idées folles,
MERCI à vous, Anne-Sophie et David, pour ce soutien et cette préface étoilée,
MERCI à toi, Grégory, pour tes mots et cette respiration en postface,
MERCI à toi, Alix, pour ton accompagnement unique, ton regard et tes mots,

MERCI à vous, Barbara, Danaé et Elisabeth, et ma maison d'édition préférée, pour cette confiance remarquable,
MERCI à toi, l'entrepreneur.e pressé.e, pour ton temps et ta percutante punchline,
MERCI à toi, mon bêta-lecteur adoré, pour tes pertinentes remarques et tes encouragements,
MERCI à toi, Renaud, mon graphiste de talent pour tes conseils créatifs,
MERCI à toi, Selim, mon *grammar-chic*, pour cette relecture appréciée et inattendue.
MERCI à toi, Ester, pour ton quatrième regard avisé,
MERCI à toi, William, pour cet appel devenu une synchronicité zébrée,
MERCI à toi, mon friend, mon *follower*, mon *like* pour tes encouragements sur les réseaux durant l'écriture
MERCI à toi, l'étudiant.e, pour ta curiosité et ton intérêt rafraîchissant,
MERCI à toi, l'auteur.e, pour tes conseils et tes encouragements à écrire d'autres livres encore,
MERCI à toi, l'entrepreneur.e curieux.se, pour tes questions qui me poussent à faire mieux,
MERCI à vous, mes filleuls, mes nièces et neveux, pour qui j'agis !
ET
MERCI à vous d'avoir accompagné ce challenge.
J'ai hâte qu'on remette ça !

TABLE DES MATIÈRES

Cet ouvrage est composé de matériaux issus de forêts bien gérées certifiées FSC®, de matériaux recyclés et de matériaux issus d'autres sources contrôlées.

Achevé d'imprimer en août 2021
sur les presses de la Nouvelle Imprimerie Laballery
58500 Clamecy
Dépôt légal : septembre 2021
N° d'impression : 106358

Imprimé en France

La Nouvelle Imprimerie Laballery est titulaire
de la marque Imprim'Vert®